创教育

基于区域特色综合课程创造力素养培育丛书

总 主 编 张 伟 李百艳

副总主编 吕翠红 李 军

CHUANG
JIAOYU

主 编 薛志明

副主编 朱 静 张玉姝 益 勤 朱国花

李 杰 朱美华 孙丽杰

编 委（按姓氏笔画排序）

于文金 马文婷 马巧稚 王心洁

朱 丹 乔 瑜 向 荣 刘嘉华

孙 琼 杨文强 杨晓敏 杨 雪

肖 洁 吴瑞楠 沈宇婷 沈裴裴

张心平 张旭虹 张凌敏 张雁虹

张 慧 陆美菁 陈双双 陈紫琪

罗 涵 周漪蕾 周慧敏 赵诗蓓

赵馨雨 俞文瑞 施瑞安 宫 雪

贺 嘉 顾 岚 顾依仁 益嘉雯

黄 群 焦林峰 储佳怡 鲁 敏

蔡雯婷 樊媛媛

融创育青衿

创教育："融创"综合课程研究与实践

上海交通大学出版社
SHANGHAI JIAO TONG UNIVERSITY PRESS

内容提要

本丛书的主要目标是深化上海市基础教育课程教学改革,推动中小学创新创造教育,探索基于情境、问题导向的互动式、启发式、探究式、体验式教学,保护学生的好奇心、想象力、求知欲,激发探究和学习的兴趣,提升学生创新精神和实践能力。本丛书是上海市浦东新区教育局、浦东新区教育发展研究院以及所属各学校依托《基于区域特色的学校综合课程创造力培养研究与实践》项目,积极探索、先行先试,打造的上海教育改革创新发展新标杆,为上海深化教育综合改革、加快推进教育现代化提供了可复制、可推广的经验。本丛书作者具体开展了基于浦东新区区域特色综合课程创造力的内涵界定与理论基础研究,构建起能够体现浦东新区金融、航运、科创、人文四大特色的"创教育"课程体系,创设了"融创""航创""科创""文创"四大课程主题联盟,建立了校长-教师-学生"三位一体"的区域课程创造力提升实施架构与配套机制。本丛书主要适合基础教育阶段的教育工作者和研究人员阅读使用。

本书主要介绍"融创"联盟学校的研究与实践成果。

图书在版编目(CIP)数据

融创育青衿:创教育:"融创"综合课程研究与实践/ 薛志明主编. -- 上海:上海交通大学出版社,2024.9
(创教育:基于区域特色综合课程创造力素养培育丛书/ 张伟,李百艳总主编)
ISBN 978 - 7 - 313 - 29690 - 0

Ⅰ.①融… Ⅱ.①薛… Ⅲ.①基础教育-课程建设-研究 Ⅳ.①G632.3
中国国家版本馆 CIP 数据核字(2023)第 195387 号

融创育青衿——创教育:"融创"综合课程研究与实践
RONGCHUANG YU QINGJIN ——CHUANG JIAOYU: "RONGCHUANG" ZONGHE KECHENG YANJIU YU SHIJIAN

总 主 编:张 伟 李百艳　　　　　　　　副总主编:吕翠红 李 军
主　　编:薛志明
出版发行:上海交通大学出版社　　　　　　地　　址:上海市番禺路 951 号
邮政编码:200030　　　　　　　　　　　　电　　话:021 - 64071208
印　　制:上海景条印刷有限公司　　　　　经　　销:全国新华书店
开　　本:787 mm×1092 mm　1/16　　　　印　　张:16
字　　数:345 千字
版　　次:2024 年 9 月第 1 版　　　　　　　印　　次:2024 年 9 月第 1 次印刷
书　　号:ISBN 978 - 7 - 313 - 29690 - 0
定　　价:88.00 元

　　"十四五"时期是我国全面建成小康社会、实现第一个百年奋斗目标之后,乘势而上开启全面建设社会主义现代化国家新征程、向第二个百年奋斗目标进军的第一个五年,也是上海在新的起点上全面深化"五个中心"建设、加快建设具有世界影响力的社会主义现代化国际大都市的关键五年。当前上海发展环境正在面临更为深刻复杂的变化,新冠疫情全球大流行加速了百年未有之大变局向纵深发展,如何通过教育变革与创新,积极回应国家"双减"政策,全面落实立德树人,强化创新型人才培养,为不同潜质学生提供更多发展空间,支撑引领城市能级和核心竞争力提升,上海将承担更大使命、更多重任。

　　深化上海市基础教育课程教学改革,推动中小学创新创造教育,探索基于情境、问题导向的互动式、启发式、探究式、体验式教学,注重保护学生的好奇心、想象力、求知欲,激发探究和学习的兴趣,提升学生创新精神和实践能力,是落实教育基础性、先导性、全局性的战略地位,建设高质量教育体系,培养创新型人才的重要抓手。2018 年,上海市率先布局,开展区域课程教学改革创新试验,将实施《基于区域特色的学校综合课程创造力培养研究与实践》项目(以下简称"创造力培养项目")作为上海市新时代深化基础教育课程教学改革的重要突破口,积极探索、先行先试,打造上海教育改革创新发展新标杆,为上海深化教育综合改革、加快推进教育现代化提供可复制可推广的经验。

　　"创造力培养项目"选取浦东新区、嘉定区作为先行试点区域,目前已经开展了为期四年的探索。浦东在打造社会主义现代化建设引领区过程中,高度重视"创造力培养项目"工作,不仅将其纳入市教委与浦东新区政府签署"上海区域教育综合改革创新示范区"合作框架内容,在浦东区委区政府发布的《浦东教育现代化 2035》中,也明确将开展基于区域特色的学校综合课程创造力的研究作为战略任务之一加以推进。

　　在推进"创造力培养项目"过程中,浦东通过研发区域特色的学校主题式创新创意综合课程体系,指向于学生创造力培养这一目标,形成了浦东项目推进的区域特色:

　　一是区域创"思"。浦东项目组在区域层面围绕项目加强顶层设计,开展了浦东区域特色综合课程创造力的内涵界定与理论基础研究,构建起能够体现浦东金融、航运、科创、人文四大特色的"创教育"课程体系,创设了"融创""航创""科创""文创"四大课程主题联盟,建立了校长-教师-学生"三位一体"的区域课程创造力提升实施架构与配套机制。浦东通过区域特色综合课程理念、课程建设、课程实施和课程评价的创造力四大板块的实施架构设计和各版块主要任务的有序推进,以机制建设为重心,在区域教育系统内部,形成以学生创造力培养为本,教师培训、学校发展、区域特色教育资源统整相结合的区域特色综合课程创造力提升推进机制,组建了包括校长、学科骨干教师、教发院教科研专家、全国知名专家和学生同时参与的区域特色综合课程创造力建设核心团队,实现区域特色综合课程从课程理念到课程建设、从课程实施到教学评价的整体推进。

二是学校创"行"。浦东在推进"创造力培养项目"过程中,突出项目学校作为课程实施主体地位,各项目学校创新校本课程实践方式和方法,结合自身特点着手研发校本化、主题式的综合课程方案,初步形成了扎根本校文化特色、符合区域实际、体现时代精神、选择丰富多样、有助于创造力培养的综合课程体系。在课程环境创新、课堂教学创新和课程资源创新等方面体现了创造性行动。

首先,体现了学校课程环境创新。浦东项目学校结合中小学创新实验室建设、数字教材建设、课程教学信息化建设和智慧学校建设等项目,打造课程共享、强调价值性、体现时代性、注重思想性、富有选择性、坚持科学性、体现中外融合的特色综合课程体系,使课程能够为学校每一个学生提供全面而个性发展的机会。为创造力培养营造一个安全的环境、宽松的氛围和自由的空间,推动了综合课程高品质实施。

其次,体现了学校课堂教学创新。在教学方式方面,浦东项目学校积极将当前国际课程教学领域涌现的主题探究式学习、情境学习、问题式学习、项目化学习、游戏化学习、"做中学"、研究性学习、基于信息技术和人工智能的学习、STEAM 跨学科学习等学与教方式,有机融入区域特色综合课程实施的教学推进过程。项目实施中加强指向学生核心素养和学科素养培育、注重与真实生活情境联系、问题解决和应用迁移的课堂教学设计,全方位扭转"以教为主"的传统课程教学模式,重点落实从教师的"教"向学生的"学"的课程教学模式转变,使区域特色综合课程的教学实施更加符合学生的认知规律和身心发展规律、更加符合信息时代人的学习特点,切实提升区域特色综合课程的创造力和教学质量。

最后,体现了学校课程资源创新。浦东项目学校一是深入挖掘校内课程资源,积极开发信息化课程资源,充分发挥了图书馆、实验室、专门教室及各类教学设施和实践基地的作用。二是广泛开发校外课程资源。浦东项目学校充分挖掘校外高校、研究机构、场馆、企事业单位等优质教育资源,并将这些优质教育资源链接到项目实践中,有力的推进了学校创新性行动。

三是智力创"能"。浦东着力拓展区域与社会专业机构、区域与海外教育组织的交流合作机制,充分发挥区域内高校、科研院所、公共场馆、企业等社会教育资源对区域课程建设与实施的积极作用,持续深化与国外教育机构和社会组织的专业合作,为"创造力培养项目"赋能。

经过几年的探索,浦东"创造力培养项目"的实施,取得了四个方面的成效和突破:

一是经过四年多的探索与实践,浦东构建起能够体现浦东新区金融、航运、科创、人文四大特色的"创教育"课程概念体系和项目实施框架,建立了项目推进的组织机制,形成了整体驱动的浦东区域特色综合课程资源。

二是通过项目学校遴选和学校调研与指导，进行了境内境外的研修，构建起能够体现浦东金融、航运、科创、人文四大特色的"融创""航创""科创""文创"四大主题课程联盟，通过四大特色课程联动小学、中学，实现 12 年贯通设计，建立了校长-教师-学生"三位一体"的区域课程创造力提升实施架构与配套机制。

三是基于已开发的区域特色综合课程体系，通过线上线下相结合的方式互动开展教师培训交流和学生学习，整体提升区域实施综合课程的教学质量。

四是以培养学生创造力为导向，初步形成了"区域-学校-学生"三级区域特色综合课程评价机制。

浦东"创造力培养项目"的实施凸显出三大亮点：

一是体现了中外融合。浦东在建设与实施"创造力培养项目"中，广泛吸收和借鉴当前国际前沿的课程教学研究成果和实践经验，通过组织教师海外研修、开展国际论坛、学生研学访学等活动开展，将当前全球范围内最先进的课程理念、课程内容、课程教学模式引入到当前上海深化基础教育课程改革的进程中，服务并推进区域特色综合课程建设与实施的质量和有效性不断提升。

二是凸显了技术变革。浦东充分利用信息时代和人工智能时代借助信息化手段开展课程教学、评价、教研的开放性优势，打破传统课程建设与实施的时空局限，构建学生和教师在课程建设、实施与研修改进过程中时时可学、处处能学的教师培训研修与学生学习模式，融合教师和学生的线上网络学习互动与线下现场学习交流，全方位提升信息技术与区域特色综合课程的深度融合。

三是形成了区校联合机制。浦东在发挥好区域在课程体系顶层设计、资源统筹与配置、课程建设专业指导与保障等方面作用的同时，激发区内学校在立足可获得资源的基础上进行课程建设和实施的积极性与创造性，有效加强区域与学校之间的良性互动，各司其职、有机联动、一体协同提高整个区域基于区域特色的学校综合课程的创造力。

当前，经过四年多的探索和实践，"创造力培养项目"的研究与实施进入最为关键的时期，需要在系统梳理实践经验的基础上，在更大范围内进行推广辐射。我欣喜的看到，浦东项目团队在市级项目组的指导下，正在引导各项目实验学校更好地发挥实践工作者的主动性和创新活力，梳理和汇集合乎研究目标的可推广的成果，探索具有更加丰富、更高水平的系统性、可复制性"浦东经验"。期待"浦东经验"更好地发挥推动上海市中小学课程改革和创造力培养的更高水平发展的"灯塔"作用，打造上海教育改革创新发展新标杆。

是为序。

贾炜

上海开放大学校长

2023 年 8 月

为学生创造力学习筑基

2019 年,华东师范大学附属东昌中学加入上海市浦东新区《基于区域特色的学校综合课程创造力培养研究与实践》项目。2020 年,由华东师范大学附属东昌中学、上海立信会计金融学院附属学校、上海市澧溪中学、上海市浦东新区高桥镇小学组成的"融创"联盟成立,四所学校一起走上了区域综合课程创造力培养的探索之路。

在此后的四年多时间里,在市教委和区项目组的大力支持、深入指导下,依托项目专家团队,"融创"联盟实践研究热火朝天地开展着。

对综合课程的认识,起源于学校金融素养培育。学校开发实施了一批金融素养培育课程,也打造了一批精品特色课程,有实施综合课程的基础和经验。如何指向创造力培养,还需要作进一步的探索。"融创"联盟学校的共同特色是都有开发和实施金融素养培育特色课程的经验。经"融创"联盟四所学校领导团队的商讨与设计,最终确定了"融创"联盟学校的实践研究任务:构建从小学、初中到高中全学段综合课程体系,组建基于联盟学校课程研发和实施的教师队伍,实施从小学、初中到高中的综合课程,开展基于联盟学校共同发展的系列活动,实践研究指向学生创造力培养。

2019 年,东昌中学被评为上海市特色普通高中。因此,学校的一批精品特色课程的开发和实施经验,就成为了"融创"联盟实践研究的起点。于是,东昌中学精选出"采访金融人士"等五门课程,以此为基础,在"融创"联盟学校进行开发和实施,使其成为兼具校情、学段、学情特点的小学、初中、高中相衔接的学校综合课程。同时,为了彰显四所学校各自的优势课程,"融创"联盟还引导每所学校做实、做细、做亮各自学校的特色品牌课程,从而形成共建课程+品牌课程的基于区域特色的金融素养培育综合课程。

带着这样的愿景,四所学校的领导团队、工作团队、课程开发和实施团队紧锣密鼓地做了起来。这是一个需要不断学习新理念,不断融合中外课程教学研究成果和实践经验的过程。综合课程如何建构,创造力如何培养,一直贯穿于整个项目实践研究的始终。在项目实践研究过程中,"融创"联盟学校在各门课程实施时不断摸索指向学生创造性思维培养的教学策略。

在共建课程中,比如"采访金融人士"课程就非常注重加强驱动性问题的总体设计。

学校邀请高校专家提供热点指南，激发学生的好奇心、使命感，为学生创造力培养与发展提供脚手架。在专家列出的金融热点的基础上，学生提出自己的驱动性问题，形成问题链，在采访前、采访中为解决这一问题而寻求合理的问题解决方案。

除共建课程之外，各校的特色品牌课程很有特色。东昌中学的"学生公司"综合课程是专为高中一、二年级学生设计的创业实践教育项目课程。学生在"学生公司"学习如何进行公司运营，体验团队建设、市场调研、销售等真实的公司运营环节，学生公司将摄影社、烘焙社、手工社等学生社团成果商品化，纳入学生公司投产、营销、售卖、分红。特色课程与学生社团的融合运行，提升了学生的创造意识和能力。

澧溪中学的"澧溪创业家"综合课程，基于真实情境而开发了一系列能够激发学生好奇心、使命感和创造性的驱动性任务，通过 3+3 模式，即三级课程＋三类共创活动，提供多种指向学生创造力培养的学习设计、教学策略、评价量规等，实现学生创新能力、教师创造力培养能力、学校创新文化建设三方面协调发展。

上海立信会计金融学院附属学校的"给青少年的财商教育"课程，注重从探究与想象、坚毅与审辨、合作与担当三个方面来进行设计和实施，对课堂教学实施中的学生表现，及时予以关注和培养。这一课程的实施对象为四、五、七年级的学生，基于校本读本，以单元的形式，围绕特定的金融主题，组织学生开展一系列丰富多彩的探究活动，从活动实践和学习探索中，可以很好地培养学生的金融素养和创造力。

高桥镇小学的"小小创业家嘉年华"综合课程一改常规教学按部就班的实施形式，而是多采用主题游戏、团队合作、实践活动等形式，在各类金融实践活动的过程中充分挖掘综合课程的潜力与主导性，把课程的体验活动与社会实践活动的作用转化为学生在金融方面成长的经验，逐步培养学生的金融素养和创造力。课程注重全过程评价。在评价表的设计中，纵向以课程开展的时间轴为顺序，划分为"策划准备期""组织推进期"和"成果展示期"三大环节，横向设置自我评价、小组成员评价和教师综合评价三个评价维度。

项目实施四年来，"融创"联盟在课程建设方面沉淀了诸多思考，也取得了阶段成效：

一是培育了师生创造力学习的核心理念。在实践研究过程中，教师学习到"以学习者为中心"的设计理念，学习到对学生创新能力的"激发"。教师要设计和引导学生学会在"受众""学徒"和"专家"三类角色中切换调整，从而引导学生在真实情境中提升"想象力""探究精神""坚持不懈""协作精神""自律能力"。

二是建构了适合不同学情的课程建设经验。面对不同学校、不同学段特点，在项目组专家指导下，指向创造力培养的共建课程确立怎样的课程目标，研制怎样的课程内容，课程实施方式和载体有怎样的不同，呈现出怎样的层进性和序列性，都是我们要思考的问题，实践研究过程中呈现出的多样化特点，给我们的实践研究增添了很多乐趣，丰富了我们课程研发和实施经验。

三是形成了课程建设种子教师孵化机制。课程开发和实施由课程领衔人来引领和带动,同一课程不同学校之间的教师形成一个学习共同体,不同课程之间开发和实施教师形成大的学习共同体。项目实践研究给予教师有力的专业发展支持。

项目实践研究给予我们许多启示,以基于金融素养培育的综合课程为载体的实践研究,还可以迁移到其他综合课程之中,也对我们日常教学提出了新挑战。我们更加深刻认识到了课程创新、育人方式转变等带来的育人价值,以项目研究撬动教育教学变革,是带给我们的更加深远的成果。诸多阶段性成果,呈现在课程教学之中,也以书稿的形式积淀了下来。这本《融创育青衿——创教育:"融创"综合课程研究与实践》从开始搭建框架,到书稿基本完成,历时一年多,所有内容都是几易其稿,我们把书稿的写作、经验的凝练当作再一次的潜心学习,这其中怀抱的极大的热情本身也说明了综合课程创造力培养实践研究的魅力。

陶行知说:"天天是创造之时,处处是创造之地,人人是创造之人。"让我们在课程开发和实施中,培养教育者自身的创造力,为学生的创造力学习筑基。

道阻且长,行则将至。

编者

目　录

第一章　"融创"综合课程的新时代解读

第一节　新时代综合课程的发展趋势

17世纪自然科学的迅速发展，独立的科学分支越来越多，资本主义经济所赖以支撑的机器大生产也迫切需要教育提供掌握了专门化科学知识与生产技术的实用型人才，因此学科分化得越来越精细。教育受此影响，其学科课程的科学化趋势越发明显。

但随着社会的不断发展，分科课程出现诸多问题，如学生对真实世界问题的解决能力不足，而现代社会的一个突出特点是科学技术渗透到社会生活的各个方面，这就需要人们具备运用多门学科知识的综合能力。正是在这一时代背景下，为适应科学社会化、社会科学化的进程，有人提出"综合就是创造"的命题，综合课程逐渐受到重视。

一、我国综合课程的发展历程

我国自20世纪80年代开始，借鉴美国、英国、德国、西班牙等国家的综合课程体系，开始重建综合课程。1988年，国家教委出台《义务教育全日制小学、初级中学教学计划（试行草案）》，确定在小学阶段开设社会课和自然课。此后，各地的综合课程在形式、目的和课程设置上各有不同，但综合课程陷入了"拼盘式"课程困境，综合意味不甚明显。

2001年正式出台《基础教育课程改革纲要（试行）》，指出当前"过于强调学科本位、科目过多和缺乏整合"的状况，明确要求设置综合课程，综合课程改革从国家层面整体推进。在课改实验区，其综合课程在丰富程度和开设方式上，都更为多样和灵活，体现了跨学科学习的深层次特点。2002年出台的《关于积极推进中小学评价与考试制度改革的通知》，通过评价和考试层面，强调初中毕业生综合素质评价，普通高中招生考试加试"应主要考察学生综合运用所学知识分析问题和解决问题的能力"，来进一步推进综合课程的实施。这一阶段主要面临着综合课程师资力量的不足，师资是决定综合课程成败的关键因素，而现有的高校培养模式基本为分科培养，综合知识成为教师的"先天缺陷"。

2010年，教育部颁布了《关于深化基础教育课程改革进一步推进素质教育的意见》，强调实施素质教育，更新教育观念，深化教学内容方式改革，提高学生综合素质，严格落实综合实践活动。在这一阶段，综合课程成为发展学生核心素养、推进素质教育的重要抓手。此时，国家课程仍以学科课程综合的形式开展，而地方课程和校本课程中的综合课程则呈现出许多新的发展样态。

二、新时代综合课程的特点

(一) 从学科知识的综合到关注学生能力的综合

从学科知识的"拼盘"逐步发展为"相关课程""融合课程",有学者将这一类综合课程称为"学科本位综合课程",从我国综合课程的发展历程来看,以学科知识的综合而形成的综合课程长期主导着综合课程的开发和实施。课程整合的核心主要源于学科,这种综合课程试图打破或超越各分科课程自身固有的逻辑,形成一种把不同学科内容有机整合为一体的新的逻辑。在理论和实践层面,"学科本位综合课程"具备很强的操作性,目前仍然是综合课程开发的主要手段,但也出现了"为综合而综合"的问题。

当前,以社会本位和儿童本位的综合课程越来越多地出现在各学校的课程清单中。社会本位课程中比较典型的就是 STS 课程(科学、技术与社会课程),这是针对新科技革命带来的一系列问题而导致许多国家出现了社会和科学技术明显分离、自然科学和人文科学相互脱节之状况而提出的,主要探索三方面相互联结的教育研究课题,使学生通过学习科学、技术、社会、文学和数学来获得综合的基本知识和基本技能,培养综合能力。儿童本位综合课程是以儿童当下的直接经验、儿童的需要和动机、儿童的兴趣和心理发展为课程整合的核心,其目的是促进儿童的经验生长和人格发展。卢梭的"浪漫自然主义经验课程"、德国的"乡土教育论"与"合科教学"、杜威的"经验自然主义经验课程"、克伯屈的"设计教学法"与"当代人本主义经验课程"都可以说是儿童本位综合课程的典范。

(二) 综合素质评价走向"实质制度化"

2002 年底,教育部下发了《教育部关于积极推进中小学评价与考试制度改革的通知》,首次提出"综合素质"。在该文件中,虽然并未明确提出"综合素质评价",但为综合素质评价拉开了序幕。

2004 年,教育部办公厅印发了《国家基础教育课程改革实验区 2004 年初中毕业考试与评通高中招生制度改革的指导意见》,自此各地以"评语"加"等级"为主要模式的综合素质评价做法不一地在全国先后展开。这一阶段虽然明确了评价的内容与结果呈现方式,而且要求将评价结果作为学生毕业和升学的重要依据,但存在着重结果轻过程、等级评价过程与结果问题突出、评价工作集中突击、评价结果未能在高一级学校招生中有效使用等问题。

2014 年,教育部办公厅印发了《教育部关于加强和改进普通高中学生综合素质评价的意见》,其中对综合素质评价的内容、程序以及组织管理等进行规范。评价程序由过去简单的"评语＋等级"或者束之高阁转变为"写实记录—整理遴选—公示审核—形成档案—材料使用"。而各地的高考改革方案中都明确了综合素质评价结果作为高校招生录取的重要参考。

近年来,综合素质评价从相对于师生而言较为陌生、排斥到理解、接受,并完全融入师生的教育生活之中,综合素质评价走向"实质制度化"。

(三) 学校从被动开设转变为特色融合

综合课程发展面临诸多压力,一方面国家政策和学校发展要求开设综合课程,另一方面高考指挥棒下,综合课程在家长眼中被视为"无用的课程",很多地方和学校取消综合课程正是出于家长的舆情压力。评价方式没有进入实质制度化前,学校层面在开设综合课程上显得被动和保守。进入新阶段,综合素质评价作为高考重要参考、学校特色发展成为学校质量评估的重要依据的形势下,全国各地的学校探索出了具有学校特色的校本综合课程设置方式。

(四)教师跨学科课程领导力的重要性日益凸显

从国外经验来看,对教师进行跨学科素养培育,是使其胜任全科教师的重要基础,也是保障综合课程实施效果的一个重要因素。芬兰"现象本位"教学的成功实施在很大程度上便是基于教师的跨学科教学能力,小学全科教师是芬兰教育成功最大的优势所在。

目前,我国教师培养和培训总体上仍然注重"分科"教育,教师的跨学科课程领导力培养较弱。基于已有的教师队伍,构建教师学习共同体,在综合课程实施中实现交流对话,促进教师"跨界学习",能够有效地帮助教师"打破不同学科知识之间的壁垒,促进共同体成员知识结构的优化和专业知识的增长"。同时发挥教师个人兴趣与能力,鼓励支持教师发展跨学科的学习和研究,发展跨学科课程领导力。

第二节 "融创"综合课程的内涵

在上海市教委的大力支持下和专业团队的引领下,浦东新区《基于区域特色的学校综合课程创造力培养研究与实践》项目组第一阶段(2019 年)完成浦东课程的定位。2020 年,项目重点围绕浦东新区经济社会发展的区域特色,紧扣科创性、人文性、个性化和国际化的基础教育改革发展重点方向,围绕航运中心、金融中心、科创中心,人文底蕴和个性化融合几个方面,基于"创"教育为核心理念,关注学校共性,聚焦综合课程,聚焦学生创造力的培养,构建区域"创"教育为主题、以"融创""航创""科创""文创"为特色推进浦东综合课程体系。"融创"联盟是其一。

"融创"联盟学校由四所学校组成:华东师范大学附属东昌中学(以下简称"东昌中学")、上海立信会计金融学院附属学校(以下简称"立信附校")、上海市澧溪中学(以下简称"澧溪中学")、上海市浦东新区高桥镇小学(以下简称"高桥镇小学")。这四所学校均以金融素养培育作为学校的特色,努力聚焦金融素养培育特色综合课程,进行学生创造力培养的研究与实践。

一、金融素养培育的价值

改革开放以来,国家一直非常重视金融知识在基础教育中的普及。2015 年,国务院办公厅印发的《关于加强金融消费者权益保护工作的指导意见》明确要求,要将金融知识普及教育纳入国民教育体系,切实提高国民金融素养。2019 年 10 月 16 日,教育部网站"建议提案办理"一栏刊发《对十三届全国人大二次会议第 8795 号建议的答复》,针对"关于在中学阶段引入金融公共课程提高金融素养的建议",教育部予以正式答复。

中小学生处于世界观、人生观、价值观形成的关键时期,也是进行金融教育的最佳时期。同时,中小学生自身也拥有一定的零花钱、压岁钱等可支配资金,开始有自己的理财生活,并接触一些金融现象,这就要求其具备必要的金融意识并具备安全有效的管理各种可支配资金的基本能力。中国人民银行发布的《消费者金融素养调查分析报告(2017)》显示,青少年的金融素养显著低于成年人,风险意识和权责意识有待提高。由此可见,在中小学阶段进行系统性金融素养培养十分重要。金融素养应该成为衡量中小学生综合素质的必要因素,学校要引导中小学生了解金融知识、提高理财能力、增强金融风险防范意识,为学生创设科学有效的学习氛围,这应当是全社会都应该重视的课题。

实际上,让中小学生接触金融知识是非常必要的。步入信息化时代以后,各行各界的发展开始趋向信息化、现代化的发展道路,金融在现实生活中的实际含义,就是使个人资本参与融通资金的过程,从而得到更多的收益并提高个人生活品质。此外,金融还可以让社会经济活动更加活跃,让世界范围内的资本更加自由地流通,促进资金的有效配置和合理利用。目前的大环境背景之下,经济全球化的进程不断加深,世界格局不断变化,需要掌握一定的金融知识才能参与到资本流通的过程中,才能具备使个人资本参与融通资金的意识。了解一定的金融知识,有利于适用未来社会的发展变化,这也正响应了国家对人才的需求。

二、金融素养培育的内涵

金融素养培育是东昌中学的教育特色,学校从 2009 年确立金融素养培育特色,到 2019 年被上海市教委命名为上海市特色普通高中,金融素养培育特色不断发展和彰显。那么,金融素养培育的内涵是什么?

基于多年来金融素养培育的具体实践以及对教育、对学校特色的深入思考,东昌中学丰富了金融素养培育内涵的三个维度:金融知识与能力、金融思维与方法、金融意识与态度,如图 1-1 所示。金融素养培育是通识性教育,面向所有学生,具有普及性和普惠性,也是社会主义核心价值观教育的校本实践,是落实学生全面发展的一个重要途径。

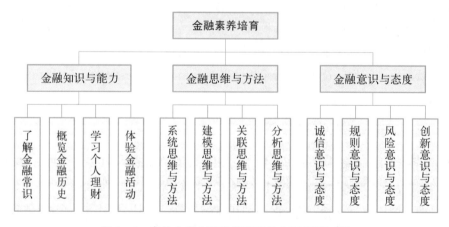

图 1-1　东昌中学金融素养培育的内涵(2018 版)

（1）金融知识与能力。金融知识与能力包括了解金融常识、概览金融历史、体验金融活动和学习个人理财。通过学习与体验，学生了解生活中的金融现象，了解金融和文化的关系，了解时间成本、机遇和风险，掌握个人理财等技能，懂得运用金融知识能力去更好生活，了解职业要求及职业素养，了解创业与人生，设计职业发展规划，从而培养走向职业的好奇、兴趣、选择与决策能力。

（2）金融思维与方法。金融思维与方法是指通过对收入与消费、储蓄与投资、风险与保险、财富与人生等金融知识与活动的了解，懂得个体与社会、国家的经济关联，学习根据自我需求和条件、收集信息、对比优劣、进行合理选择的方法，建立金融活动中常用的关联思维、建模思维、分析思维和系统思维，从而发展学生的整体观；帮助学生作出决策和制订战略实施计划；帮助学生深入到现象背后，探寻成因、总结规律、把握发展趋势；帮助学生借助一些特定的工具（如思维导图）和方法将自己内在的思维过程建立模型，进行可视化表征。

（3）金融意识与态度。金融意识与态度是指树立诚信意识和规则意识、培育风险意识、发展创新意识，而且要能够形成这样的观念和态度：懂得对制度和规则的理解与遵守；守信是文明社会的基本要求，法治意识与契约精神需要大家共同持守；财富运用能力，同时是一种伦理价值选择，要用来利己、利他、利国家、利人类、利自然；职业发展规划是自我发展与自我价值实现的人生规划；等等。金融意识与态度与未来生活和社会参与息息相关，是对社会主义核心价值观校本化教育的实施。例如，通过对延迟满足和坚持预算的了解来学会自律；通过对支出和负债管理的学习与体验来培养诚信、责任意识等；通过了解消费者合法维权来体验主动性和复杂性的沟通能力；通过关注和参与"市场"，能够容忍、接受和应对不确定性；通过对消费等的认识，学习社会关怀和社会分享；等等。通过树立金融意识与态度，遵守信用，自我保护，建立正确的个人金钱观、义利观、财富观等，培养积极的生活态度，形成基本的独立生存能力和人生规划能力。这些金融意识与态度的形成，凸显了社会主义核心价值观中"公正""法治""敬业""诚信""友善"等价值取向和价值准则。

金融素养培育的核心是学生未来发展所需要的金融基本知识与能力、思维与方法、意识与态度，可以帮助学生正确处理个人与社会、物质财富与精神财富的关系，逐步树立科学的价值观和财富观，可以帮助学生从对职业种类的认识，到理解职业要求、职业规划，从而具有基本的人生规划能力，树立初步的职业意识和敬业精神。

东昌中学金融素养培育的育人价值是"筑生涯之基、育成人之品、启志趣之门"。学校希望学生通过对金融的认识和了解，优化学生思维，提升对社会、世界和人生的认识；通过对金融领域的了解，拓展到对社会其他职业的兴趣和了解，进而较早地展开自身的人生规划，为学生健康幸福而富有个性的未来生活奠定基础。以金融素养培育这一支点撬起学生的全面发展。

在金融素养培育特色的确立、发展和建设的 2.0 时代，东昌中学始终以多种形式向市区内辐射金融素养培育特色，金融素养培育的价值在辐射中不断彰显。随着综合课程的开发和建设,金融素养培育的价值也在综合课程建设中不断焕发出新的活力。

三、"融创"综合课程的新时代解读

新时代综合课程的建设是落实教育基础性、先导性、全局性战略地位,建设高质量教育体系,培养创新型人才的重要抓手,也是上海市新时代深化基础教育课程教学改革的重要突破口。在中小学中进行金融素养培育,是进行综合课程建设的较好载体。

"创造力培养项目"启动于 2019 年 1 月,该项目旨在通过教学改革创新试验的过程,从区域特色出发,依托项目学校综合课程,推动创造力培养的学、教、评一体化实施,探索发展出一套指向学生创造力发展的有效方案。浦东新区构建能够体现金融、航运、科创、人文四大特色的"创教育课程"体系,"融创"课程即是基于金融素养培育特色、以创造力培养为指向的综合课程。也就是说,通过培养学生的金融基础知识能力从而实现有效管理金融资源的目的,实现对学生进行金融思维、金融意识有意识的培养与发掘,在这一过程中,实现对学生创造力的培养。

关于综合课程,我们的理解是,综合课程是一种课程模式(或课程组织取向),也就是常说的"课程整合""整合的课程",意味着对两种或两种以上学科要素进行整合,并且以某种方式,某个主题、问题或现实情境贯穿其中。融创联盟学校开发和实施的综合课程主要指两种:一是在保留原来学科的独立性基础上,寻找两个或多个学科之间的共同点,使这些学科的教学顺序能够相互呼应、相互联系、穿插进行;二是在综合实践活动中,包含多个学科的相关内容,这些学科的教学内容相互呼应、相互联系,共同为解决相关问题或相关任务服务。

我们对创造力的特征理解,重点关注五个方面:一是在情境中,通过任务驱动,学生设计方案,产生想法,有效解决问题;二是针对特定问题,学生可以提供多种方案,灵活解决问题;三是通过小组、团队的方式对任务进行分析和理解,并提出解决方案;四是学习组织想法,细化细节,完成任务;五是在体验、参与中,学生产生想法,想要表达或做出以前没有表达或做过的东西。

基于这样的理解,我们追溯和反思课程的开发和实施过程:是否结合了生活化原则,创设了一定的情境,为学生设计了一定的任务,引导学生在完成任务中,通过个人或团队的尝试、体验、创生,通过多门学科的综合学习和运用,提升综合素养。

因此,在课堂教学或者在项目化学习过程中,"融创"综合课程开发和实施需要关注五个方面:一是经济合作与发展组织(OECD)提出的创造力的阶段维度(探询—想象—行动—反思)及其关注点;二是以"问题建构"为主线开展课程设计;三是"设计思维""社会设计思维",形成综合课程建构;四是学生形成自主学习策略;五是开发以创造力为目标的发展性评价。

由于"融创"综合课程开发和实施的创造性,可以用来直接借鉴的经验较少,更多的需要在实践过程中进行摸索。在此过程中,不但学生的创造力会得到培养,而且教师的创造力也将会被激发出来。

第三节 "融创"综合课程的定位

一、"融创"综合课程的性质

"融创"全学段综合课程是基于东昌中学五门课程("采访金融人士""走进金融博物馆""身边的货币""身边的财富管理""一日金融人")的基础上,由"融创"联盟学校开发和实施的,具有小学、初中、高中课程相衔接的学校特色的校本课程。除此之外,各校还做实、做细、做亮学校特色品牌课程,从而形成"共建课程+品牌课程"在内的基于区域特色的金融素养培育综合课程。

1. "融创"综合课程是指向创造力培养的基于区域特色的综合课程

区域推进指向创造力培养的综合课程的建设,有强大的政策支持、有力的专业引领、正向的激励导向。"融创"综合课程建设有高位的顶层设计、区域共同体研修和高端的学术支持。

"融创"综合课程建设在区域顶层设计下展开研究与实践。2019 年,上海市率先布局,开展区域课程教学改革创新试验,将实施"创造力培养项目"作为上海市新时代深化基础教育课程教学改革的重要突破口,积极探索、先行先试。项目选取浦东新区作为先行试点区域之一。浦东新区将四所有金融素养培育特色或基础的学校组成了"融创"联盟学校,旨在通过创造力培养项目研究,实现在金融素养培育领域,结合学校自身特点着手研发校本化、主题式的综合课程方案,初步形成扎根本校文化特色、符合区域实际、体现时代精神、选择丰富多样、有助于创造力培养的综合课程体系。

"融创"综合课程建设通过区域共同体研修增强运行动力。在上海市和浦东新区的专业引领下,"融创"联盟充分吸收国际上一些著名教育机构有关创造力培养的最新研究成果,特别是经济合作与发展组织国际学生评估项目(Program for International Student Assessment,PISA)2021 年创造性思维测评战略咨询委员会联系主席比尔·卢卡斯(Bill Lucas)教授提出的五维创造力学习模型、北京师范大学中国教育创新研究院与美国 P21 联合研发的核心素养 5C 模型等,区域专家对"融创"联盟学校综合课程建设与实施进行诊断、指导和评估,区域层面展开关于综合课程创造力国际在线培训、线下集中培训,在专业引领下,"融创"综合课程建设确保了方向性和学术性,也促进了实践研究的顺利开展。"融创"综合课程在区域学术指导下,联盟内部的共同体研修,指向明确、针对性强。由东昌中学领衔的联盟学校校长团队、由东昌中学课程管理负责人领衔的联盟学校课程管理团队、由东昌中学五门课程领衔人领衔的联盟内课程团队,在课程领导、课程管理、课程开发和实施方面,共同研修,共享共建,有效促进了课程的开发和实施。

"融创"综合课程建设有高端的区域学术支持。市、区和圣陶研究院专家团队对创造力培养项目中的关键概念、核心理念、课程设计、课程实施、课程评价等进行了阐释和指导,并阶段性帮助解决实践研究中存在的疑惑和问题。"融创"联盟学校在实践推进过程中,不断产生疑问,专家团队引领联盟学校对诸如创造力内涵是什么,怎样实现课程综合,如何从"创造力教育"转向"创造力学习"从而更好地关注"学生的学"和"教师的导",如何聚焦复杂情境中的真实问题进行学生不同参与水平的"角色"设计,如何结合思维场景设计让创造性的学习真正发生,如何通过评价量规进行以创造力为目标的发展性评价,等等,进行深入研讨,联盟学校对创造力培养项目的认识不断深入。

2."融创"综合课程是基于金融素养培育特色的综合课程

上海作为国际金融中心,不断提升上海国际金融中心能级和金融中心城市影响力,不断扩大金融中心城市品牌知名度,上海市国际金融中心国家战略在浦东新区得到很好的承载。"融创"综合课程作为区域特色的综合课程,面对上海市和浦东新区承担的更大使命和更多重任,是落实教育基础性、先导性、全局性的战略地位、培养创新型人才的重要抓手。

"融创"综合课程是浦东新区根据"当地社会、经济、文化发展的需要"而建构的。"融创"综合课程创新模式所遵循的基本原则,一是要基于学校的办学传统、特色以及现有的条件资源,从而使课程创新更具有基础性、承继性与发展;二是要基于学校校情、学情,充分考虑到学生的学段特点,从而使课程创新更具有生长性;三是要基于学生创造力的培养,借鉴国际关于创造力培养的先进理念和先进做法,从而使课程创新更贴近国际前沿。

"融创"综合课程是基于金融素养培育的学校特色课程。"融创"综合课程的开发和实施均有其深厚的学校校情基础。金融素养培育特色是"融创"联盟学校的共有特色,以东昌中学为例,东昌中学提出的"金融素养培育",是指中学生应具有的有效管理金融资源的金融基础知识能力以及为其未来生活顺利展开而需具备的金融思维与方法、金融意识与态度。学校发展思路是:在整体规划中凸显金融素养培育,把它作为培育学生社会主义核心价值观的重要载体,以金融素养培育为支点,撬起学生德智体美劳全面发展。在进行"融创"综合课程建设的研究与实践过程中,东昌中学在两项区级重点课题《基于金融素养培育的特色普通高中建设实践研究》(2017年立项)、《基于金融素养培育的优质特色高中课程体系再构研究》(2021年立项)的研究成果的基础上,对课程进行丰富和完善。融创联盟的其他学校也有相关的龙头课题作为坚强支撑,如高桥镇小学的《基于网络环境下教师创新课堂教学方式的实践研究》(2020年立项)、立信附校的《指向创造力培育的义务教育阶段金融特色课程体系建构与实践》(2021年立项)。在龙头课题的引领下,联盟学校的"融创"综合课程很好地融入各校的整体课程建设之中,有利于形成联盟学校自身的课程体系。

"融创"综合课程具有资源共享的特点。"融创"综合课程设计的一个基本原则是要"突出区域特色",即要注重选择与本区域内金融行业创新发展的关键建设者群体建立联系,充分发挥这一建设群体在培养学生创造力过程中的"引路人"作用。东昌中学于2019年被评为上海市特色普通高中,其金融素养培育特色在上海市具有品牌效应。东昌中学拥有丰富的特色培育资源,金融素养培育实践基地为6(校内)+4(校外)格局:校内金融历史实验室、智慧保险体验中心、模拟银行、智慧证券体验中心、智慧财商教育馆、货币博物馆,校外实践基地为证券博物馆、期货博物馆、银行博物馆、中国银行行史陈列馆;东昌中学还拥有已经运行十年的"东昌金联"(全称为"东昌中学学生金融素养培育区域联动组织"),规范的组织章程保障"金联"活动有序开展;稳定的联络机制保证成员单位无障碍沟通;各种社会资源创新活动的内容与形式。"融创"联盟其他学校也有各自独特的资源优势,比如立信附校有立信会计金融学院校内各博物馆等资源优势,澧溪中学有上海银行博物馆、工商银行浦东开发区支行本部等资源优势,高桥镇小学有中国农业银行高南支行、上海银行高桥支行、湘财证券投教基地、中国证券博物馆等资源优势。

"融创"综合课程优势在于合作共建。东昌中学的金融素养培育特色,十年磨一剑,在课程建设方面有深厚的基础。东昌中学打造了一批具有示范引领价值的课程。"融创"联盟的四所学校,有小学,有初中,有高中,课程设计之初计划以东昌中学的五门特色课程为基础,向联盟学校进行辐射。联盟学校不是照搬东昌中学的课程,而是在研究借鉴东昌中学课程的基础上,结合自己学校特色、学情和课程建设的基础,遵循课程目标以培养学生创造力为导向,课程开发要尊重学生创造力发展的基本规律,课程落地要注重学、教、评一体化实施,进行课程开发和实施,最终形成自己学校的"融创"综合课程,各校开发的每门"融创"综合课程最终形成小学、初中、高中全学段课程,每门课程的课程内容都体现序列性。各校在开发融创课程时,组建课程开发和实施共同体,共同商讨,形成每门课程的课程方案。课程实施通过例会的形式进行研讨交流,共同磋商。因此,合作共建是"融创"综合课程的优势。

3. "融创"综合课程是凸显各校自身特色的综合课程

"融创"综合课程中重要的一个部分是各校金融素养培育特色品牌课程。这些品牌课程扎根于学校特色,开发和实施历时时间较长。在创造力项目的引领下,特色品牌课程焕发出新的生机。

东昌中学的"学生公司"课程,秉承以学生为中心的设计理念,强调对学生创新能力的激发,为学生设计创业实践教育,让学生在项目化学习课堂中了解并实践如何将商业理念从概念转变为现实。"学生公司"旨在探索培养和发展学生创造力的基本模式、主要策略和具体路径;以创造力为导向的发展目标与学习和教学策略相互匹配,推动创造力培养的学、教、评一体化实施;开展真实情境下的教学创新实践,激发学生创意,引导学生学会创造,提升创新能力。

立信附校的"给青少年的财商教育"课程,以提升学生金融素养,提升学生的创新能力为目标,充分利用立信金融学院的优势,整合校内外资源,为学生提供观察真实世界的窗口,不仅让学生在真实世界中体悟金融知识、提升金融素养和创造力,也助力推动金融文化在学校之中的传承与创新。课程力求从知识、技能、情感态度与价值观三个层面系统地培养学生的财商核心能力;课程实施注重通过各种项目和活动使学生在学习的过程中思考各种经济学原理的运用,从而自己发现一些规律,使学生的创新能力得到锻炼。

澧溪中学的"我是创业家"课程,秉承以学生为主体的设计理念,结合初中阶段学生学情分析,通过运用体验式教学、跨学科、项目式的学习方法,引导学生将理论知识付诸实践运用,将抽象的概念认知在实际的操作体验中得到融会贯通。着重培养学生的金融素养、创新思维,帮助学生理解企业运行的基本原理,懂得自我管理和规划,全面提升解决问题的能力。课程着重体验式教学,强调将理论知识在实践中得到真正的体会运用,通过课堂教学、实践操作、校园文化活动三者结合的方式,形成三位一体的课程模式,助力在特色课程的基础上实现充分挖掘学生智慧潜能、充分尊重学生个性特长的目的。

高桥镇小学的"小小创业家"课程,着眼于系统化地在理财课程中培养学生的"大财经"意识,提升学生的创新精神和实践能力。课程强调对学生创新能力的"激发",通过学校的课程设置、学科教学渗透、主题实践活动等途径,从学生的生活体验和学习经验出发,引导学生善于在真实情境中提出疑问,探索并形成有价值的问题,并对形成的问题展开探索和调查,促进学生探索与理解自我与社会、与他人之间的关系,学会合作、分享、创新,树立责任意识,获得全面发展,逐步提高学生的金融素养,真正实现促进学生个性发展和创造力培养。

这些特色品牌课程,注重激发学生的学习动机,注重引导学生建立学习目标,通过主动探询、收集和梳理,获取新知识、新信息,形成新想法,建立新方案,提高学生解决问题的能力。

二、"融创"综合课程的价值

1. 基于区域特色的联盟学校综合课程建构与开发的实践价值

"融创"联盟实际上是建构指向创造力的区域特色综合课程实践共同体,以此形成创造力课程实施的推进结构。课程在进行顶层设计时,选取了五门课程共建共享,课程目标依据学段不同呈阶梯式呈现,除此之外,"融创"综合课程还包括学校特色品牌课程。联盟学校之间形成课程建构与开发的共同体,在顶层的工作方案和课程方案的基础上,联盟学校共同体研讨并开发了五门课程的小学、初中、高中全学段课程方案。立足学科并聚焦学生创造力的培养,重点从课程资源整合、教学设计、课堂实施、创造力评价等方面进行研究和探索。联盟学校之间加强合作,互学互鉴,为探索螺旋型上升的全学段课程体系提供可能。每门课程都由东昌中学的课程开发和实施负责人担任课程领衔人,他们横向与各校该门课程的开发和实施教师形成该门课的教师团队,共同研讨、切磋,激发灵感,教师的创造力也被激发出来。

2. 综合课程开发及实施的实践价值

在日常的教育教学中,综合课程的开发及实施,教师用力还不够。尽管义务教育阶段在推行项目化学习,但是推进还不深入。基于学校特色,通过综合课程的开发和实施,引领教师探索综合课程的创生,寻找综合课程实施的着力点,有利于增强教师对综合课程的理解,提升教师对综合课程实施的能力。更重要的是,学生从综合课程的学习中,更加切近生活实际,提升解决生活中真实问题的能力,对于学生核心素养的培育有着重要的推动作用。

3. 学生创造力培养的实践价值

学生创造力培养,是新时代赋予教育的重要使命。鉴于有的教师还在疑惑创造力是否可教,通过项目研修,对于进一步提升学校创造力课程的设计能力,内化教师的创新教育理念,有着非常重要的作用。"融创"综合课程建设旨在通过一些具体的课程,探索培养和发展学生创造力的主要策略、具体路径,推动创造力培养的学、教、评一体化实施。

三、"融创"综合课程的功能

1. 课程的育人功能

聚焦与真实世界相联系的复杂情境和真实问题,重视学生在课程中研究和解决问题的真实表现,珍视学生在课程中的自主判断和创造性问题解决。"融创"综合课程创新思维,把课程从静态的文本课程推至动态的运作课程,此类创造力课程的设计是与传统的知识传授课程的设计不一样的。传统的课程是知识性的、标准化的、机械而不灵活的,而面向创造力的课程是按需学习的、灵活自由的、自由生长的。金融素养培育不仅仅局限于金融知识与能力,而且还有金融意识与态度、金融思维与方法,并以金融素养培育这一支点,撬动学生的全面发展。

2. 课程的样例功能

"融创"综合课程为小学、初中、高中全学段课程,它提供了小学、初中、高中课程纵向统整的样例,强化了学段之间的纵向贯通,体现出课程向下扎根、向上生长的特点。课程开发注重基于学生的学段特点,注重遵循学生创造力发展的基本规律,课程目标、课程内容、课程实施、课程评价都体现出学段特点,五门课程中的每门课程,都可以梳理出一条学生纵向学习的线,很有研究和实践价值。"融创"综合课程的研究与实践为小学、初中、高中全学段课程开发和实施提供可复制可推广的经验。

第四节 "融创"综合课程的设计

一、综合课程的建设目标

"融创"综合课程的课程目标:通过课程学习,帮助中小学生建立起对金融业务和工具(如银行、货币、期货、基金、股票等)的感性认识,学习金融知识,体验金融活动,激发学生对金融的兴趣,培育学生的诚信、风险、规则等意识,培育学生的金融素养,激发学生的创造力。通过课程研发和实施,构建从小学、初中到高中全生态综合课程体系。

"融创"综合课程以分层分类实施原则满足不同层次学生发展的需求。首先,分层原则指的是基于学段差异,结合小学、初中、高中的具体学情,分别制订适应学生实际情况的课程目标及评价方式。在能力目标方面存在递进关系,充分考虑不同学段学生学习能力的差异。如"采访金融人士"课程，小学学段的课程目标是"初步学习人物采访和撰写采访稿的基本方法，了解与金融有关的工作内容"；初中学段的课程目标是"学习人物采访和撰写采访稿的方法，了解从事金融工作所需要的人格素养、能力要求等"；高中学段的课程目标则是"学习人物采访和撰写采访稿的基本方法，提高采访稿写作水平；了解从事金融工作所需要的人格素养、能力要求等，从而更好地思考自身的成长、尽早规划自身学业及职业发展"。其次，在课程设置和学习方式上体现分类原则，即将课程群九门课程分为通识类必修课程、兴趣类选修课程、体验类实践课程与特色类个性课程等四个门类。分层分类的设计确保课程惠及全学段学生的同时，给予高兴趣度的学生更为广阔的发展空间，满足不同层次学生需求。

二、综合课程的建设方案

（一）惠及全学段，激发创造力的课程体系构建

联盟学校基于整合四所学校《基于金融素养培育特色课程创造力的研究和实践》（东昌中学）、《生涯教育理念下义务教育阶段学校金融课程建设实践研究》（立信附校）、《小学开展金融创客理财项目的实践与研究》（高桥镇小学）、《基于新时代君子文化的"指南针计划"课程创造力研究与实践》（澧溪中学）等四个研究项目中已经取得的成果，梳理出关于"融创"特征的综合课程，结合学校特点、学生学情，构建从小学、初中到高中全学段综合课程体系。课程关注学生完整的学习经验，如课堂学习经验与课外学习经验的融合、接受知识与创造性学习的统一、线下学习与线上学习的结合；课程注重将认知、体验、建构和创造等学习经验整合起来，注重使用讨论交流、实践体验、广泛自学、浸润式生活化、"大手牵小手"等方式来展开学习，激发学生的创造力。

联盟学校以东昌中学提供的"采访金融人士""走进金融博物馆""身边的货币""身边的财富管理""一日金融人"五门课程为抓手，以金融素养培育为切入口，尊重学生选择，尊重个性发展。学生全体参加通识类必修课程，通过参观、采访实践和撰写采访稿等活动，让学生了解金融基本知识，运用一定的金融思维来思考问题、解决问题，初步激发创造力。学生对金融概念有了初步的认识之后，通过兴趣类选修课来发展兴趣。选修相关课程的学生能对金融投资有更多的认识，继续激发创造力。进而基于这种兴趣，学生还可自主选择一些特色类个性课程来深入探究金融问题，进一步激发创造力。"融创"综合课程群如表 1-1 所示。

表 1-1 　"融创"综合课程群

课 程 名 称	课 程 类 别	课程实施地点
采访金融人士	通识类必修课程	本校＋相关地点
走进金融博物馆	通识类必修课程	本校＋金融博物馆

续　表

课 程 名 称	课 程 类 别	课程实施地点
身边的货币	兴趣类选修课程	线上慕课＋本校
身边的财富管理	兴趣类选修课程	线上慕课＋本校
一日金融人	体验类实践课程	东昌中学
学生公司（10 年级）	特色类个性课程	东昌中学
澧溪企业家（6 年级）	特色类个性课程	澧溪中学
给青少年的财商教育（4、5、7 年级）	特色类个性课程	立信附校
"小小创业者"嘉年华（1—5 年级）	特色类个性课程	高桥镇小学

（二）基于创造力的多样化课程评价设计

"融创"综合课程采取多样化的课程评价。首先,课程评价形式多样。相关课程既有对学生学习表现的过程性评价,也有对学生作品的终结性评价,同时还存在过程性评价与终结性评价相结合的评价方式。其次,评价主体多样。学生自评、同伴互评、小组自评、志愿者教师和学校教师评价等多种评价方式并存,学生、教师、志愿者都能发挥课程评价的主体作用。再次,基于学情,同一门课程存在多样评价方式。如"身边的财富管理"课程,对小学学生学习成果的评价对象是手账制作,而对初高中学生的评价对象则是微视频制作。最后,课程评价特别关注学生的创造力。无论是写作人物采访稿、参观心得,还是完成课题报告,或是制作小手账、微视频,都需要学生从零开始,通过学习与体验课程,在掌握相关知识与技能后方可完成。学生作品无疑是学生创造力的最佳表现。"融创"综合课程评价如表 1－2 所示。

表 1－2　"融创"综合课程评价

"融创"板块 联盟学校课程群	课　　程	课 程 评 价
通识类必修课程	走进金融博物馆 （小学、初中、高中）	参观心得撰写及评选
	采访金融人士 （小学、初中、高中）	采访稿撰写及评选
兴趣类选修课程	身边的货币 （小学、初中、高中）	完成货币课题报告（初中、高中） 完成货币知识小测试（小学）
	身边的财富管理 （小学、初中、高中）	制作财富管理小手账（小学） 制作财富管理微视频（初中、高中）

续　表

"融创"板块 联盟学校课程群	课　　程	课 程 评 价
体验类实践课程	一日金融人 （小学、初中、高中）	活动完成评价量表
特色类个性课程	学生公司（10 年级）	采用小组自评、同伴互评、志愿者教师和学校老师评价等多元评价
	"小小创业家"嘉年华 （1—5 年级）	采用"学生团队工作组任务考核＋团队自我评价"的方法
	澧溪企业家（6 年级）	评价关注发展过程，将形成性评价与终结性评价有机结合
	给青少年的财商教育 （4、5、7 年级）	采用积分奖励的评价方式，学生积分在学生自评、互评与师评的基础上整合得出

第二章 "采访金融人士"创课程模块

第一节 课程概要

一、"采访金融人士"课程定位

(一)"采访金融人士"课程概述

金融业起源于公元前 2000 年巴比伦寺庙和公元前 6 世纪古希腊寺庙的货币保管和收取利息的放款业务。公元前 5 至前 3 世纪在雅典和罗马先后出现了银钱商和类似银行的商业机构。在欧洲,从货币兑换业和金匠业中发展出现代银行。

中国金融业的起点可追溯到公元前 256 年以前周代出现的办理赊贷业务的机构,《周礼》称之为"泉府"。南齐时出现了以收取实物作抵押进行放款的机构"质库",即后来的当铺,当时由寺院经营,至唐代改由贵族垄断,宋代时出现了民营质库。明朝末期钱庄(北方称银号)曾是金融业的主体,后来又陆续出现了票号、官银钱号等其他金融机构。辛亥革命以后,特别是第一次世界大战开始以后,中国的银行业开始有较快的发展,银行逐步成为金融业的主体。中国银行业的发展基本上是与民族资本主义工商业的发展互为推进的。这表明了金融业与工商业之间的紧密联系,及其对国民经济的重要影响。

金融业经过长时间的历史演变,从古代社会比较单一的形式,逐步发展成多种门类的金融机构体系。在现代金融业中,各类银行占有主导地位。除银行外,现代金融业中还包括各种互助合作性金融组织(如合作银行、互助银行、信用合作社或信用组合等)、财务公司(或称商人银行)、贴现公司、保险公司、证券公司、金融咨询公司、专门的储蓄汇兑机构(储金局、邮政储汇局等)、典当业、金银业、金融交易所(证券交易所、黄金交易所、外汇调剂市场等)和资信评估公司等等。现代金融业的经营手段已十分现代化,电子计算机和自动化服务已相当普及。

金融已是现代生活中的重要组成部分,其广阔的前景和重要的时代价值也吸引越来越多的年轻人投入其中。东昌中学地处中国长江经济带国家级金融中心陆家嘴,这里是上海国际金融中心的核心功能区,为多家跨国银行的中国(含港澳台)及东亚总部所在地。陆家嘴金融城集聚了 30 多万名金融人才,拥有上海证券交易所、上海期货交易所、中国金融期货交易所、中国国际黄金交易中心等,以及占全国 40% 以上的外资法人银行、90% 以上的外资私募机构和 90% 以上的外资资管机构。全球 500 强企业有 340 多家在陆家嘴成立机构,115家跨国公司在此设立地区总部。东昌中学依托华东师范大学和陆家嘴金融城的优势,确立了"金融素养"培育这个教育支点,撬起学生素质全面提升从而实现学校育人目标的战略。学校系统思考课程建设、课程改革、教育教学和师生发展等问题,促进每位学生"主动自主+个性特长"发展,"金融素养培育"特色教育在全市乃至全国高中中独树一帜。"采访金融人士"课程正是在这样的背景中应运而生。

那么,金融业包括哪些行业?金融人士包含哪些从业人员?金融业包括银行业、保险业、信托业、证券业和租赁业等,金融人士即为银行、证券、保险、投资咨询、基金、期货等金融行业的工作人员。做一名出色的金融人要具备细心、慎重、独立性、责任心,更要懂得心理学、投资学。严格要求自己,会分析,有较高的稳定度和忠诚度,善于聆听与辅导,做事锲而不舍同样也是不可或缺的素质精神。"采访金融人士"课程旨在通过采访一位身边的金融人士,培养学生主动沟通和交流的意识和能力;引导学生学习金融相关知识,了解相关金融热点,提高对金融的兴趣,并形成一定的见解和认识,养成正确的金融理念;启发学生通过发现自己身边的金融故事,了解从事金融工作所需要的人格素养、能力要求等,从而帮助学生更好地思考自身的成长、尽早规划自身学业及职业发展。在课程学习中,关注学生在探究与想象、坚毅与审辨、合作与担当等方面创造力要素的发展,培养学生的创造力。

(二)"采访金融人士"课程价值

"采访金融人士"课程在实施过程中始终以学生创造力培养为导向,尊重学生创造力发展的基本规律,注重学、教、评一体化实施。教师在实施该课程时,注重关注生活化原则,创设一定的情境,为学生设计一定的任务,引导学生在完成任务中,通过个人或团队的尝试、体验、创生,有效促进创造力发展。

在采访前期准备时,学生需要对提问进行一系列的设计,问题应当具有一定的关联性,反映学生的逻辑思维和思考过程,有效培养学生的系统思维与方法、关联思维与方法、建模思维与方法;在采访专业的金融人士过程中,学生既可以了解基础的金融常识,又能够个性化地解决金融问题、拓展学习个人理财等金融行业的具体工作内容,还能有助于启发学生对人生规划的思考;采访后的稿件撰写与活动反思中,学生通过对采访获得的信息进行整合和分析,有效地在实践中提升分析思维与方法;在内化专业金融人士精神的过程中,培养诚信意识与态度、规则意识与态度、风险意识与态度以及创新意识与态度。整个课程指向金融知识与能力、金融思维与方法、金融意识与态度三方面的培养,全方位地实现学生金融素养的培育。

二、东昌中学"采访金融人士"课程简介

"采访金融人士"特色课程是东昌中学金融素养培育核心圈课程。上海作为国际大都市,经济充满了活力;对于地处陆家嘴金融中心的东昌学子,以此为切入点开展特色课程学习,可谓"天时地利人和"。

"采访金融人士"课程呈现出综合性的特征:跨学科,强调语文、政治(金融)学科之间

的融合,以听说读写等语文素养为基石,结合政治学科中的金融知识等内容。这门课程注重练思维,培养学生系统思维、关联思维、分析思维、建模思维,注重突出原创性、系统性规划能力;注重育能力,强调产生想法、预设方案的能力,培育有序灵活、实践操作的能力。它强调在自主的实践活动中培养学生创造思维、思辨思维、合作精神等,从而更好地思考自身的成长、结合生涯规划指导形成个人高中学业规划和未来的职业思考。

"采访金融人士"课程发展历程分为两个阶段:一是从课程初步开发至 2020 年,第二阶段是东昌中学加入区项目至今。

2012 年,东昌中学开发并实施"采访金融人士"课程,它是东昌中学金融素养培育特色课程群中的一门通识性必修课程。该课程设计之初旨在通过采访一位身边的金融人士,培养学生主动沟通、学会交流的意识和能力;启发学生通过发现自己身边的金融故事,了解从事金融工作所需要的人格素养、能力要求等,从而帮助学生更好地思考自身的成长、尽早规划自身学业及职业发展。这门课程包含采访实践和写作实践两大部分,具有综合性特征:在学习内容上,强调听说读写等语文学习和金融领域、金融内容等方面的综合;在学习方法上,强调接受学习与发现学习、实践性学习与体验性学习的相互综合;在学习效果上,强调知识、能力与情感态度价值观的综合,并特别注重兴趣爱好、情感态度价值观、合作精神和创新精神的提升。经过十年的实施与不断的完善,"采访金融人士"已经成为东昌中学的品牌课程之一。

2020 年,在《基于区域特色的学校综合课程创造力研究与实践》项目实施过程中,东昌中学作为"融创"联盟的盟主学校,将"采访金融人士"课程等五门课程与"融创"联盟学校进行共享共建,在高桥镇小学、立信附校、澧溪中学领导团队和教师团队的共同努力下,"采访金融人士"课程发展成为纵贯小学、初中、高中全学段的综合课程。重点探索学生的"学"与导师的"导",引导学生如何通过驱动性问题,串联整个采访过程,最终形成采访作品和设计相关方案。

三、"融创"全学段"采访金融人士"课程简介

"采访金融人士"课程以培养学生创造力为导向,尊重学生创造力发展的基本规律,注重学、教、评一体化实施。创造力培育应当是长期的、连贯的,全学段的联动与配合可以很好地将创造力的培育进一步深化、内化。"采访金融人士"课程作为纵贯小学、初中、高中全学段的综合课程,既有课程设计的总体目标和要求,同时兼顾不同学段、不同学情,各校在课程设计、实施、评价等方面又彰显精彩多样。

两年多来,这门"融创"全学段课程分别在联盟学校的四年级、六年级、八年级和十年级四个学段进行了两轮实施,共计有 3 000 多名学生受惠于该门课程。

高桥镇小学四年级学生在综合课程"我学金融"的课堂上,已经有了一定金融知识的基础,在"阿福童社区"活动中亦积累了一些金融活动的实践经验,需要的是走出校园、走向社会的浸润式学习的机会。在"采访金融人士"课程中,学生来到校外金融机构,从采访者的第一视角出发,与感兴趣的金融人士面对面,探寻想要了解的金融知识和行业奥秘,

对金融人士及其所需要的金融素养产生基本认知,对金融行业产生更浓厚的探究兴趣,唤醒对自己的成长目标与未来规划的思考与意识,在采访实践中逐步培养创造力。高桥镇小学以"认识—实践—再认识—再实践"为步骤开展课程实施,根据小学生的特点和认知规律,以讲故事、头脑风暴、辩论赛等多样化活动丰富课程内容,以不同形式展现课程成果,并引导学生运用在采访中的所学,在学校阿福童社区的各类体验活动中发挥积极作用。

澧溪中学结合六年级学生的身心发展特点,充分发挥学校"澧溪电视台"社团资源和学校家委会资源,融合初中阶段语文课程标准和教材中对于"新闻采访"的知识与能力的要求,基于项目化学习的理念和思维,将"如何采访金融人士"作为一个引发学生自主研究的问题,先由学生思考怎么做,以小组为单位通过头脑风暴的形式制定小组方案,明确在小组中的角色,在实施过程中培养学生的创造力。在实施的过程中,在学生自行收集相关资料后,根据学生的需求,利用了学校"澧溪电视台"社团资源和学校家委会资源,邀请新闻和金融方面的专业人士为学生进行讲座培训,并在采访阶段也给予专业支持;在采访报告撰写和小组展示的过程中,先由学生与教师一起制定最终小组成果展示的评价标准,学生在讨论评价量规的过程中,不断明晰自己小组成果展示要规避和注意的地方,通过评价促进项目成果的迭代。在评价的过程中,通过学生自评、互评、师评三个维度进行全方位的评价,在小组成果展示时的评价量表中,需要每一位学生写出本小组的亮点和不足,让学生在成果展示的过程中提升表达、倾听、评价的能力,并在反思中进行复盘,更新创造出更好的小组成果,从而培养学生的创造力。

立信附校初中语文教研组基于学校金融特色,结合统编教材八年级上册语文书第一单元"新闻采访"综合学习,自2020学年开始每年在八年级开设"采访金融人士"选修课,如今,走过两轮的"采访金融人士"选修课业已成为立信附校的金融素养系列特色课程之一。将课程的设计与开发作为培养初中阶段高年级学生跨学科学习、培养学生创造力的极富价值的良好契机,着重关注学生的学习与审辨能力,引导学生不断发现问题、提出问题,不断精进自己的创新想法,在课程实施过程中,教师着重关注学生的学习与审辨能力,要求学生能够在理论学习过程中不断发现问题、提出问题,不断精进自己的创新想法。例如,在课程学习中,结合本课程与语文课的相关活动探究,引导学生提出自己富有建设性的思考与建议;这门课程很关注学生的小组合作能力,因此,要求每个小组成员要分配合理,每个成员都要有自己适合的分工与任务。例如,这门课程的结果呈现为书面文字,但是课程又强调"采访",因此,小组成员中必需要求有个性开朗冲的出去的采访者,还要有耐心记录及时做笔记的倾听者,当然擅长写作、问题设计和文字成型的伙伴也是必不可少的成员。部分之和大于整体,只有积极参与团队建设,形成共同的愿景目标,才能实现合作共赢;只有愿意主动了解创新创造对于个体和团队的意义和价值,才能有所收获。在课程评价环节,立信附校通过"活动记录卡""组员任务完成评价表""成果展示评价表"等评价手段对学生的学习过程及学习成果进行评价。这些评价手段也是学生重要的学习支架,既能为他们导向活动的目标,又能帮助他们做好实时监控、自我评价。最终让学生高质量、高效率地完成本门课程的学习。

东昌中学是课程最初的设计者和实施者,在延续、发展的 11 年时间里,始终结合时代背景、教育目标、学情变化不断对课程进行着补充与完善。东昌中学"采访金融人士"课程以提高交流、写作能力,学习金融相关知识,培养从事金融工作所需要的人格素养、能力要求,引导学生思考人生规划为主要的课程目标。课程实施过程中,首先在全体学生中进行课程导学,语文教师、政治教师分别在课堂上进行相关课程教学。在正式采访前,学生积极主动通过多样途径间接了解采访对象,根据采访主题设计好具体问题。采访后,学生整理采访记录,根据统一格式撰写采访报告。学生上交采访报告,任课教师检查学生态度是否端正、格式是否符合要求等,并适当提出建议、修改稿件,督促学生进一步完善稿件。教师组织学生在班级层面进行分享交流,学生谈谈在实践活动中得到的启示,以及在活动中所了解的金融人士需要具备的素养。各任课教师筛选修改好的金融采访稿件,每班推选出 7 篇优秀作品,并对优秀稿件按照格式要求和课堂讨论的意见进行审阅和修改,备课组长将各任课教师筛选出来的优秀作品再次进行筛选、校对,按照不同主题进行分类,形成采访金融人士结集稿件,并从优秀稿件中评选出获奖等级。东昌中学"采访金融人士"课程注重引导学生基于采访、金融等核心知识,在任务情境中,对驱动性问题进行有效思考和实施,采访过程和采访作品撰写过程均指向核心知识的落实和达成;注重引导学生在小组讨论、团队协作的过程中积极碰撞思维亮点,相互激发创造潜力。

高桥镇小学、澧溪中学、立信附校及东昌中学在课程设计过程中始终关注不同学段学生的年龄特点、认知特点、兴趣特点,并且积极沟通、探讨,致力于使课程呈现连续性、系统性,在发展的情境中不断提升学生综合性创造力。另一方面,各学段课程设计中始终与语文学科教育教学目标与内容紧密结合,使得课程有坚实的支点和依托的学科平台。高桥镇小学通过提供多种情景、设计多种活动,激发学生的好奇心,鼓励学生尝试多种可能性,提升了学生的想象力;澧溪中学依托校内外各种资源,帮助学生走出校园、建立关联,不断研磨不断提升,培养了学生的突破、自律、坚持的精神;立信附校进一步关注小组的合作与分工,通过恰当合作、提出并接受反馈、分享成果,很好地提升了学生的协作精神;东昌中学在小学、初中学段的基础上对各方面提出更高的要求,鼓励好奇与质疑、探究与调查,挑战既有认知,提升了探究精神。想象力、自律能力、写作精神、坚持不懈与探究精神构成了比尔·卢卡斯教授提出的创造性思维教学法的五维模型,这也正是"采访金融人士"课程系统、连贯地提升学生创造力的基础。

第二节 高 中 篇

一、课程背景

"采访金融人士"课程是东昌中学金融素养培育特色课程群中的一门通识性必修课

程。该课程自 2012 年开发并实施,至今已延续、发展 12 年之久。该课程设计之初旨在通过采访一位业界的金融人士,培养学生主动沟通、学会交流的意识和能力;启发学生通过发现自己身边的金融故事,了解从事金融工作所需要的人格素养、能力要求等,从而帮助学生更好地思考自身的成长、尽早规划自身学业及职业发展。

2020 年,在《基于区域特色的学校综合课程创造力研究与实践》项目实施过程中,东昌中学作为"融创"联盟的盟主学校,将"采访金融人士"课程等五门课程与联盟学校进行共享共建,在高桥镇小学、立信附校、澧溪中学领导团队和教师团队的共同努力下,"采访金融人士"课程发展成为纵贯小学、初中、高中全学段的综合课程。

二、课程目标

目标一:学习人物采访和采访稿撰写的基本方法,提高主动沟通和交流的能力、解决问题的能力以及采访稿写作水平。

目标二:学习金融相关知识,了解相关金融热点,培养对金融基本知识的兴趣,并形成一定的见解、认识及正确的金融理念。

目标三:通过了解身边的金融故事,从事金融工作所需要的人格素养、能力要求等,从而更好地思考自身的成长、尽早规划自身学业及职业发展。

三、课程内容

"采访金融人士"课程包含采访实践和写作实践两个大部分,具有综合性特征:在学习内容上,强调听说读写等语文学习和金融知识、金融素养等方面的综合;在学习方法上,强调接受学习与发现学习、实践性学习与体验性学习的相互综合;在学习效果上,强调知识、能力与情感态度价值观的综合,并特别注重兴趣爱好、情感态度价值观和合作精神的提升。

"采访金融人士"课程要求学生采访一位身边的金融人士,并撰写一份采访稿。课程内容如表 2-1 所示。

表 2-1　东昌中学"采访金融人士"课程内容

课 程 模 块	课 程 内 容
采访准备 (采访知识学习)	1. 金融基本知识学习——金融与金融人士 2. 采访基本知识学习——采访及采访准备 3. 采访方法的学习——提问与倾听 4. 采访提纲的拟定——金融基本知识与金融人士基本素养 5. 实地采访实践 6. 采访基本知识学习——采访素材的整理与采访稿的写作 7. 采访稿撰写实践 8. 采访及采访稿交流 9. 采访实践与写作实践评价

续　表

课 程 模 块	课 程 内 容
金融知识学习	1. 相关金融知识 2. 个性化任务：如如何设计家庭理财方案等
采访过程	1. 如何围绕两个及以上问题展开提问，比如提问中包含金融人士的基本素养、金融知识等 2. 如何提出比较复杂的问题，含有自己的见解和看法
	1. 如何通过倾听，理解被采访人谈话的主要内容 2. 如何与被采访人产生较多互动 3. 如何激发被采访人的谈话兴致，获得更多采访内容
	1. 如何使用手机、录音笔录音等方式记录采访内容 2. 如何对访谈内容进行比较详细的笔录
	1. 如何整理访谈记录，把握访谈的具体内容 2. 如何进行信息筛选与整合
作品之采访心得部分	1. 如何比较深入地联系访谈内容来生发自己的心得和认识 2. 如何使采访心得内容更丰富：涉及两个方面及以上的内容 3. 如何使用具体的语言来阐发心得和认识
作品之个性化任务 （如家庭理财方案等）	1. 运用相关金融知识完成一项任务 2. 家庭理财方案的设计原理 3. 家庭理财方案设计例说 4. 家庭保险选择的设计原理 5. 家庭保险选择设计例说

四、课程实施

（一）实施流程

"采访金融人士"课程实施年级为高一年级，实施时间为期两个月。可分为五个阶段。

第一阶段：相关知识学习。

这一阶段的学习由语文教师和政治教师共同实施完成。其间，高一语文备课组和高一政治备课组沟通"采访金融人士"课程的基本框架，两个备课组教师分别就各自所涉及的核心知识和学习任务进行研讨和设计。

语文教师引导学生学习以下相关知识，如什么是金融与金融作业，怎样进行采访前准备，怎样拟写采访提纲，如何针对所选择的金融人士设置驱动性问题，采访中如何进行提问与倾听，怎样进行采访素材的整理和采访稿的写作，等等。政治教师引导学生学习如何选取金融热点话题，如互联网理财、金融危机、现代支付方式的变迁等，增强学生的金融知识，特别是增强学生的相关金融职业背景知识，为采访过程中驱动性问题的设置提供背景知识，为采访过程中驱动性问题的实质性推动打下所需知识的基础。

学校注重创设一定的学习氛围,如开设关于如何"采访金融人士"课程导学,开设如何选取一只好股票等微型讲座,引发学生的学习兴趣,促发学生关注金融知识、金融热点等方面的问题;同时,给予学生学习资源支持,比如学校每年邀请专家为"采访金融人士"课程遴选年内金融热点问题,为学生采访时的驱动性问题设计提供资源帮助。近年来所选择的金融热点问题,在保持基本稳定的基础上每年会有切合时势的变化。以 2021 年和 2022 年为例,2022 年延续了 2021 年的一些采访问题,同时也根据 2022 年金融行业的发展设计了一些新的采访问题。因此,2021 年和 2022 年的采访热点有相同的内容,也有根据年度新的金融热点产生的新的热点问题,如表 2-2 和表 2-3 所示。

表 2-2 2021 年、2022 年东昌中学"采访金融人士"课程采访问题举例

时　间	相同采访问题举例	不同采访问题举例
2021 年	＊ 金融人士必备的素养是什么? ＊ 金融机构与个人理财 ＊ 中国中长期人口变化趋势对银行理财等业务的影响	＊ 实体企业去杠杆、僵尸企业清理与银行贷款 ＊ 人寿保险与储蓄的关系 ……
2022 年	＊ 中国碳达峰与碳中和战略对金融市场的影响 ＊ 银行如何参与绿色金融体系建设 ……	＊ 疫情下的中国经济增长、恢复与高质量发展 ＊ 疫情对居民行为方式的改变与投资行为的影响 ……

表 2-3 2021 年、2022 年东昌中学"采访金融人士"课程采访热点举例

时　间	相同采访热点问题	不同采访热点问题
2021 年	＊ 中美科技脱钩与全球供应链再迁移 ＊ 长三角、珠三角、环渤海错位竞争关系 ＊ 上海金融中心建设与长三角区域经济协同 ＊ 如何才能使上海建设成为国际性金融中心?需要上海市政府、上海金融人士以及我们这些"00后"在哪些方面作出努力? ……	＊ 中国实施碳达峰与碳中和策略的经济、金融影响 ＊ 大家都在关注房地产对国家 GDP 的影响,请谈谈房地产市场调控政策对国家经济发展的影响都有哪些方面 ＊ 银行限贷政策对房地产行业的短期及长期影响有哪些 ＊ 利率并轨和金融业竞争 ＊ 金融如何精准帮扶中小微企业 ……
2022 年		＊ 上海疫情对长三角制造业的影响及未来供应链的重塑 ＊ 上海疫情与下半年上海经济增长和恢复 ＊ G60 科创走廊、长三角科技创新与上海科创高地打造 ……

课程所涉及的采访问题或热点问题,为学生提供采访时的金融知识、金融热点提问指南,或由此启发学生发掘自身感兴趣的点,主动进行查找资料等先期研究。

此阶段学习,关注核心知识的构建。"采访金融人士"的核心知识有两类:一是金融

类知识,二是采访类知识。金融类知识主要是学生依据自己所采访的对象、所感兴趣的金融话题而定,每个学生之间是不同的。要使采访顺利,学生要运用的核心知识常常需要与所采访的金融人士的职业类别相一致。比如要采访银行业的金融人士,学生要使用的核心知识常常与银行业相关;若采访保险业的金融人士,学生要使用的核心知识常常与保险业相关;等等。教师注重丰富学生的金融知识背景,学生通过查找资料等学习过程来形成自己的采访问题。采访类知识主要由语文任课教师集中引导学生学习。比如什么是采访、怎样进行采访、怎样撰写采访稿等。以关于"怎样进行人物采访"这一课程内容为例,可以从以下几方面展开:采访前如何确定采访选题,根据采访需要拟定采访提纲,做好物质等各种采访准备,现场采访,整理现场采访记录,通过采访稿范例分析,模仿和学习采访稿的写作,等等。"采访金融人士"课程与金融相关的核心知识根据金融业类别的不同而不同。以银行、证券、保险等行业为例,我们梳理了一些核心知识,围绕这些核心知识的驱动性问题举例如表2-4所示,可以作为驱动性问题产生的示例。

表 2-4　东昌中学"采访金融人士"课程核心知识及相关问题举例

类别	核心知识示例	驱动性问题示例
银行	储蓄、信贷、信用卡、利率、计息方式、存款准备金率、外汇、汇率等	1. 银行设立理财子公司的必要性,它与传统银行理财产品的差异是什么? 2. 滥发信用卡会有什么后果? 3. 银行如何去拥抱金融科技?
证券	股票、债券、期货、证券分析、涨幅与跌幅、基金定投、开放式与封闭式基金、基金的购买、赎回及撤回、基金分红等	1. 您是怎么看待股市的财富效应的? 投资股市应该做好哪些准备? 2. 怎样选择基金?
保险	人身保险、财产保险、投保人、受益人等	1. 人寿保险与储蓄的关系是怎样的? 2. 什么是人身保险的理赔?

第一阶段的作业是拟写采访提纲。采访提纲要求设置采访时的驱动性问题,一般为两类:一是某一金融问题,二是对金融人士基本素养及金融职业的认知的问题。驱动性问题可以使整个项目活动保持持续性和一致性。拟写采访提纲中,可以涉及采访时提问哪些问题,尽量使这些问题之间形成一定的逻辑关联。在预设之外,还需要预设采访过程中可能遇到的问题,便于现场应对和发挥。教师需要对学生的采访提纲进行指导,以使学生能够把握驱动性问题的设置,从而顺利展开采访,完成相应的采访成果。

第二阶段:采访与写作。

1. 采访实践

在正式采访前,学生通过多种途径积极主动地选择和了解采访对象,根据采访主题设计好具体问题。表2-5列举了"传统银行如何面对互联网金融的冲击"这一驱动性问题之下的问题链,使整个采访过程逐步推进。

表 2-5　东昌中学"采访金融人士"课程采访问题设计举例

驱动问题:传统银行如何面对互联网金融的冲击	
问 题 链	子 问 题
初识别互联网金融	1. 有哪些互联网金融产品? 2. 互联网金融的特点是什么? 3. 互联网金融在当前金融市场的形势如何?
传统银行面临的挑战与机遇	1. 传统银行和互联网金融的区别是什么? 2. 传统银行受到互联网金融哪些冲击? 3. 传统银行相对于互联网金融有何优势?
传统银行如何应对互联网金融	1. 传统银行目前采取了哪些应对策略?效果如何? 2. 面对冲击,传统银行在国家政策方面有哪些依靠? 3. 您预测互联网金融会发生哪些变化? 4. 您理想中的未来传统银行是怎样的?

　　学生可以对采访对象进行实地访谈或电话访谈。使用笔录,或者手机、录音笔等方式,记录采访内容。学生采访方式可以为独立采访,也可以是组团采访。独立采访是指一对一地采访,学生围绕采访主题,设计采访问题,用问答式记录采访过程,并总结采访中所得到的启示。比如对金融行业的认识,对金融热点问题的看法,对金融人士的一些了解,包括人格素养、专业能力、工作方法、从业经验等,从至少两个方面入手(如对某一金融热点的认识及对金融人士素养的了解,或者对某一金融热点的认识及对金融行业的认识等)来写,写作时要求能够层次清晰。组团采访主要指三对一地采访,每班选出一个由三名学生组成的采访团(或学生自主组团),共同采访一位金融人士。组内设组长一名,协调组内工作。采访前,建议先在组内商议采访大纲,形成至少包括三个问题链的采访稿。每名学生负责其中一个主题进行采访,并形成各自的采访报告及采访心得。

　　学生完成采访后,须总结课程成果:一是撰写采访稿。根据采访内容记录,围绕主要问题进行删减和修改,按照一定的采访格式撰写采访稿。采访稿要求包含采访实录、采访心得两个部分。二是进行家庭理财计划等方案设计。

　　2. 写作实践

　　1) 采访稿写作

　　采访稿写作需要依托采访过程及采访过程所得素材。学生按照采访过程、采访心得等格式来写作采访稿。如 2020 级高一(4)班傅雅雯在现场采访时,她的几个问题是:

　　① 什么是智能金融? 智能金融与传统金融行业有哪些应用上的区别呢?

　　② 倘若智能金融的时代到来,银行是否要加快创新转型?

　　③ 什么是智能金融里的区块链?

　　④ 刚刚您也说了,区块链技术在金融行业炙手可热,意味着金融行业的确需要更多的偏向于计算机的技术型人才,那么若是作为学生,将来想朝这个方向发展的话,大学的

专业选择应该偏向于金融还是计算机呢?

⑤ 我的高中专注于培养具有金融素养的学生。您认为金融素养对学生来说有哪些重要作用?

傅雅雯同学关注的是智能金融,围绕智能金融她提问了几个问题,并将此与自身学业联系起来。她在采访稿《智能金融与未来金融行业的选择》中提到,"最后最重要的,我获得了专业人士对于未来大学专业选择的指点,使我意识到了金融与计算机科技背后数学的重要性,使我有了努力的方向。同时,在黄浦江边上这个民国风格的建筑里,我切身体会到了金融的魅力"。

2)家庭理财计划等方案设计

家庭理财计划等方案设计需要运用所学金融知识,使用一定的金融工具进行设计。比如,学生在进行家庭理财计划设计时,学生分析家庭基本情况、家庭财务情况、家庭理财目标、主要家庭理财工具及特征、家庭综合理财规划,进而进行家庭理财计划设计。学生在方案设计中,对金融知识有了一定的理解,并能够进行一定的运用。

第三阶段:交流与展示。

学生以小组或个人为单位,就采访实践心得或采访、写作方法心得在班级进行交流。

第四阶段:遴选作品。

学生按照课程作业要求完成并提交作品,含采访稿和诸如家庭理财计划的作业。采访稿部分由高一年级语文任课教师评价,任课教师对作品进行评选,评选出的优秀作品结集出版。撰写的采访稿经评审为优秀的,该项课程评价等第为优秀。诸如家庭理财计划这样个性化的作业由高一年级政治任课教师评价,任课教师对作品进行评选,评选出的优秀作品结集。撰写的家庭理财计划等个性化作业经评审为优秀的,该项课程评价等第为优秀。

第五阶段:课程拓展。

"采访金融人士"课程结束,学生能够在此次采访活动的基础上,产生进一步学习的疑问或兴趣。学校可搭建平台,在此基础上,选拔能力突出的学生,为这些学生提供更高的平台,让这些学生进一步发挥自己的才能。比如通过"东昌金联"组织,为学生提供外籍金融人士资源,让英语程度较高的学生运用外语进行采访和沟通。学生还可以参观金融博物馆,如银行博物馆、期货博物馆、中国证券博物馆、中国银行行史博物馆等,通过参观学习,查找与参观内容相联系的一个历史人物,展开与历史与先贤的对话,用文字介绍他(她)与金融的关系,并发表自己的相关看法,形成"采访金融人士"的另一种学习方式。

高一(9)班杨馥铭在他的采访稿《银行理财子公司与传统银行理财产品》中问道:"理财子公司,请问这与传统银行理财产品有什么区别?""银行理财子公司的理财产品发生风险的可能性比传统银行理财产品高吗?"回到家后,她继续与父亲进行探讨,在采访心得中写道:"通过对阿姨的采访,并在网上查询相关知识,我对银行理财子公司有了初步了解。与父亲交流后,才发现自己在商业银行购买的多个理财产品中竟然有好几个都是银行代销理财子公司的产品,对于二者之间的风险,虽然有一定理解,却也并不完全清楚,现在终于明白了。"

"采访金融人士"课程跨语文学科和政治学科,引导学生置身现实情境,运用驱动性问题来解决问题是这门课程实施的特点,也体现了核心素养对教学的要求:指向复杂现实问题,体现情境式学习的要求,注意引发学生积极的实践活动,设计能引发学生进行多样化学习活动的"任务"。

在课程实施过程中,教师的指导尤为重要。比如,语文金老师对学生进行这样的指导:

借助"如何进行人物专访"的专题资料,我上了一节"采访专题"课。分享了采访主题参考和有效的采访技巧,并布置了采访提纲的周作业:利用周末时间,借助家庭资源,确定采访对象;拟定采访提纲。提纲要求:围绕两到三个大问题展开提问;提问中包含金融人士的基本素养、金融知识等。

学生提交作业后,教师需要参与到采访对象的选择和提纲的修订中。王同学确立了平安人寿上海分公司营业部保险代理人、曾荣获2019五星代理人称号的黄女士为采访对象,采访提纲也完成了。这时候教师需要主动引导学生思考问题,判断其采访对象是否切合课程要求,采访提纲是否可操作。在这个过程中,教师将采访方法嵌入到具体的活动方案中,把看似孤立的、机械的方法技巧融进自然生动的学习讨论中。

(1)把握职业中的金融元素。

判断采访对象是否符合限定要求职业,可以引导学生对保险行业做资料检索,适时引入学习支架,即与学习内容、学习要求、学习支撑融为一体的学习活动资源,这里的"保险行业"就是属于概念支架,找出保险行业中的金融元素,帮助学生确定自己选定的对象匹配活动要求。王同学在比照探索中,发现黄女士的保险金融世界中充满了风险与挑战,保险即理财。同时,黄女士抓住了迪士尼建立的机遇,开了一家民宿,完美地兼顾了这两份工作。将"她"确定为采访对象,非常合适。

(2)梳理提纲中的内容逻辑。

在建立了采访提纲的主线后,修订细化是很重要的环节。采访提纲是活动中解决问题的有力支撑。提纲的逻辑性可以体现在由小到大,由浅入深,从小角度切入,步步为营,逐渐将话题转向深入的问题链中,此种方法较能体现采访者的独到见解与个性风采,在专业人士的采访中,效果较为理想,可以为后期采访稿的写作打下扎实的基础。

在确立提纲的同时,传递一些访谈的技巧也是不可缺失的环节。学生独立采访时,可以先用一些宽泛的话题缓解气氛,逐渐引入正题;或旁敲侧击,追本溯源,引出未知的细节。"沉默"也是采访提问中的一个重要的技巧,因为面对提问,需要给采访对象留出思考和阐述问题的时间。总之,"在采访时别忘了带上眼睛和耳朵",学会观察与倾听,调动所有感官或许会能捕捉采访问答中所不能显现的事实。

最后提醒学生做好采访的前期准备工作,包括预约时间和方式、采访设备等,双方达成一致共识,便于活动顺利进行。

（3）思考活动中的自我启迪。

"读万卷书，行万里路。"学生在这样的课程中能收获什么？教师可以引导学生做预设思考。学生在当代掌握已有现成的知识是不够的，能够独立思考、敢于质疑，能够自己去发现问题、提出问题和解决问题，能够善于表达，乐于表达，并逐步养成习惯，具有远大的理想、宽阔的知识面、敏锐的观察力、较强的创新能力和未来的自我规划应是一种自觉追求。

学生提交作品，在年级评选中脱颖而出后，进入成果修订阶段。选出的作品只是相对优秀的，最终作品集结成册，因此对作品的再"优化"是必不可少的环节。金老师是这样指导的：

（1）再次审定稿件内容。

王同学已经将采访所得整理成一篇采访稿，我们一起讨论对材料进行再次剪裁、加工，也就是要根据采访目的，确定哪些内容应放在前面，哪些内容应放在后面，确定哪些是采访稿的重点，重点内容应详写，次要内容可省去，或略写。当然即便是重点内容，也未必要将被采访者的语言全部写进去，可以适当地摘其主要的写出来，但一定要注意不能断章取义，断章取义会曲解被采访者的意图。

王同学的稿件依据采访提纲转化而来，基本内容与框架都有不错的基础。最终稿件的整体行文构架确立了三部分：一是对保险品类的介绍，作为一个入门级的知识板块，置于采访稿的开篇部分。展开篇落脚于当下。二是社会的老龄化和新冠疫情的背景，围绕这两点说说保险产品的价值和作用。第三也是这篇采访稿的亮点，采访对象不仅从事保险，她把自己在保险业所学习到的金融经验延伸到了自己的个人创业当中，在迪斯尼经济圈辐射中，学以致用经营起了民宿。这作为文章的第三部分，是对金融和生活的关联思考与实践。

在这个过程中，学生的系统思维、关联思维、思辨思维得到了很好的锻炼，通过这个过程，学生学习到了一种具体的方法，也就是我们在谈话、讲演或者文稿当中，首先要解决明确自己想要表达的观点，然后用具体的案例，实际的资料、数据来形成一种解说和说服，最好可以重申结论或传递自己所得，确保把信息明确地传递出来。所以整个修订的过程就是一个非常良好的锻炼逻辑思维能力的有效训练。

（2）文从字顺和言之有物。

对采访稿的语言和内容进行修订，做到文从字顺，言之有物。采访稿采用一问一答式的对话，在组稿时引导学生使用直接引用和间接引用相结合的方式进行。对知识板块内容的介绍，倾向使用间接引用法。适当调整语句是为了使专业知识介绍得更加准确清晰，更容易让读者接收到明晰的信息。而在介绍人物个人经历或事迹的时候，更多的倾向使用直接引用，一方面能使文章显得更加真实感人，另一方面也能使读者身临其境，引发结合自身的再认识，再思考。共情作用，提升了文稿的效度和深度。

采访稿的采访心得部分也在这个环节做再一次的精修。采访稿侧重对采访过程及内容的再呈现，而采访心得则侧重学生对采访活动收获的体会展示。这一部分能真正体现出学生对于采访活动过程的一种认识和思索。王同学的采访心得,最终确定以黄女士的民宿生活为切入点,思考专业知识与就业及生活的关联。对学生来说,是对未来生涯规划的一种职业思考,它必将对学生的学业规划产生相当的影响。王同学的心得围绕黄女士的双重职业身份,从对时代机遇的捕捉、知识的生活化、生活与工作的结合点以及自己对未来的展望几方面进行了梳理反思。

写作是一种自我思考的整理,花时间构架一篇让别人能读懂的文章,其实就是在训练学生的逻辑思维能力和组织能力。王同学设定了一个采访主题,了解与保险相关知识,培育金融素养,走进金融人士,了解其人格素养、专业能力、工作方法、具体经验等。呈现答案的过程,就是在定义对的问题,然后确定切入问题的角度,再分析各种角度的优缺点,借助准确清晰的语言最后形成自己的认知和结论,完成这样一个过程,写一篇文章就等于进行了一遍逻辑思维的练习。

(3)细节入手提升作品的规范。

定稿后再次对文稿的格式进行核对,从主标题、副标题到采访目的概述、采访对象简介、采访时间、采访方式、采访者、采访对象、正文采访心得等,严格按照"活动要求"让学生进行逐一核对。

通过将"活动要求"与自己的作品进行对比,以确定它们之间是否相符合,这也是加强思维能力的一种方法。不少学生被惰性思维牵制,对于自己呈现的作品非常的马虎。而教师引导学生通过对细节的处理,会逐步培养学生遇到问题时,主动审题的一种思维方式,形成断定思路、整合问题框架、处理问题的思维过程。

五、课程评价

课程评价采取自评、他评、师评多元评价相结合、过程性评价和结果性评价相结合。值得说明的是,学生是课程实施的主体,也是课程内容的体验者和课程目标的落实者,因此,在对课程效果进行评价时,学生的自我评价格外重要。这是对自身态度、能力、体验、收获的梳理和评估,可以很好地帮助学生回顾采访金融人士的宝贵经验,更好地帮助学生反思所学所得。除了在校内完成前期课程学习,学生的采访和写作主要利用假期与周末完成,因此家长也可以观察到学生在课程学习、实践过程中的状态。建议家长给予学生一定的评价不仅可以更好地记录课程实施的具体过程与学生具体实践细节,也可以将亲子的互动纳入课程之中,让家长参与、了解甚至辅助学生在课程实践过程中的创造力提升。

第一阶段:采访提纲拟写。

评价方式:师评。

第二阶段:课程学习交流。

此阶段的评价方式有学生自评和他评相结合。

1. 采访活动评价

学生通过下面的采访活动过程评价表进行自评,如表2-6所示。

表 2－6 东昌中学"采访金融人士"课程采访活动过程评价表

评价内容及评价标准	自 评
1. 能够反复修改提炼参访主题(5分)	
2. 能够根据采访主题,设计、修改采访提纲(5分)	
3. 能够根据采访主题,联系、选择、确定被采访人(5分)	
4. 通过查阅资料、了解他人等途径,了解被采访人的生经历、事迹、爱好等与采访有关的材料(5分)	
5. 能够想象、预测采访过程中可能出现的问题状况,并做一定的预案(5分)	
6. 能够注意为采访做好一定的物质准备,如纸、笔、录音设备等(5分)	
7. 能够选择适宜的采访时机(5分)	
8. 在采访过程中,能够使用文明的言谈举止(5分)	
9. 在采访过程中,能够较好地与被采访人沟通;采访过程能够较好地推进(5分)	
10. 在采访过程中,能够尊重被采访人,提出的问题能够掌握一定的度(5分)	
11. 能运用一定的提问技巧,较为灵活地掌握提问方式(5分)	
12. 能够从采访中发现新问题,并使用追问的方式与被采访人进行探究,将问题推向深入(5分)	
13. 能够发现采访中的契机,并将提纲中的预设问题进一步深化(5分)	
14. 采访内容总体上能够围绕采访主题(10分)	
15. 能够使用多种方法,做好采访记录(5分)	
16. 能够对所采访的内容进行认真核实(5分)	
17. 能够较好地整理采访记录,为撰写采访稿作准备(5分)	
18. 能够按照要求完成采访稿(5分)	
19. 所写采访稿符合基本格式和基本要求(10分)	
20. 能够根据情况,将采访稿用于一定的专题研究(5分)	

学生采访活动,有不少是在家长的支持下完成的。比如,选择一位金融人士作为采访对象,常常需要家长的社会资源。另外,学生采访的前后过程,家长常常具有对学生近距离了解的优势。因此,邀请家长加入进来对自己的孩子进行课程学习的评价,可以帮助孩子感受到自身在课程学习中的变化和成长。家长评价如表 2－7 所示。

表 2 - 7　东昌中学"采访金融人士"课程学习过程家长评价表

评 价 内 容	评 价 标 准
1. 孩子对其所学习的课程是否有兴趣	A. 很感兴趣　　B. 一般　　C. 不感兴趣
2. 孩子是否有兴趣同您讨论所学习的课程	A. 很乐于　　B. 一般　　C. 不乐于
3. 孩子开展课程学习中实践能力如何	A. 很强　　B. 一般　　C. 没有
4. 孩子是否能独立担任课程采访策划设计或组织管理工作	A. 能　　B. 一般　　C. 不能
5. 孩子是否有能力对他人开展课程活动进行一定的指导或辅导	A. 能　　B. 一般　　C. 不能
6. 孩子是否能有创意地开展课程学习	A. 能　　B. 一般　　C. 不能
7. 孩子与其他同学组团进行采访,是否有协作意识	A. 是　　B. 一般　　C. 否
8. 孩子能否形成一定的专题研究成果	A. 能　　B. 一般　　C. 不能
9. 孩子在采访实践或撰写采访稿过程中遇到挫折是否能够想办法解决	A. 能　　B. 一般　　C. 不能
10. 您对孩子课程学习后的成果有什么看法	A. 成果显著　　B. 一般　　C. 较少
11. 从您的孩子参与这门课程以来,孩子在一些方面有无进步	A. 进步大　　B. 有进步　　C. 基本没有进步
家长寄语	

2. 学生作品评价

学生采访结束后,按照要求完成采访稿。通过生生互评和教师评价对学生采访稿进行评价,如表 2-8 和表 2-9 所示。

表 2 - 8　东昌中学"采访金融人士"课程学生作品评价(采访稿部分)

评价内容及评价标准	生评	师评
1. 能够呈现出采访目的(10 分)		
2. 能够通过采访实现采访目的(10 分)		
3. 采访过程中有驱动性问题,采访过程能够围绕驱动性问题层层推进(10 分)		
4. 通过采访,能够呈现出对所提问的驱动性问题有一定的了解和理解(10 分)		
5. 能够呈现出采访过程中有一定的沟通能力(10 分)		
6. 能够呈现出采访过程中使用了一定的采访技巧(5 分)		

评价内容及评价标准	生评	师评
7. 采访稿采访实录部分选材聚焦、集中,在采访稿中能够舍弃与采访目的无关或弱相关的内容(10分)		
8. 采访稿采访心得部分,能体现采访目的实现过程的相关思考(10分)		
9. 采访稿中能体现出采访结束后自己的进一步学习和探究(5分)		
10. 能够关注采访稿书面表达,如语言通顺、标点准确、无错别字等(10分)		

表 2-9　东昌中学"采访金融人士"课程学生作品评价(家庭理财规划等部分)

评　价　内　容	评　价　标　准		
1. 能够理解相关的核心知识	A. 较好	B. 一般	C. 较差
2. 能够运用核心知识结合一定的情境进行分析	A. 较好	B. 一般	C. 较差
3. 能够运用核心知识进行方案设计	A. 较好	B. 一般	C. 较差
4. 方案设计要素较为合宜	A. 较好	B. 一般	C. 较差
5. 方案设计总体比较合理	A. 较好	B. 一般	C. 较差
6. 语言表达通顺	A. 较好	B. 一般	C. 较差

　　学生按照课程作业要求完成并提交作品后,教师对学生的作品进行评选,并将优秀作品结集印刷(见图 2-1)。撰写的采访作品经评审为优秀的,该项课程评价等第为优秀。

图 2-1　东昌中学"采访金融人士"课程学生作品汇编封面

六、课程思考

"采访金融人士"课程真正让学生参与其中,成为活动的主体,学生是采访的参与者,也是实践者。学生真实参与活动,真切感受身边的金融人士的工作生活真实境况,真实探究关于金融知识、金融热点等相关问题,符合学生的认知规律。通过写作采访稿、设计金融理财等方案,学生的探究思辨能力得到提升,从感性认知上升到了一定的理性思考层面。整个活动形成了认领任务、寻找问题方法方案并最终解决问题的完整过程,学生从中获取并运用了跨学科知识,锻炼能力,磨练品质,提升了创造力,也对未来职业规划有了明确的想法。

课程的重点是围绕一个驱动性问题,对金融人士进行采访,写作采访稿,有的学生还设计了金融理财方案等。这项"任务"训练了学生深入思考解决问题的能力。学生把采访的内容写下来,就会认真地梳理思路,整理具体的数据与依据,让其把之前很多浅显的认识深入化,看到、想到更多的信息。对于采访稿的修订过程就是逻辑思维运行的过程,即运用概念和判断进行推理分析的过程。学生在写作情境中理解、掌握了金融概念知识,通过不断梳理深化,增强了议论文写作的逻辑性和说服力,融合了金融素养培育目标,切实提升了综合能力。

关于课程实施,总体来说,有以下几点思考。

第一,注重引导学生在真实情境中学习。课程学习中,教师积极争取校外专家的支持,根据当年金融热点提供"问题"示例,引导学生经过相关背景知识学习,形成自己的问题,这样便于以"问题建构"为主线开展采访设计,引导学生寻找、选择和使用资源和策略来进行采访应对。学生拟写采访提纲,设计采访方案,通过采访一位身边的金融人士,继续深入地学习相关知识,获得对问题的理解。有的学生经历过"采访金融人士"的学习,促发了其更进一步深入探究的愿望,形成可持续学习的动力。比如,2021级陶同学在采访心得中说:"这次采访使我受益匪浅,不仅让我对目前中国整体经济的情况有了大致了解,更是对于一些我们平日涉及的消费和购房问题进行了深入讨论,对于目前的经济状况下,如何改变我们家现在的理财方式,让我对于经济学知识的研究与了解兴趣变得更为浓厚。同时,在采访方面,我学会了如何围绕中心设计问题,以及对于采访对象的交流方式和提问技巧有了学习的机会。而且,我更感受到了在上海这座城市中浓厚的经济魅力。希望日后我能将这些知识运用于实际生活,同时不负肖女士期望,即使不踏入金融行业,也要继续学习金融知识,为人生创造物质与精神上的财富"。

第二,注重引导学生形成开放的、创新的方案。学生在课程学习中,一般经历了两种角色的切换调整。首先,学生作为"听众或观众"听学校的专题讲座"'采访金融人士'课程导学",参与语文课、政治课相关课程的学习,这是"受众"角色;之后,学生像记者一样,查阅相关材料,准备采访提纲,到现场实地进行采访,做好采访记录,然后撰写采访稿;在设计家庭理财计划时,根据相关情境设置或根据模拟家庭情况,学生像理财师一样,对家庭资产进行配置,设计出家庭理财方案,学生经历"问题"解决的过程,这是"学徒"角色。采访提纲的拟写,采访稿的撰写,学生们各有特色;家庭理财计划的设计,也体现了学生的不同设计初衷。学生们在问题解决的过程中,有问题的探究,能够面对过程中形成的新问题采取相应的应对策略,锻炼了应变能力。

第三,注重帮助学生形成自主学习策略。《基于区域特色的学校综合课程创造力培养教学指导手册(1.0)》指出,指向学生创造力培养的综合课程的教学关键是要指导学生形成自主学习的策略,提高学生自我调控的能力。学生在课程学习中,需要使用认知策略,需要学习元认知策略。以元认知策略为例,在采访前学生选择利用怎样的资源来进行采访,学生自主拟写采访提纲,学生根据采访情境适时调整采访提纲,在采访中不断调整采访策略和应对策略,写作采访稿,修改采访稿,等等,都需要使用元认知策略。

当然,在课程实施过程中,还有需要改善的方面。比如,怎样引导学生抵达"专家"角色。在"受众""学徒"角色之间的切换调整相对较为容易,如何设置相关情境,给学生更多机会,让他们体验"专家"角色,从而让学生能够在三种角色之间切换调整,可以为学生提供更多的创造力学习的机会,让创造力培养达到更高的层次。我们认识到,通过课程实施让学生有向学之心,让学生想学会学乐学,激发学生创造能力,激活学生的才华和生命气象,滋润学生的精神家园,这大概就是当下我们可以执着追求、坚持不懈的动力所在。

第三节 初 中 篇 Ⅰ

一、课程背景

澧溪中学作为浦东新区"融创"项目组成员校,依托盟主校东昌中学,共享金融素养培育资源,研发旨在培养学生创造力为导向的金融素养培育特色综合课程。

"采访金融人士"是"融创"联盟小学、初中、高中全学段课程中的一门课程,澧溪中学负责初中阶段的研发和实施。本课程依据初中生的身心发展特点,结合学校"澧溪电视台"社团资源和暑期综合实践活动经验,面向六年级的学生开设选修课程"采访金融人士"。

金融素养是指理解与金融相关的重要术语、知识以及关键问题的能力,它不仅决定个人金融风险防范意识和能力的高低,更影响着一个社会金融市场的安全与稳定。而随着时代的发展,对于当代中学生的金融素养教育培养也提出新的要求。

该课程基于《义务教育语文课程标准(2022 版)》和初中阶段语文教材中对于"新闻采访"的知识与能力要求,通过采访一位身边的金融人士并撰写采访报告,培养学生的金融兴趣和金融素养,提高学生的综合能力和创造力。

二、课程目标

目标一:走近金融人士 培养金融兴趣。通过采访身边熟悉的金融人士,发现其职业发展中的小故事,了解从事金融工作所需的人格素养、能力要求等职业素养,培养学生对金融知识、内容、领域等的兴趣,引发学生对于金融行业的向往,从而尽早规划自身学业及职业发展。

目标二：学习金融知识　培育金融素养。在采访金融人士前,学生学习相关金融基础知识和概念;在采访金融人士后,学生对采访内容进行总结和反思,更加深入了解金融行业;在实地探访和采访中,进一步体验金融生活,从而培育学生的基本金融素养。

目标三：加强团队合作　提升综合能力。学生通过团队合作的形式,在明确小组角色的基础上,学习金融基础知识和采访基本技能,最终完成小组采访报告,并进行成果展示。在采访金融人士的过程中,学生对金融行业和知识有了更深入的理解,同时提升综合能力、开拓陌生领域、学习更多技能。通过团队分工合作,培养团队精神,树立责任意识。在小组成果展示中,通过不同形式展示小组采访稿及心路历程,从而培养学生的创造力。

三、课程内容

该课程主要包含金融知识学习、采访实践、写作实践和成果展示四个部分,基于项目化学习的思维,具有综合性特征:在学习内容上,强调听说读写等语文学习和金融领域、金融内容等方面的综合;在学习方法上,强调接受学习与发现学习、实践性学习与体验性学习的相互综合;在学习效果上,强调知识、能力与情感态度价值观的综合,并特别注重兴趣爱好、情感态度价值观和合作精神的提升。

(一) 金融知识学习

在明确课程项目的基础上,通过两种方式进行金融知识的学习。第一,由学生进行基础金融知识的资料收集和整理,在此基础上提出问题;教师以学生的问题为基础,进行更为深入的金融知识的讲解。第二,邀请金融行业专业人士开设讲座。

(二) 采访技能培训

依托学校"澧溪电视台"社团资源,由专门的社团教师进行采访技能讲座,如采访技巧、采访礼仪等;由年级语文组教师对学生进行写作指导,比如如何进行采访大纲的撰写、如何完成采访报告等;成立采访顾问团,让学生在采访前进行实战演练。

(三) 金融采访实践

学生可以自行选择采访对象,也可以根据学校资源进行选择。小组在明确成员角色后,如记者、摄像、编辑等,进行实地采访。学生也可以选择不同形式的专访,如对某一位金融人士进行深度访谈,或者对几位金融人士进行系列访谈等。

(四) 小组成果展示

学生在小组收集整理采访资料后,形成采访报告,由班级语文教师进行指导后修改,并在班内讨论和制定小组成果展示的评价标准,最后各小组通过不同形式在班内进行小组成果展示,同时遴选出优秀作品。通过评价促进小组成果作品的修改和迭代,锻炼学生写作、PPT制作、演讲表达等能力。

四、课程实施

该课程由六年级语文备课组与学校"澧溪电视台"社团合作进行课程开发,并在六年级组织开展。以下为具体实施过程:

（一）课程启动：明确要求，组建团队

各班语文教师利用语文课向班级学生作"采访金融人士"课程简介，明确学生需组队完成采访一位身边的金融人士，撰写一份采访报告。学生在分组完成后，以头脑风暴的形式讨论小组将如何去完成这一采访任务，形成小组方案，并明确组员角色。

（二）专业支持：讲座培训，采访辅导

1. 金融知识

由每班学生收集和整理金融基础知识，在班级中进行学生讲座并提出还存在的困惑和疑问，由教师整理后，邀请专业金融人士进行年级大讲座并为学生答疑解惑。

2. 采访技能

由每班学生收集和整理采访基础知识和技能，在班级中进行学生讲座并提出还存在的困惑和疑问，由教师整理后，邀请"澧溪电视台"社团教师进行年级大讲座并为学生答疑解惑，如一些采访小贴士、采访礼仪等。

3. 写作指导

根据讲座内容，每班语文教师就如何进行采访大纲的撰写进行写作训练和指导，如采访对象的确定、采访主题和问题的拟定等。

（三）采访实践：实地访谈，小组合作

提前约定好采访地点后，小组合作进行访谈。不同的小组角色负责不同的任务，如组长协调组织，记者需要熟悉采访大纲，拍摄需要记录整个采访流程，编辑需要将采访的材料收集整理并撰写采访报告，等等。

（四）报告撰写：整理资料，修改完善

小组编辑在将采访资料收集整理的基础上完成采访报告的撰写，再由小组内的其他成员进行审阅和修改，每一位成员也需要撰写自己的采访心得和体会。在小组成员合作的基础上，最终完成采访报告的撰写。

（五）分享交流：班级展示，制定标准

各小组在班中进行采访报告的展示，并互相提出修改意见，再由语文教师进行总结。另外，为了更好地进行小组成果的展示，由学生头脑风暴需要注意和避免出现的现象，从而形成班级成果展示的评价标准。各小组再按照这个评价标准进行采访报告的修改和成果展示的准备。

（六）成果展示：自评互评，反思迭代

各小组进行成果展示，各成员进行自评和互评，并完成课程项目的总结和反思。思考问题如本次活动中有哪些收获？有哪些做得好的地方？遇到了什么问题？如何解决的？团队中谁对我的帮助最大？如何提升合作的有效性？需要改进与完善的地方，可在下一次活动中做得更好。

（七）评奖成集：年级推优，出版成集

每班进行成果展示后，选出班级代表在年级进行推优，由语文组教师和"澧溪电视台"社团教师进行审阅和修改，最终评选出学生和教师奖项，并将年级十佳采访报告出版成集。

五、课程评价

该课程评价包括过程性评价和总结性评价。过程性评价包括每一次的课堂表现、写作训练，以及在小组合作过程中学生的自评、互评和师评等。总结性评价则为班级小组成果展示评价和年级组委会评价。具体评分记录表如表 2-10 所示：

（一）小组分工记录表

表 2-10　澧溪中学"采访金融人士"课程小组分工记录表

我们的小组名称是＿＿＿＿＿＿＿＿＿＿＿＿＿＿＿＿＿＿＿＿

分　工	组长						
成员姓名							
自我评价(5分)							
伙伴评价(5分)							
教师评价(5分)							
小组协作完成任务综合分(20分)							
小组特色加分(10)							
小组总分							

加分说明：组名有创意，小组格言公认精彩，最多可加 10 分。

综合评分：经同学和教师观察，大多数组员之间互相协作，互相学习，在原本不擅长的领域进步，视情况讨论赋分。

小组总分：为所有小组成员的自我评价分、伙伴评价分、教师评价分总和与小组协作综合评分、小组加分的总和。

（二）成果展示评价量规

表 2-11　澧溪中学"采访金融人士"课程成果展示评价量规

评价指标	五　星	四　星	三　星	自评	互评	师评
采访报告	清晰体现小组采访金融人士的主题。清楚呈现采访金融人士的过程和小组的采访心得及体会	能较为清晰体现小组采访金融人士的主题。较为清楚呈现采访金融人士的过程和小组的采访心得及体会	能基本清楚体现小组采访金融人士的主题。能呈现采访金融人士的过程和小组的采访心得及体会			

续　表

评价指标	五　星	四　星	三　星	自评	互评	师评
过程呈现	能用丰富文档完整清晰呈现各小组成员为完成采访金融人士这一任务的过程,以及小组的思考和收获	能用文档完整呈现各小组成员为完成采访金融人士这一任务的过程,以及小组的思考和收获	能基本呈现各小组成员为完成采访金融人士这一任务的过程,以及小组的思考和收获			
展示与效果	恰当使用图片、视频等多种媒体展示;展示效果令人印象深刻,新颖、有趣、有吸引力;小组成员分工合理,语言表达熟练自信,能与在场其他小组成员有良好互动,有针对性地解答对方问题	能较为合理使用图片、视频等多种媒体展示;展示效果令人印象深刻,新颖、有趣、有一定的吸引力;小组成员分工明确,语言表达较熟练自信,能与在场其他小组成员有良好互动,有针对性地解答对方问题	能图文并茂进行展示;展示效果较为新颖有趣;能陈述表达展示内容,但不够熟练、自信,与在场其他小组成员有互动;小组有分工,但分工不太合理,以个别成员为主			

简述:(请用描述性语句列出"亮点"和"改进"各两点) 亮点: 1. _____ 2. _____ 改进: 1. _____ 2. _____	小计:

得分总计:

六、课程成效

澧溪中学"采访金融人士"课程得到了诸多积极的评价。

家长层面认为:这样的课程非常有意义。一方面,激发了孩子的金融兴趣;一方面锻炼了采访和写作能力;同时,也很好地锻炼了孩子的实践综合素养,拓宽了视野,并引发了孩子对于学业和职业规划的思考。

教师层面认为:当今社会对于学生的金融素养及能力要求已经不断提高了,因为网络的便利,学生有机会接触到一些金融产品,如果没有相关的金融基础知识就非常容易陷入金融骗局。而此类课程不仅能够让学生正确认识金融行业,了解金融知识,还能在培育学生金融素养的同时,培养学生的创造力。

学生层面认为:课程活动是以全新的形式开展,让学生先自主提出需求、问题和解决路径,然后由专业人士进行答疑解惑和辅导培训,使学生的自主性和创造力都得到了提高;另外,课程中从采访准备到报告总结,学生通过小组合作的方式参与其中,体会到了团队的力量；最后，学生在成果展示中，提升了表达、倾听和评价的能力。

当然，对于“采访金融人士”的感受还有很多，比如学生在采访后对于金融和日常生活的关系有了更直观的理解，对于金融人士需要具备的素养和能力要求有了一定的认识。此外，因为很多学生采访的对象就是自己的家长，他们在深入了解金融行业的同时，也明白了家长的不易。

七、课程思考

（一）项目化学习思维浸润

该课程在研发设计之初，结合澧溪中学六年级学生的身心发展特点，融合初中阶段语文课程标准和教材中对于“新闻采访”知识与能力的要求，基于项目化学习的理念和思维，将“如何采访金融人士”作为一个引发学生自主研究的问题，先由学生思考怎么做，以小组为单位通过头脑风暴的形式制定小组方案，明确在小组中的角色，在实施的过程中再由教师提供一定的支架帮助。

在实施的过程中，在学生自行收集相关资料后，根据学生的需求，利用学校“澧溪电视台”社团资源和学校家委会资源，邀请新闻和金融方面的专业人士为学生进行讲座培训，并在采访阶段也给予专业支持。学生在项目活动中，通过团队的力量，体验解决挑战性问题的全过程，培养其综合能力。

（二）全方位评价成果迭代

在评价的过程中，通过自评、互评、师评三个维度进行全方位的评价。在采访报告撰写和小组展示的过程中，先由学生与教师一起制定最终小组成果展示的评价标准，学生在讨论评价量规的过程中，不断明晰自己小组成果展示要规避和注意的地方，通过评价促进项目成果的迭代。

在小组成果展示时的评价量表中，需要每一位学生写出本小组的亮点和不足，让学生在成果展示的过程中提升表达、倾听、评价的能力，并在反思中进行复盘，更新创造出更好的小组成果，从而培养学生的反思总结能力。

（三）创造力金融素养培养

在整个学习指导过程中，学生是学习的主体。学生会面对一个并不熟悉的领域，遇到各种挑战，教师应给予一定的指导，调动学生的自主学习兴趣，培养他们思考、分析、表达、创造的能力。

学生通过有组织、有准备地采访金融人士，不仅了解到了金融人士所要具备的职业素养、品格，还能引发其对于金融知识的兴趣。学生不仅提高了团队的协作能力和撰写采访稿的写作能力，其创新能力也通过学生自己整理收集资料，组织语言并将其落实成文字进行分析、表达得到提升。

在整个项目中学生可以跳出传统授课模式，结合在学校中学习的基础课程知识，提升自己的知识储备与运用能力。在这个过程中，尊重学生，以学生自主发展为本，帮助学生健康成长，并提升其金融思维能力，达到金融素养培育的目标。

第四节 初 中 篇 Ⅱ

一、课程背景

立信附校在"区校社联动,大中小一体"的理念下,近年来在普及课程理念、形成课程合力、开发课程内容等方面做了大量的实践实验。"播下金融的种子,培育金融的苗子"一直是学校着力打造的金融特色理念。学校金融素养培育系列特色课程立足现代金融行业发展前沿,实现了跨学科融合;通过梳理金融知识的点,形成金融知识的网,探索基于课程标准的金融特色课程实施方法,将金融课程渗透教学,使学生了解金融与自己的关系、与国家发展的关系,最终帮助学生提升金融素养,为学生未来更好地适应社会、服务社会搭梯架桥。

成为上海市综合课程创造力研究项目浦东实验区特色学校后,立信附校与东昌中学、澧溪中学、高桥镇小学建立了"融创"联盟。在东昌中学"采访金融人士"课程的指导下,立信附校初中语文教研组结合义务教育教科书语文八年级上册第一单元"新闻采访"综合学习,每年在八年级开设"采访金融人士"选修课,引导学生在掌握基本的金融知识后,通过对身边金融人士的采访,树立正确的金融观。如今,"采访金融人士"选修课已成为我校金融素养培育系列特色课程之一。

《义务教育语文课程标准(2022年版)》在跨学科学习任务群板块提出:"本学习任务群旨在引导学生在语文实践活动中,联结课堂内外、学校内外。拓宽语文学习和运用领域;围绕学科学习社会生活中有意义的话题……在综合运用多学科知识发现问题、分析问题、解决问题的过程中,提高语言文字运用能力。"语文学科的"新闻采访"结合学校金融特色理念,学生在掌握了基本的学科知识技能之后,对金融知识与理念进行初步的认识与了解。这也是培养初中阶段高年级学生跨学科学习、校内校外知识融合极富有价值的良好契机。

二、课程目标

目标一:知晓新闻文稿的基本类型、采访的主要形式及要求。

目标二:掌握金融基础知识,打通金融与生活的联系,培育正确的金融观。

目标三:采访一名金融人士,尝试将理论知识恰当地运用到实践中,撰写一份具有个性化的采访稿。

三、课程内容

作为大学附属学校、融创联盟学校,近年来,立信附校一直将"金融"理念渗透到日常教学中,结合学校与大学联动的特色优势,着手研发校本化综合课程,将对学生创造力理念的培养融入课程设计与日常教学之中。

立信附校初中语文教研组的"采访金融人士"是组内重点打造的项目化学习课程,整个初中语文教研组正在着力展开实践与研究。每学年伊始,学校八年级语文备课组都会围绕金融知识、采访实践及写作实践三个板块组织学生开展学习活动。一方面,结合义务教育教科书语文八年级上册第一单元"新闻采访"的综合学习内容,引导学生知晓新闻文稿的基本类型、采访的主要形式及要求,指导学生关注校园内的热点事件或人物,撰写采访提纲、进行采访实践并撰写简易消息,训练学生的新闻采访及写作能力,为后续"采访金融人士"做好准备。在整个教学实践的过程中,语文教研组努力以"采访金融人士"课程为载体,基于与金融问题当事人面对面的真实情境为最终呈现形式,开发一系列能够激发学生好奇心、使命感和创造性的驱动性任务,并通过提供多种指向学生创造力培养的学习设计、教学策略、评价量规等,推动学、教、评一体化实施,从而落实这门课程在实现学生创新能力、教师创造力培养能力协调发展,同时也完成学校区重点课题的子课题任务。

八年级语文备课组带领学生开展这一课程的学习,其他年级任课教师参与其中研究学习,同时确定了这门课的目标:围绕金融知识、采访实践及写作实践三个板块组织开展学习活动。

"播下金融的种子,培育金融的苗子"是立信附校校园文化的重要组成部分。因此,让在校学生初步了解校园文化的相关要素,也成为学校学生学习中不可缺少的一部分。值得欣喜的是,立信附校这方面已经做了一定的知识积淀和可持续发展学习,形成了较为系统的学习体系,着力打通金融与生活的联系,培育学生的初步金融观。市区级相关会议、大学与附属学校联动等都为立信附校教师不断注入新的金融理念观,教师也在不断更新金融理念,这也为初中学段语文组教师开设"采访金融人士"课程做好了强有力的理论支撑。

四、课程实施

自2020学年首次开设,立信附校"采访金融人士"创课程已走过摸索的两年时光。初中教研组对于这门课程的规划与实施做了详尽的布置。在两年的实践过程中,立信附校语文组教师对于学生的创造力培养及实施过程进行了较为详尽的规划和安排。

在创造力培养上,中学语文组在这门课程中,着重关注学生的学习与审辨能力,要求学生能够在理论学习过程中不断发现问题、提出问题,不断精进自己的创新想法。比如在课程学习中,结合本课程与语文课的相关活动探究,提出自己富有建设性的思考与建议;这门课程更关注学生的小组合作能力,因此,要求每个小组要成员分配合理,每个成员都要有自己适合的分工与任务。比如,这门课程的结果呈现为书面文字,但是课程又强调"采访",因此,小组成员中必要要求有个性开朗冲得出去的采访者,还要有耐心记录及时做笔记的倾听者,当然擅长写作、问题设计和文字成型的伙伴也是必不可少的成员。部分之和大于整体,只有在积极参与团队建设,形成共同的愿景目标后,才能实现合作共赢;只有愿意主动了解创新创造对于个体和团队的意义和价值,才能有所收获。

(一)课程实施流程

该课程重在培养初中八年级学生语文与金融跨学科学习、校内课堂学习与校外实践相融合能力。因此,课程通过以下几个阶段进行实施并最终成型完成。

第一阶段:理论知识学习。

(1)在新闻单元综合性学习中,知晓并掌握各类新闻类型,着力培养学生的新闻体裁意识。

(2)初步了解金融基础知识,树立基本的金融意识。

第二阶段:模拟实践操作。

(1)进行各类新闻体裁的下水练习,着力培养学生各类新闻体裁实操能力。

(2)进一步打通金融与生活的联系,能提出简单的金融问题,在此基础上培育正确的金融观。

第三阶段:跨学科学习意识。

(1)关注自己感兴趣的校内外、国内外等热点事件或人物,撰写采访提纲,进行采访实践后并撰写。

(2)进一步聚焦银行、证券等实体金融机构,设计"采访金融人士"问题链。

第四阶段:小组采访实践。

(1)组织学生成立新闻采访小组,小组自行分工。学生尝试多形式采访金融人士,并撰写采访新闻稿件。

(2)对新闻采访活动进行反思、交流与总结。

(二)课程实施内容

1. 了解相关新闻体裁

八年级上学期第一单元语文教材为"活动·探究"单元,活动任务单呈现了这样几个问题:你经常接触新闻,注意过常见的新闻体裁有哪些吗?它们各有什么特点呢?知道新闻作品的采编过程是怎样的吗?有没有想过自己也试着写一写新闻?带着这些问题,教师带领学生走进了这一单元的第一个任务,阅读本单元所选的新闻作品,了解其内容,从而把握不同新闻体裁的特点。经过系统学习与判断,学生基本掌握了消息、新闻特写、通讯等写作知识;接着进入第二个任务中:新闻采访。每个班自己组织,以小组为单位召开新闻采访选题会,确定报道题材,制定小组采访方案等,同时明确组内分工,各有侧重,组员共同承担起新闻采访工作任务。小组分工完成后,每个小组要针对自己小组所感兴趣的新闻草拟采访提纲,尤其重要的是要提前准备好采访的问题。

经过第一单元"活动·探究"的实践后,大部分学生基本掌握了新闻相关要素,这为接下来的"采访金融人士"活动课做好了充分的准备。

2. 学习专业知识并初步实践

"采访金融人士"这门特色课程包含金融知识学习、采访实践和写作实践三个板块,旨在让学生通过学习金融相关知识,培育金融的苗子;掌握基本的金融知识后,要求学生通过采访一位身边的金融人士实践本学期新闻采访的学习任务;同时通过采访金融人士培养学生主动沟通、学会交流的能力。

这部分课程学习由三个板块组成:

1) 掌握金融理论知识

《义务教育语文课程标准(2022年版)》跨学科教学提示:课程应充分发挥跨学科学习的整体育人优势,增强跨学科学习的计划性和目标意识。根据不同学段学生生活的范围、学习兴趣和能力,精心选择学习主题和内容,组织、策划多样的学习活动。立信附校中学语文组在这门课程中,围绕八年级学生的兴趣点及学业能力,完成了一系列课程学习。课堂上,备课组教师在课堂教学中向学生渗透金融基础知识,打通金融与生活的联系,培育学生的金融观。

以"采访金融人士"课程开设第一年为例,八年级语文备课组首先明确该学年"采访金融人士"的采访对象,分别从银行业及证券业邀请相关专家做采访。因此,课堂的金融理论知识也从这两个方面重点进行介绍。比如银行基本情况的认识、几大国有银行的业务区别、银行信贷的种类和流程、保险对人们的影响、证券业基本情况的认识等。经过一段时间的理论知识学习,学生们不再对相关领域感到陌生或一无所知,一个个疑问也逐渐在孩子们的脑海中清晰起来。

与此同时,学校也在学生家长或社区银行及证券公司中挖掘资源,比如送教进课堂、邀请专家集中问答等,为八年级学生上了几堂浅显易懂的相关行业专业课,孩子们也从中收获良多。

此外,学校也积极帮助八年级"采访金融人士"课程找寻大学资源,借助挂靠大学相关学科专家进课堂等,帮助学生开阔视野、增长见识,为后续的学生采访实践及写作实践打下良好的基础。

2) 设计金融采访问题

经过一段时间的理论学习后,尽管对于相关金融行业有了一定的认识,但是作为初中生,囿于年龄的限制、学业的影响,学生无法用有限的知识去解决日常生活中见到、但无法解决的问题或现象。基于这样的理论与实践盲区,教师可以带领学生借助之前在教材中所学的"新闻采访",分小组自主确定采访题材,制定采访方案,草拟采访提纲,为接下来的正式采访做准备。

八年级学生正处于青春期,在进行了一个阶段的学习之后,孩子们对于金融产生了浓厚的兴趣,在语文教研组长马晓萦老师和鲁敏老师的悉心指导下,小记者们针对银行业与证券业精心设计了一系列问题,例如"每年我都会收到很多压岁钱,如何去银行理财";"疫情期间,银行业怎样为社会提供支持";"我的爷爷喜欢理财,但是为了防止老年人因理财而上当受骗,您建议应该选择哪种理财途径"等。孩子们的热情是高涨的,他们在彼此疑问火花的碰撞中,生出了更多的疑问。

3) 培训金融采访礼仪

为了更好地为"采访金融人士"课程服务,立信附校八年级语文备课组设计制定了"采访金融人士"活动要求。这也成为这门课程未来实施的一个重要纲要。

(1) 采访准备:准备好采访本和录音录像设备,明确采访主题,设计采访问题,要求学生通过问答式记录采访过程,建议能够结合所学的金融相关知识设计问题。问题难度尽量设计有梯度,数量控制在3到5题,采访内容能够帮助大家进一步加深对金融知识的认识。

（2）采访形式：独立采访或组团均可,考虑到场地及采访对象等因素,立信附校的"采访金融人士"基本以群采为主,学生依次提问并做好相关素材整理,最终形成采访报告。

3. 采访实践

1）钻研课程,初具雏形

2021年1月,经过近一学期的学习与校内采访实践,立信附校八年级学生迎来了两位来自银行业和证券业的专家,分小组向受邀专家求教,两位专家也作了耐心的解答。

课后,同学们通过小组合作的形式,完成了一系列采访稿。以下节选自其中一篇新闻采访稿。

工作职责 & 内外在影响
——采访金融人士姚先生
八(1)班　陈同学　汪同学

采访目的概述：通过这次采访,主要想了解银行在招人时的标准是什么,他们如何衡量一个员工的品行和能力,如果员工有不诚实行为又应如何处理。其次从一个方面了解疫情带来的影响。

采访对象简介：工商银行网点负责人姚先生

采访时间：2021年1月5日

采访方式：面谈

采访者：汪同学（以下简称汪）、陈同学（以下简称陈）

采访对象：姚先生（以下简称姚）

陈：您好,我是初二(1)班的陈同学,感谢您在百忙之中抽出时间接受这次采访。请问您是否能说说您的具体工作?

姚：很高兴今天中午能和大家在学校里相聚,也对能和学生小伙伴们进行面对面的交流感到荣幸。首先给大家作一个自我介绍。利津路巨峰路这边有一家工商银行的网点,有些同学可能是知道的。我是这个网点的负责人。相对来说,网点负责人是在网点的总工作中起到总负责的作用。网点其实有很多细分的业务,大家可能略知一二。我们有个人的业务,也有公司的业务,还有内部管理等方面的。作为第一责任人,在所有细分的这些业务中都要做好管理工作。所以基本上可以涵盖下来,是一个总协调总调度的职责所在。我的岗位是这样的。

陈：感谢您的回答。我对网点负责人的工作有了更详细的了解。

汪：您好,我是初二(1)班的汪同学,感谢您在百忙之中抽出时间参加这次采访。从去年到现在全球都受到疫情的影响,能问下这对银行的正常运转有哪些具体影响吗?

姚：同学你好。这个疫情嘛,就像你说的,来得其实非常突然,这对我们银行是有不可避免的影响的。我们施行了间隔开门,这样能避免人群聚集,同时我们也减少了开门天数。那业务呢,肯定是减少了,走下降趋势。但现在员工和顾客都有意识地去做防疫工作,我们已经基本恢复正常工作了。

在采访稿完成之后,两位同学也对自己此次采访进行了反思与总结。

采访心得:

汪同学:这是我第一次采访另一个人,但心里并不紧张,更多的反而是新鲜劲儿,想体验一回当小记者的感觉。这次采访是面对面的,姚先生也对我的问题认真地进行了详细回答,可以看出这是他本人的真实想法。经过这次采访,我对银行和金融有了进一步的认知,了解到了他们应对外界因素和内在问题的方式,也从其他同学的提问中学到了很多。类似于这样的采访可以提高我们的语言表达能力、社会实践能力、社交沟通能力、写作能力等,因此我认为这次采访是有重大意义且益处多多的。

陈同学:"银行家""金融""理财",这些名词对于我一个初中生来说还是十分陌生。今天,我有幸参加了学校组织的"采访金融人士"座谈会。这位从事金融工作的年轻银行行长用最简洁、最贴切我们生活的一些例子给我们在座的学生介绍了一些金融的基本概念如"财商""情商"等,给我们上了一堂有趣的、有内涵的财经课。这次采访拓宽了我的视野,也让我感受到了"金融"给我们的生活带来的便利,对社会的发展做出的贡献。这是我第一次面对面地去采访一位成功的金融人士,我之前的种种忐忑也在采访的进行中渐渐消失,而且感受到了金融的魅力。

这则新闻稿只是八年级学生诸多采访稿的其中之一。万事开头难,学生在教师的引导下,不仅将语文学科的采访实践运用在真正的学习实践第一线,也在这样的实践过程中,与"金融""理财"等一系列原来不曾关注、距离很遥远的成年人的金融观更近了一步。学生也在不断的实践学习、真人采访中通过明确表达想法,学会了思辨;小组成员也因为既定的学习任务及实践计划,在灵活承担角色和任务中,实现了小组采访目标,成员们在整个过程中发挥自己的主观能动性,也获得了成就感。

2)打磨课程,渐入状态

经过第一届的课程实践经验,立信附校八年级语文备课组开设"采访金融人士"课程的内容也更加丰富,形式也更加多样。

《义务教育语文课程标准(2022年版)》中强调:"要引导学生在广阔的学习和生活情境中学语文、用语文,提高交流沟通、团队协作和实践创新能力。"在一轮又一轮的实践中,教师也开始总结经验,开发出了更丰富多彩的课程内容和形式。

因新冠疫情等不可抗拒的因素,学校不再集体组织学生采访相关专家,这也给了学生极大的主动权,采访形式有了很多变化。比如,有些同学通过家中采访有着相关从业资质的家长掌握了第一手资料,有些同学通过微信聊天的形式进行线上采访,还有电话形式、腾讯会议、视频录制形式等。

多种多样的采访形式,既挖掘了学生的个性潜力,也让学校的"采访金融人士"课程显得更多元、更充满生趣。

这一学年的"采访金融人士"课程,给了学生更大的活动空间和自主设计余地,学生们的小组合作及多样化采访模式让这门创课程更生发了新的活力。不再是应约的"金融家进课堂",而是中学生实地采访,学生们对于金融知识有了更直观的认知,面对如山的材料,视觉的冲击与思想深层认知后,心理上也对金融人士的工作更多了一份理解与共情。"采访金融人士"不再只是履行学习任务,更是学生借助这一难得的渠道架起了解金融知识的桥梁,学生的创造力思维也得到了进一步挖掘与拓展。

五、课程评价

活动课,教师是课程的设计者,而学生才是实践的主体。在经过了一段时间的学习后,从理论知识的摄取到新闻采访的实践,学生渴望得到教师的认可,也期待通过自己的表现能够拿到一份满意的课程分数。因此,评价规则、评价量表等表现性评价工具是教师评价、监控项目的好帮手,教师能基于它们全面观照学生在整个活动中的表现。此外,这些评价工具也是学生重要的学习支架,既能为他们导向活动的目标,又能帮助他们做好实时监控、自我评价。以下列举"采访金融人士"课程部分评价表。

通过表2-12活动记录卡,学生可以对自己的分工和职责进行进一步细化,从而在实践过程中主动承担、乐于分享,让小组活动得以高效实施。

表 2-12　立信附校"采访金融人士"课程活动记录卡

作业内容	等第	探究与想象	解决与创造	合作与担当
活动记录卡	优秀	在这门"采访金融人士"实践课程中寻找和探索新的想法、悬而未决的问题以及复杂的情况或解决方案	积极改善自己的劣势,采用有效的策略来提高成长思维(如在对金融人士进行采访前或采访中积极寻求他人反馈、寻找和利用外部资源来丰富和扩展学习)	综合各种想法,充分利用小组成员的不同优势和视角,开发出一个原创的、有凝聚力的产品或表现(比如设计有挑战性及更专业的采访问题)
	良好	以开放的心态寻找和考虑不熟悉的"采访金融人士"想法。在对想法进行彻底探讨之前,暂时放下对这门课程更多想法的评价	展现出成长思维,以应对挫折和挑战(如坚持设计有挑战性的问题,能从成长思维的角度解释采访失败)	在他人的想法之间建立联系,并以此为基础产生新的独特的采访见解
	合格	寻求通过提问、尝试新的"采访金融人士"方法来完成任务或考虑新的想法来扩展对这门课程的理解	展现出改进的愿望(如设定改进目标;向他人寻求帮助;自我在采访实践中正视挑战而不是放弃)	把自己的采访想法和他人的采访想法结合起来
	待发展	提出与任务、过程或想法有关的采访问题	解释努力和成功之间的关系(如"我对这门课程有了更深刻的了解")	总结或复述他人的活动想法;向他人准确表达自己的想法

另外,组员任务完成评价表是必不可少的,如表2-13所示。

表2-13 立信附校"采访金融人士"课程组员任务完成评价表

组　员	承担的任务	自　评	他　评

在成果的展示上,教师应该尽量给学生制定统一的标准(见表2-14),这样在评价上可以尽量做到客观。

表2-14 立信附校"采访金融人士"课程成果展示评价表

细　目	得　分	总　分
字数是否达标		
照片是否提供		
汇报是否参与		
表达是否到位		
教师打分		

说明:总分满分50分,四项标准各满分10分,教师评价10分。10分——非常好,7分——好,5分——一般。

六、课程反思

正如立信附校区级重点课题《指向创造力培育的义务教育阶段金融特色课程体系建构与实践》在开题报告中所提到的一样,金融特色课程不主张一项任务只有一种正确方法,一个问题只有一个正确答案,而是以真实生活问题为切口,给学生提供体验式学习、项目化学习、游戏化学习、混合式学习等多元学习体验,要有利于学生产生多样化想法,产生创新想法,评价与改进想法,让学习和解决问题变得有趣起来,从而在这一过程中激发和培养学生的创造性思维。

立信附校中学语文教研组的"采访金融人士"课程刚刚走过两年,还处于摸索阶段,教师专业知识的薄弱、学生学业繁重的困扰,都是挡在课程开发与实施面前的拦路虎,但是这门课程契合了《义务教育语文课程标准(2022年版)》关于跨学科融合的诸多要素,在学校区级重点课题的引领下,教师在课程中不断培育学生诚信意识、责任意识、规则意识和风险意识,注重学生思考问题的过程和角度,培养学生善思乐思,提升学生创造性解决问题的能力,这门创课程在未来依然有着旺盛的生命力,任重且道远。

第五节 小 学 篇

一、课程背景

"采访金融人士"课程是《基于区域特色的学校综合课程创造力研究与实践》项目中"融创"联盟全学段课程中的一门,在联盟学校领导小组的领导和东昌中学的领衔下,作为高桥镇小学金融教育课程体系中的主要课程之一,进行小学阶段的研发与实施。

四、五年级学生在综合课程"我学金融"的课堂上,已经有了一定金融知识的基础,在"阿福童社区"活动中亦积累了一些金融活动的实践经验,需要的是走出校园、走向社会的浸润式学习的机会。在课程"采访金融人士"中,学生来到校外金融机构,从采访者的第一视角出发,与感兴趣的金融人士面对面,探寻想要了解的金融知识和行业奥秘,对金融人士及其所需要的金融素养产生基本认知,对金融行业产生更浓厚的探究兴趣,唤醒对自己的成长目标与未来规划的思考与意识,在采访实践中逐步培养创造力。

二、课程目标

目标一:知道金融人士的定义和基本工作内容,借助查找资料、调查走访等手段自主探究感兴趣的金融人士,加深对金融人士的了解与对金融的兴趣,提升自主探究能力。

目标二:通过观看视频、教师示范、模拟采访等形式,初步学习人物采访和撰写采访稿的基本方法,提高主动沟通和交流的能力,提高倾听和记录的能力。

目标三:通过采访实践活动,基本了解从事金融工作所需要的金融素养、能力要求等,为继续探究打下基础,产生对成长的思考与未来的规划意识,培养创新思维。

三、课程内容

高桥镇小学"采访金融人士"课程面向四、五年级全体学生,在每学年的第二学期开展,以"学习知识—采访实践—展示成果"为基本课程实施流程,有序安排课程内容(见图 2-2)。

四、课程实施

(一)具体实施内容

1. 认识金融人士

作为"采访金融人士"课程的第一个板块,课堂上,围绕"什么是金融人士""有代表性的金融人士的工作内容""辨别真假金融人士"三部分内容,学生通过查找并讲述国内外著名金融人士的故事,结合生活观察、头脑风暴等活动形式,逐步了解并自主总结金融人士的定义与相关工作内容。多样化的课堂教学形式不仅让课堂丰富、精彩起来,也给予了学

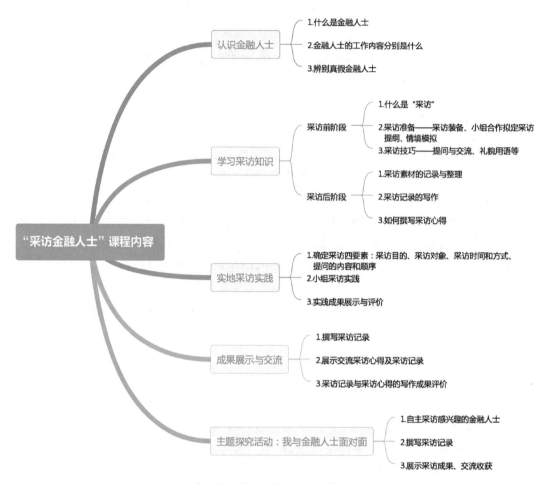

图 2-2　高桥镇小学"采访金融人士"课程内容架构

生发挥主观能动性的空间,学生在活动与游戏中逐步感知,替代了以往教师为主体的讲授,也避免了为金融人士强行"贴标签",使学生对金融人士的认识更加深入、具体,也为之后的采访做知识上的准备。

2. 学习采访知识

采访是记者为取得新闻材料而进行的观察、调查、访问、记录、摄影、录音、录像等活动。内容复杂且综合性强,对于学生而言有一定难度,且每周一节的课堂时间有限,因此在这一板块的教学中,教师须充分利用课堂教学时间,同时挖掘课内外教学机会,尽可能给予学生有梯度、有指向性的采访知识教学,让学生在之后的实践活动中运用得更加得心应手,消除从认知到实践过程中可能会出现的阻塞。

基于上述背景,"学习采访知识"板块主要分为三个教学阵地开展,以课堂为主,学校小记者社团和活动采访培训为辅的形式,帮助学生全方位了解采访、学习采访,积累采访经验,逐层激发学生创造力。

(1) 立足课堂,打好采访基础。"采访金融人士"课堂上,学生通过查阅资料、教师介绍、观看采访视频等方式,围绕"采访的定义与要素""采访需要做哪些准备""撰写采访提纲""撰写采访记录"等内容学习采访基本知识。采访知识的学习是具体的,更是重要的,教学中运用学生感兴趣的教学形式鼓励学生自主观察、发现,培养对采访的兴趣。

(2)相约社团,提高采访能力。部分对采访特别感兴趣的学生可以选择参加每周一次的学校小记者社团活动,在聘请的外校专业教师的指导下,通过各类采访课程,结合校内外实践活动,提升新闻采编、摄影摄像等采访能力。社团中,学生拥有更多时间针对自己有疑问的内容进行探究与提问,也可以和志同道合的同伴一起讨论采访妙招,表达自己的想法,吸取更多、更前沿的采访理念与技能。

(3)聚焦采访,做好充分准备。在前两项学习与活动的基础上,开展针对具体采访活动的培训,内容包括小组组队与分工、确定采访对象、正式拟定采访提纲、情境模拟采访等,为正式采访做准备。因为有了课堂教学与社团活动的知识支撑,采访培训虽然依旧依托于课堂,但完全交由学生以小组为单位围绕各组需要解决的驱动性问题展开,解决采访实际问题的同时,鼓励学生开动脑筋、活跃思维,培养创造力。

3. 实地采访实践

实地采访实践是课程"采访金融人士"的第三个板块,也是最重要的实践阶段。为了保证疫情防控期间课程可以顺利进行,高桥镇小学融创团队的教师们分批次地把各类金融人士请进校园,方便学生开展采访。同时,为了丰富学生的校外采访体验,增强对金融行业工作内容与环境的了解,产生对金融行业的认识,学校还安排了部分采访代表在教师的带领下来到学校附近的中国农业银行高南支行进行实地采访活动。

在校外实践活动中,学生通过参观银行陈设、工作人员的工作场景,体验银行业务办理等方面开展采访活动,设身处地感受银行工作氛围,对银行工作产生了浓厚的兴趣,不少学生纷纷表示长大以后的愿景,希望也能到银行工作。

以下是其中两名学生的采访心得:

通过采访,我了解到关于银行的许多知识,也明白了如果要选择职业,最好按照自己的兴趣爱好来挑选,这样会有无穷的动力驱使着自己大步前进。成为一名金融人士并非易事,必须要付出很大的努力,同时也会伴有困难与风险,这是我之前没有想到的。无论今后选择哪项工作,都需要我们从小学阶段起就打下坚实的文化知识基础,并朝着奋斗目标不断奋进、持之以恒,才能有所成就。我们小学生需要全面发展,因为我们今后面对的将会是一个更加繁荣、更加复杂的社会,我们的工作也会更加具有挑战性。

——四(11)班孙同学

今天,我们在老师的带领下采访了在中国农业银行工作的阿姨,之前我一直不知道银行的工作人员是干什么的,也不知道银行的具体业务。通过采访胡阿姨,我明白了银行的工作内容以及这份工作的价值与乐趣,并且也知道了如果想要成为一名金融人士,自己需要努力的方向。采访结束后,我们还在阿姨的带领下参观了银行,自已操作了 ATM 机、自主柜员机等,真是倍感新奇而又增长知识的体验,下一次采访我还想报名参加。

——五(10)班盛同学

4. 成果展示与交流

1) 展示活动成果,评选荣誉称号

采访结束后,学生在"采访金融人士"课堂上以小组形式通过文字、图片、视频、PPT等不同形式展现活动成果,交流自己的采访心得与收获,并针对采访过程中的优点与不足进行讨论,教师做出相应引导、建议。展示结束后,以学生投票的形式评出"明星小记者""最佳记者团"等校级荣誉称号获得者。

2) 形成采访作品,留下成长脚印

课堂上,学生对采访内容进行记录与梳理,在教师的帮助下,完成了各组的采访记录表(见表 2-15、表 2-16)。采访记录表最终由负责教师进行汇总、梳理,形成《高桥镇小学采访金融人士学生作品汇编》。

表 2-15　高桥镇小学"采访金融人士"课程采访记录表

采访时间	2020.12.30	采访方式	面谈
采访对象	俞×研究员	采 访 者	沈××
采访对象简介	俞×,女,福卡智库经济研究员		
采访目的	通过访谈,了解更多符合我们认知的经济知识		

采访过程:

问:阿姨您好,请问您是从事什么工作的? 工作内容是什么?

答:我在福卡智库从事研究工作。福卡智库是一家以预测未来为主的研究机构,是对经济形势进行预测,用以规划未来。

问:预测未来? 可以为我们具体说明一下吗?

答:好的。我的工作就是在大数据的背景下,通过对各项数据的研究,用以预测经济的未来走势。其中主要的一项工作,就是在疫情之下,通过具体案例和数据的分析,来预测在特殊情况下的经济走势和相应的概率。研究员们需要每天都针对特定的行情进行预估,预估工作繁忙且充满了不确定因素,在我 14 年的职业生涯中,预测未来已经成为我生活的一部分,觉得非常有意义。

问:作为小学生,如果未来想从事金融行业的工作,您有哪些建议?

答:首先需要具备出众的数学能力,还要有出色的逻辑能力,在偶然性中找寻必然性。对于小学生而言,在学习金融理财知识方面,建议从一件事情开始,培养自己的金融理财能力,再逐步推广开来。例如,我们可以在父母的银行账户中开设自己的小账户,定期存入压岁钱和零花钱,和父母一起配置一些理财产品,逐步提高我们的金融理财水平。

采访心得:

今后的每项工作,都需要从小学阶段开始就打下坚实的基础,并持之以恒,才能有所成就。通过访问俞阿姨,我了解到了金融行业所包括的内容很广泛,我一定要好好学习数学知识,培养自己的逻辑思维能力,以后也要做像俞阿姨一样出色的经济研究员。

表 2 - 16　高桥镇小学"采访金融人士"课程采访记录表

采访时间	2020.12.29	采访方式	面谈
采访对象	张××	采 访 者	邱××
采访对象简介	从事农业银行保险销售工作		
采访目的	初步认识银行保险业,为以后的学习打基础		

采访过程:

问:阿姨您好,请问您从事的是什么工作?可以为我们简单地介绍一下吗?

答:你们好。我从事的是农业银行的保险销售工作。

问:请问银行分为哪些类型?

答:我们国家银行可以分为中央银行,也就是中国人民银行;政策性银行,如国家开发银行、中国进出口银行、中国农业发展银行;国有商业银行,有中国工商银行、中国农业银行、中国银行、中国建设银行、交通银行;股份制商业银行,如中信、光大、华夏、民生银行;还有一些地方性的城市商业银行和农村商业银行。

问:银行有哪些职位?

答:在银行网点有大堂经理、柜员、客户经理、行长、副行长等,其他还有投资部门、研究部门和销售部门等,大家各司其职,合理分工。

问:您为什么会选择银行的职业?

答:因为之前学习的就是这个专业,毕业后就从事这类工作了,现在主要负责银行的保险销售。

问:如果我们长大了想要从事银行这个行业,需要具备哪些能力?

答:涉及金融方面的知识可以特别注意积累一下。

问:这份工作有什么乐趣和烦恼?

答:我从事的保险类的行业,能够碰到形形色色的客户,客户们会和我分享许多开心的事,感觉很有成就感。烦恼就是做的事情过于千篇一律,有点枯燥。

问:小学生如果要在银行存钱的话应该怎么做?

答:需要家长陪同去银行办理,先在门口取个号,然后等到柜台叫号后就可以前往办理了。

问:阿姨,如何辨别真假钞?

答:首先是看手感,还可以在手里甩一下,看钞面的凹凸。

问:如果您收到了伪钞,会如何处理?

答:会直接上交银行回收处理。

问:小学生如何预防各类诈骗?

答:现在网络诈骗、电信诈骗比较多,小学生需要提高防范意识。遇到这种情况,可以通过反问的方式多问问信息,观察一下来电人的反应,并且及时告诉家长,不要自己轻易做判断,如有需要可以报警。

采访心得:

　　以前我一直不知道保险是干什么的、有什么用,也不知道银行里也可以买保险,通过采访张阿姨,我明白了银行的工作内容以及这份工作的价值与乐趣,并且也知道了如果想要成为一名金融人士自己需要努力的方向,下一次采访我还想报名参加。

　　3) 参加社团活动,运用采访所得

　　课堂上,教师鼓励学生化身学校"阿福童银行"职员,在体验银行活动中,运用在采访过程中学到的知识,发挥自身已有金融素养的作用,为同学们提供"存取款""购买理财产品"等阿福童银行的基本金融服务。

在阿福童银行的实践体验中,学生纷纷展现出了向社会银行工作人员看齐的专业金融素养,柜员办理业务时熟练利落、井井有条,大堂经理具备良好的服务意识,活动现场秩序井然,理财经理有声有色地为同学介绍理财产品……这既是"采访金融人士"课程成果最形象、有力的展示,又为学校其他金融课程与活动的进一步开展蓄力,确保环环相扣。

5. 主题探究活动:我与金融人士面对面

对金融人士的采访与探究不能仅仅依赖于课堂,还应在课后、在校外继续展开。"我与金融人士面对面"主题探究活动是"采访金融人士"课程的最后一板块内容,也是以实践为主要开展形式的内容。活动中,鼓励学生利用课余时间,运用课堂上所学的采访知识和已有的采访经验,选择一个自己感兴趣的金融人士进行深入采访与探究,是对课堂内容"由扶到放"的过程。这项主题探究活动可以是长周期性的,根据学生认知情况逐层深入了解金融人士,形成自己的采访经验与感悟。活动中,学生可以完全自主掌握主导权,允许不断尝试并反思总结,鼓励新的采访创意和想法,是培养学生创造力的有机平台,亦是为拉近学生与现实中的金融人士的距离搭建桥梁,是一个颇具意义的学习渠道。

(二)课程实施案例

以下课程案例选自"采访金融人士"课程体系中第二个板块——"学习采访知识",旨在指导学生在学习了采访的技能以及如何开展一次采访的基础上,针对即将开展的采访金融人士活动设计个性化的采访问题、拟定采访提纲。其包含内容的综合度高、实践性强,是学生发扬创新思维、萌生新点子好想法的重要阵地。

【教学片段一】

1. 设计采访问题,拟定采访提纲

(1)师:同学们,在之前的课堂上,你们已经学习了许多采访的知识和技能,那么针对这次的采访金融人士活动,我们该做哪些准备呢?

生1:我们需要准备好自己的采访装备,比如录音笔、纸等。

生2:我们还需想好要提的问题,列好采访提纲。

生3:在采访前,我们要和采访对象预约时间、地点。

(2)师:看来,你们学得很扎实。这节课,需要大家以小组为单位,自主设计采访问题,拟定采访提纲。动动脑筋,在动笔之前,我们需要做什么?

生1:我们要在小组内商量一下,搜集组员们感兴趣的问题。

生2:我们还要先确定采访对象,再知道他是干什么的,接下来有针对性地提问。

师:是的,根据采访对象的特点和自己感兴趣的内容设计好采访问题,一定能让这次采访进展顺利!

2. 开展调查走访,初晓采访对象

(1)师:课前请你们通过调查走访、查阅资料等形式先对采访对象的行业内容与性质进行初步的了解,下面请你们在小组内分享你的成果。

小组交流。

(2)师：相信同学们一定对你们小组的采访对象有了基本的了解,那么针对他的工作内容,我们可以问哪些问题呢？请你们展开讨论,把采访问题填写在表格中(见表2-17)。

(3)师：观察一下其他小组的采访问题,互相学习,现在还可以修改哦!

生1：我发现我们组有一个问题和乘风破浪组的重复了,我们需要换个问题。

生2：阿福童小组的问题问得都很具体,让人一看就能明白,我们也可以学习。

表2-17　高桥镇小学"采访金融人士"课程小组采访提问设计表

采访小组	采访对象	行业	采 访 问 题
阳光少年	陈××	银行	1. 您所在的银行主要有哪些业务？您在银行担任什么岗位的工作？工作内容是什么？ 2. 作为小学生,如果未来想从事银行工作,需要具备哪些能力？
七色花	俞×	经济研究所	1. 在工作中,您主要负责哪些内容？ 2. 这份工作有什么乐趣和烦恼呢？
乘风破浪	唐××	创业	1. 是什么激发您想要创业的？ 2. 创业中,是否遇到过困难和风险？最后是怎样解决的？
阿福童	陆××	银行	1. 银行有哪些类型？各类银行之间有什么区别？ 2. 对于小学生,该如何防范各类诈骗？
向日葵	张××	创业	1. 创业前需要做哪些准备？如何找到合适的投资人？ 2. 如果作为小学生的我们以后也想要创业,您有好的建议吗？

设计意图：

课堂上,组织学生对采访的内容与所需要提出的问题进行讨论与探究,探究过程中,教师鼓励学生充分发挥创造力,通过调查走访、查阅资料等形式先对采访对象的行业内容与性质进行初步了解,然后针对他的职业特点从工作内容、工作中的喜与忧、所需要具备的素养与能力等方面提出自己感兴趣的问题,保证问的内容是自己想要了解的,也是受访者能够回答的。

【教学片段二】

1. 学习追问技巧,方便深入了解

(1)师：通过小组讨论、修改,我们已经准备好了一些采访问题,但是要想对采访对象进行深入了解,还要学会追问。你们知道什么是"追问"吗？

生1："追问"就是多次问,直到问明白。

(2)师：我们来试试。就以"在工作中,您主要负责哪些内容?"这个问题为例,可以从哪些角度展开追问？

生1:被采访者回答后,还可以问问工作内容的某一项的具体流程。

生2:还可以问问他最喜欢哪一项工作,为什么?

生3:可以问问他,如果我们小学生想要做这份工作,应该怎么做?

(3)师小结:你们的追问都不错,可以从工作内容的角度进一步提问,也可以问问和我们小学生有关的内容。总之,不能错过探究和质疑的机会哦!

设计意图:

在设计采访问题的过程中,教师引导学生可以先根据自己对采访对象的初步了解,对采访情景以及可能遇到的问题做好预设,并且适当地教授了学生在采访过程中的追问技巧,鼓励学生在采访过程中大胆地发挥主观能动性,捕捉到采访对象言语中的关键词,结合自己的兴趣与疑惑进行有针对性的追问,也可以适时提出自己的想法,从而对自己感兴趣的内容进行更深入、全面的了解。

五、课程评价

"采访金融人士"的课程评价由过程性评价和成果性评价两方面构成。过程性评价在每一节课后完成,旨在及时、真实且完整地记录学生在课程中的表现;成果性评价即课程整体评价,在课程结束后进行,旨在考察学生整体学习情况和阶段性学习质量。

过程性评价:以第二板块中的"学习采访知识"为例,针对学习内容和学生学情,设计以下学生评价表(见表2-18)。

表2-18 高桥镇小学"采访金融人士"课程"学习采访知识"学生评价表

班级: 姓名:		
评 价 标 准	自评	小组评
我在课堂上知道了采访的定义、采访的各项流程以及基本的采访技能并能熟练运用。 我针对自己感兴趣的采访模块进行学习与探究,学习了摄影、摄像、采编中的一项及以上内容。	☺☺☺	☺☺☺
我提出了自己想问的问题,和组员一起拟定了个性化的采访提纲,并对未知情况进行了多种预设。 我积极运用所学采访知识,发挥主观能动性,在模拟采访中发挥作用。	☺☺☺	☺☺☺
我在小组内认真做好自己的职责,根据自己的特点选择合适的分工。 我能够称赞别人与众不同的想法,和组员通力合作,相互探讨,得以优化。	☺☺☺	☺☺☺

成果性评价:根据课程目标以及课程内容,结合学情,拟定了"采访金融人士"课程评价量规,并设计了高桥镇小学"采访金融人士"课程评价表(见表2-19)。该评价表从"探索与想象""思考与实践""合作与担当"三个方面展开,注重收集学生在课程学习中的过程性表现,关注学生知识基础、认知过程、金融素养以及创新思维。课程评价运用自评、师

评、被采访者评的多角度形式展开,既保护、激发了学生的学习兴趣,又能记录学生金融素养的发展路径,是学生挖掘自身潜能、进行自我反思的有利参考,也是教师及时发现教学不足,优化教学设计和策略的重要依据。

表 2-19 高桥镇小学"采访金融人士"课程评价表

学生姓名:		评 价		
评价量规	评 价 内 容	自评	师评	被访者评
探索与想象 合格 ☆☆☆ 良好 ☆☆☆☆ 优秀 ☆☆☆☆☆	我通过课堂中的故事分享、活动知道了什么是金融人士并且能够区分其与其他工作;通过课堂介绍、模拟采访等活动知道了采访的流程和基本技能。☆☆☆			
	我知道了什么是金融人士以及部分有代表性的金融人士的工作内容;通过课堂介绍、模拟采访等活动知道了采访的流程,尝试自主总结相关采访技能并运用。☆☆☆☆			
	我在课堂中故事分享、活动的基础上,对感兴趣的金融人士展开探究,对这类金融人士有了更多了解。结合课内外采访素材、活动,我知道了采访的各项流程和技能并能结合采访情况熟练运用。☆☆☆☆☆			
思考与实践 合格 ☆☆☆ 良好 ☆☆☆☆ 优秀 ☆☆☆☆☆	我在小组采访的过程中,学习并尝试运用了采访的基本知识和技能。通过采访,对金融行业具体工作内容有了一定认知,知道了从事金融工作所需要的金融素养和能力。☆☆☆			
	我在小组采访的过程中,学习并熟练地运用了采访的基本知识和技能。通过采访,对金融行业具体工作内容有了较为全面的了解,了解了从事金融工作所需要的金融素养和能力。☆☆☆☆			
	我在小组采访的过程中,学习并熟练运用了采访的基本知识和技能。通过采访,对金融行业具体工作内容有了深切认知,了解了从事金融工作所需要的金融素养和能力,激发了对未来规划的思考。☆☆☆☆☆			
合作与担当 合格 ☆☆☆ 良好 ☆☆☆☆ 优秀 ☆☆☆☆☆	我在小组内认真履行自己的职责,并遵守课堂规范,适时提出想法;采访后能做到对小组的采访记录进行初步整合。☆☆☆			
	我在小组内认真履行自己的职责,并遵守课堂规范,能积极配合组员,并能对他人提出建设性的意见;采访后能做到对小组的采访记录进行整合、梳理,筛选出采访中的精彩片段。☆☆☆☆			
	我在小组内认真履行自己的职责,并遵守课堂规范,称赞别人与众不同的想法,并从中提出问题,相互探讨,得以优化;采访后能做到对小组的采访记录进行迅速且高效的整合、梳理,呈现完整、耐读的采访作品。☆☆☆☆☆			

六、课程成效

(一)于生而言——激发探究兴趣,孕育成长规划

课程中,学生对感兴趣的金融人士的工作内容、所需要的金融素养、工作的趣事与挑战等内容有了直观且丰富的认识。在采访中,学生发现,要想在长大后成为一名合格的金融人士,作为小学生,当下需要做的是好好学习,注重提升自己的综合素养,对感兴趣的金融知识进行自主探究,从娃娃做起,为日后的从业发展做知识与能力上的储备。课程中,学生感受到了金融行业的魅力,对它产生了更多兴趣与向往。同时,也唤醒了学生对未来职业的思考,对于小学生而言是一次成长规划方面的重要启蒙。

"采访金融人士"课程结束后,任课教师对四、五年级各班学生在课程实施前后的认知与发展情况进行了问卷调查,以四(12)班为例,该班课程成效如图2-3所示。

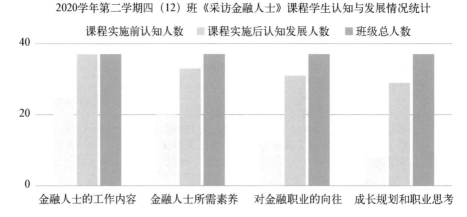

图2-3　高桥镇小学2020学年第二学期四(12)班"采访金融人士"课程学生认知与发展情况统计

(二)于师而言——助力优化设计,实现育人目标

对课程成果和评价的收集与分析是一个动态的过程,它既是本课程的终点,也是下一学段课程实施的起点,其指导意义不仅在于学生的发展与成长,更在于整个教师团队以及课程的完善与实施。课程"采访金融人士"的研发与实施,为教师优化课程内容提供了有意义的参考,有助于提高课堂及实践活动实施的质量,进一步完善课程体系,努力达成小学学段金融教育的育人目标。

七、课程思考

(一)丰富采访形式,开发各类资源

在课程"采访金融人士"研发与实施的过程中,我们发现小学学段的教育,要想为培养日后的金融专业人士赋能,作为教师应该尽可能挖掘更丰富的校内外资源,提供学生更多采访的机会与平台。课程的实践活动中,采访对象与地点相对来说比较局限,教师可以积极开发和利用资源,让学生采访到更多金融行业的人士,以当面采访、线上采访等多样化

的采访形式实现,使采访面更广。在最后的主题探究活动中,教师还可以在每个阶段设计相应的奖励机制,调动学生的积极性,提高参与度,鼓励越来越多的学生在课后自主采访自己感兴趣的金融人士,收获更多体验与启发。

(二) 鼓励思维火花,放手自主实践

课程中,学生由于年龄、思维习惯的限制,在很多环节上是比较依赖教师的,比如课程的知识讲述部分,大都以教师为主,采访活动时教师也作为其中的一员进行辅助,把握采访的话题走向,在必要时帮助学生进行采访记录。其实,无论学生问了什么问题,取得的成果如何,都是一种收获,如果教师退居二线,放手学生自主采访实践,可以让学生更加自由地发挥创意,表达想法,用多样化的形式记录下采访内容和心得,会有更惊喜的成果出现,对于学生的创造力培养而言,是至关重要的。

第三章 "走进金融博物馆"创课程模块

第一节 课程概要

一、"走进金融博物馆"课程定位

(一) 博物馆教育的发展历程

一般来说,博物馆有收藏、保管和教育三大功能。关于对博物馆教育的定义,学者们基本上分成两种意见:一是博物馆用标本展示的形式,向观众呈现馆藏物品,从而对他们进行知识的传授;二是在馆藏物品的展示的过程中,通过工作人员的讲解,向观众传递知识。既然博物馆具有教育的功能,那么,在教育的过程中,就需要利用博物馆丰富的藏品、身临其境的场所,构建适合学生的课程,将博物馆资源融入教育体系,从而发挥博物馆特有的文化育人功能。

英国是博物馆的发源地——世界上首个公立博物馆(牛津的阿什莫林博物馆,1683年建立)就诞生在英国。同时,英国也有很好的博物馆研究和教育推广的传统。作为率先开启博物馆免费开放制度的国家,英国为推动世界博物馆教育的发展做出了较大贡献。1991年,英国的亨利·摩尔基金会开展了一项关于"馆校合作价值"的调研,首次明确了博物馆与中小学教育结合对学生的积极影响,同时提出合作的质量受馆校关系、教师参与率、学科相关性等因素影响。

我国近代的第一座公共博物馆诞生于1905年,距今已有一百多年的时间。但是中国的博物馆教育的兴起还要追溯至海归青年们带回的西方博物馆思想的1934年,马衡、袁同礼、傅斯年、李济等成立了中国博物馆协会,标志着西方的先进理念开始被引入我国的博物馆教育,博物馆事业也开始与国际接轨。

新中国建立之后,特别是21世纪之后,我国先后在2010年、2015年、2019年、2020年发布了相关的文件,力图推动博物馆大众化、教育化的事业。2010年颁发的《国家中长期教育改革和发展规划纲要(2010—2020年)》中则明确提出了"加强校外活动场所建设和管理,丰富学生课外及校外活动"以及"统筹开发社会教育资源,积极发展社区教育"的要求。2015年颁发的《博物馆条例》中对于博物馆在假期适当为学生增设相关展览做了明确的要求。同时,博物馆的教育功能被特别提出,馆校结合等博物馆教育实现的形式被鼓励。2019年6月,国务院办公厅印发《关于新时代推进普通高中育人方式改革的指导意见》,提出了六个方面的重点任务,其中包括"注重利用各种社会资源,构建学校、家庭、社会协同指导机制"。2021年7月,中共中央办公厅、国务院办公厅下发《关于进一步减轻义务教育阶段学生作业负担和校外培训负担的意见》,明确一系列重大措施以保障落实"双减",要求"提升学校课后服务水平,满足学生多样化需求"。

(二)"走进金融博物馆"课程价值

该课程所涉及的"金融博物馆"也属于博物馆的一类。"走进金融博物馆"是东昌中学组建金融素养培育区域联动组织(简称"东昌金联")开设的一门课程,其宗旨是"培育和提升东昌师生金融素养",成员单位为课程实施和实践活动提供专业性指导,并提供金融实践基地。目前,博物馆课程涉及的场馆为"4+1"模式,即4家校外场馆和1家校内场馆。在体验"金融博物馆"课程的过程中,力图整合博物馆资源,帮助学生学习金融常识、树立正确观念、培育金融素养,同时加强学生的探究实践与创造能力。

"走进金融博物馆"课程借助银行博物馆、期货博物馆、历道证券博物馆等校外金融类博物馆平台,通过参观展品、聆听讲解等方式,普及金融基础知识,引导学生了解多样化的金融知识、提升对金融业的切身感受,从而开阔学生的视野;丰富学生的社会实践,培养学生合理使用、管理钱财的能力;引导学生在学习金融知识的过程中形成正确的金融观、价值观,提高学生的规则意识、风险意识,发展学生的创造力,培养学生养成良好的社会责任意识。

二、东昌中学"走进金融博物馆"课程简介

在东昌中学"东昌金联"等丰富社会资源的支持下,学校于2013年9月开发了"走进金融博物馆"这门课程。课程实施之初,课程利用陆家嘴金融区的区位优势,挖掘上海期货博物馆、历道证券博物馆、上海市银行博物馆的教育价值。上海期货博物馆于2006年5月在期货大厦揭幕,博物馆共分为世界期货市场的发展历程、旧中国时期期货市场的发展历程、新中国期货市场的发展进程和上海期货交易市场的发展轨迹等四个展区。历道证券博物馆是中国第一家国家级证券博物馆,2004年正式开馆,刻画了一部自清代以来中国证券发展的百年历史。上海市银行博物馆是中国工商银行创办的中国首家金融行业博物馆,2000年开馆,展馆面积1500平方米,包括历史馆、钱币馆和临展馆,收集银行史料文物藏品计3万余件,陈列展品计3000余件。结合三大博物馆各自的内容,课程设计了图文并茂的问题串,引导学生有主题地进行参观。通过完成相应的金融问题,了解掌握期货、证券、银行的金融知识。课程还引导学生就参观过程中某个感兴趣的内容,进行资料的收集与研究,进一步加深理解。课程的实施时间为暑期,学生以班级内若干小组为单位参观银行博物馆,以班级为单位参观上海期货博物馆或历道证券博物馆,完成参观的课程指南。开学初,组织班级为单位的参观交流,结合课程指南完成情况以及交流情况,通过互评的方式评选优秀个人。通过宣传展示学生的参观心得与主要内容。

从最初的三个校外场馆(历道证券博物馆、期货博物馆、上海市银行博物馆),到2017

年增加中国银行行史博物馆,2018年建设东昌中学货币博物馆,学校构建起"4(校外)+1(校内)"模式的"走进金融博物馆"课程。经过近五年的实施与不断的完善,"走进金融博物馆"课程已经成为东昌中学金融素养培育核心圈课程之一。

三、"融创"全学段"走进金融博物馆"课程简介

为提升学生创新精神和实践能力,新时代"融创"全学段综合课程建设团队对东昌中学已有"走进金融博物馆"课程资源进行吸纳和创造,并将其规划到"融创"全学段综合课程体系的建设之中。

"走进金融博物馆"课程通过参观中国证券博物馆、银行博物馆、中国银行行史博物馆等金融博物馆,知晓金融博物馆基本金融知识。根据参观前查阅相关资料,参观时倾听讲解和观看研习,参观后完成研习任务单等内容,培养学生对金融知识的兴趣,树立正确的金融理念,从而提高学生撰写参观心得的能力,发展学生的创造力。

"走进金融博物馆"创课程涵盖小学、初中、高中三个学段,针对不同学段的学生设计了不同层级的"走进金融博物馆"课程。根据"融创"联盟学校的校情与学情,由高桥镇小学负责小学四年级的课程开发与实施,澧溪中学、上海立信学校分别负责六年级、八年级的课程开发与实施,东昌中学负责十年级的课程开发与实施。

高桥镇小学"走进金融博物馆"课程(小学篇)研发时认为,小学应培养的是小学生的金融素养而非简单的金融行为,所以在课程内容安排时遵循了循序渐进的原则。高桥镇小学"走进金融博物馆"实践活动在四年级学生中开设,一般安排在四年级第二学期末进行。此时学生已掌握"认识风险"课程,学习了例如"认识风险""风险防控""守信与失信""博物馆参观须知和日记撰写"等章节。通过课程学习、参观实践、团队交流三个环节的活动之后,引导学生进一步了解金融机构、金融知识、金融历史,并锻炼学生自主探究问题的能力,最终通过不同形式的参观日志的展现来达成培养创造力的目的。

澧溪中学"走进金融博物馆"课程(初中篇)主要开设于六、七年级。通过线上学习、实地考察、团队交流三个环节的活动,引导学生了解基础金融知识、金融历史,锻炼学生自主收集信息、撰写报告的能力。线上学习环节主要是学习慕课,了解金融机构。在视频学习中,学生能够知道金融机构分类、基本功能、大致历史由来以及目前世界上比较著名的金融机构。实地考察环节主要是对金融类博物馆进行参观。参观前,学生通过自主查找网络资源,了解金融类博物馆的背景,如上海银行博物馆、货币博物馆、期货博物馆、证券博物馆等。收集资料进行整理,生成自己想询问、探究的问题。参观时,学生认真观察文物,可对其进行摄影、笔录。撰写与交流环节,要求学生形成一份观后感和金融博物馆调查报告。

立信附校是一所九年一贯制学校,故"走进金融博物馆"课程既能够开设在小学高年级,也可以开设在初中低年级。小学一般安排在四年级第二学期至五年级第一学期(小学篇),初中安排在八年级第一学期(初中篇)。通过微课学习、场馆体验、合作交流等环节的

活动,以提升学生金融素养,提升学生的创新能力为目标。"微课学习"部分的学习内容为读本学习"走进金融人物",在读本中了解国内外著名的金融人物,观看上海立信会计金融学院财商读本系列专题片。"场馆体验"主要包括三个场馆,分别是保险类博物馆——立信附校保险体验馆(高行校区)、银行类博物馆——立信附校银行体验馆(东陆校区)、证券类博物馆——立信附校证券体验馆(证大校区)。通过对立信附校保险体验馆的参观,了解保险的发展史;体验金融保险游戏棋"我的一生";学会根据实际情况对保险进行分析;体验投保过程。通过对立信附校银行体验馆的参观,了解银行的发展史;体验银行存钱、取钱等基本功能;分析交流,认识到银行的重要性。参观立信附校银行体验馆,了解证券的发展史,借助金融数据端宏观了解股票、基金等运行模式,对"产业链"有初步的认识;在个股展示区模拟炒股,学会分析和预判;积极进行互动交流和展示,完成《立信附校社会实践活动记录卡》。"合作交流"部分是指学生学会记录"小金库"的日常收入和支出,第四周上交当月财务报表。

东昌中学开发的"走进金融博物馆"课程(高中篇),一共五个学分,在十年级、十一年级学生中开设。一般安排在十年级第二学期至十一年级第一学期中进行,通过慕课学习、参观实践、三个环节的活动,引导学生进一步了解金融机构、金融知识、金融历史,锻炼学生自主探究问题、撰写微报告的能力。"慕课学习"板块的目的主要是帮助学生了解金融机构的分类、基本功能、大致历史等基础信息。"参观实践"板块涉及三种类型场馆——货币类博物馆(东昌中学货币博物馆)、银行类博物馆(银行博物馆或中国银行行史博物馆)、证券类博物馆(证券博物馆或期货博物馆参观活动),主要目的是通过实践,进一步了解各种类型博物馆的内涵、实物。"团队交流"板块主要是锻炼学生自主进行团队写作、完成微报告并演讲的能力。通过本课程学习,学生不仅能够丰富金融类博物馆的知识、提高观展写作的能力,更能够树立正确财富观,促进规则意识、风险意识的培养。

"融创"全学段"走进金融博物馆"课程的创新之处主要体现在课程的综合性和创造力上。高桥镇小学在成果形式上追求创造力与多样化,形式包括心得体会、电子小报、vlog视频,记录多彩的一天;立信附校在课程设计上,鼓励学生从具体实践中发现自己感兴趣的学习内容或项目,通过提供多种指向学生创造力培养的学习设计、学与教的策略、评价量规等,推动学、教、评一体化实施,进而实现学生创新能力、教师创造力培养能力的协调发展;澧溪中学注重课程评价环节的创造力,引导学生制作 PPT 并进行自主答辩,进一步培养学生的语言组织能力与自信心;东昌中学一系列措施实施下来,学生的逻辑思维和语言表达能力会有较大的提升,学生可以跳出传统授课模式,结合在学校中学习的基础课程知识,提升自己的知识储备与运用能力;东昌中学在课程资源上整合"4+1"模式,在作业形式上,打破传统的考试方式考察同学的学习情况。在今后的作业设计中,还将使用更有创造力的作业形式,例如,抖音视频、喜马拉雅音频、知乎问题解答、哔哩哔哩 up 主专栏节目等,从而更大程度地丰富学生的学业形式,更多途径地展现学生的创造力。

课程的综合力培育主要体现在两个层面:一是形式上的综合性,学生可以将课堂与各类场馆相结合,高桥镇小学、立信附校、东昌中学均利用校内外场馆,将学生在课堂里学到的知识与课外的场景实践相融合;二是内容上的综合性,学生可以将各学科知识进行融合,如东昌中学的"走进金融博物馆"课程,融合了语文、历史、地理、政治、经济、数学等学科的相关知识。

第二节　高　中　篇

一、课程背景

近年来,国家多个部门陆续出台关于鼓励博物馆教育的相关政策文件,学校、博物馆和社会教育机构都积极开发博物馆课程资源。博物馆研旅行、博物馆综合实践活动等成为当前教育和文化领域的新潮流。博物馆具有完整、综合、系统的特点。国内很多高中在设计博物馆教育课程时强调开放性,依据学生的认知水平,按照符合学习规律的逻辑,为学校教育赋能。课程设计打破学科界限,突破展览局限,对博物馆展览主题进行重构,引导学生积极调动已有知识去发现新知,从"灌输知识"变为"激发思考和互动",促进深度学习,让博物馆与学生真正发生交流。

东昌中学在丰富的社会资源的支持下,于2013年9月开发了"走进金融博物馆"这门课程。"走进金融博物馆"课程是东昌中学金融素养培育核心圈课程。

二、课程目标

目标一:整合博物馆资源,学习金融常识。参观金融类博物馆,培养学生遵守博物馆参观规则、学会收集材料撰写微报告的能力;帮助学生利用一定的经济学、金融史常识,结合实践活动,加深对金融业的理解。

目标二:树立正确观念,培育金融素养。立足于对古往今来各类经济现象的认识,在复杂多变的金融世界中,树立起诚实守信的规则意识、勇于面对风险又能够理解收益与风险并存的风险意识。

目标三:加强探究实践,培育创造能力。以团队合作的方式,参照教师提供的金融类博物馆参观任务单,选择自己团队感兴趣的博物馆藏品一件,创作属于自己团队的金融短视频或者微报告。学生可以就一件藏品进行有效的搜集资料,整合金融历史,结合自己对相关藏品及金融历史的认知与理解,撰写微报告、制作演讲PPT或者视频拍摄。在这一过程中,探索未知领域,学习未知知识,形成全新理念,提升团队合作能力,树立责任意识。

三、课程内容

"走进金融博物馆"课程内容如表3-1所示。

表 3-1 东昌中学"走进金融博物馆"课程内容

	课 程 内 容	学 习 要 点
课程内容与教学活动安排	慕课学习：了解金融机构	1. 知道银行、券商的大致历史由来 2. 目前世界上比较著名的金融机构
	参观实践1： 货币类博物馆——东昌中学货币博物馆	1. 知道东昌中学货币博物馆共分为五个展区,每个展区的大致内容 2. 中国古代货币发展中的重要货币 3. 知道五套人民币发行的基本历史脉络 4. 知道熊猫币的产生与现状 5. 学会使用场馆内的电子仪器观察与鉴别人民币的真伪 6. 选择一件馆内藏品进行记录、探索、撰写微报告
	参观实践2： 银行类博物馆——银行博物馆或中国银行行史博物馆参观活动	1. 知道银行博物馆或者中国银行行史博物馆的基本情况 2. 知道银行业的基本发展脉络 3. 选择一件馆内藏品进行记录、探索、撰写微报告
	参观实践3： 证券类博物馆——证券博物馆或期货博物馆参观活动	1. 知道证券博物馆或者期货博物馆的基本情况 2. 知道证券业的基本发展脉络 3. 选择一件馆内藏品进行记录、探索、撰写微报告
	交流与评优：金融机构对社会与经济的影响	1. 学生能够自主进行团队写作,完成微报告 2. 学生能够在班级层面就已经完成的微报告进行演讲与评价

四、课程实施

东昌中学"走进金融博物馆"课程本着实践性原则、参与性原则和创造性原则,意在引导学生更近距离地感悟书本上的金融相关知识,以实践和团队交流的形式,进一步在课程中增长金融知识,培育金融素养和创造力。

（一）课程实施原则

在课程实施的过程中,实践性原则指的是学生将在慕课中学习的理论知识,通过场馆实地参观,将理论与实践结合起来,更深入地理解金融机构的相关知识。参与性原则指的是在走进东昌中学货币博物馆中,通过学生自主形成讲解团队的方式,让讲解团的学生们切身感受到博物馆讲解工作的乐趣,同时也从被动听讲转化为主动讲授的过程中,更深入地理解金融知识,提高金融意识。创造性原则指的是每个东昌的学生在走进校外金融博物馆的过程中,以团队形式,在对博物馆中的藏品撰写微报告、视频制作的研究中,创造性地提出自己的角度和观点。

（二）课程实施流程

"走进金融博物馆"课程实施过程如图 3-1 所示。

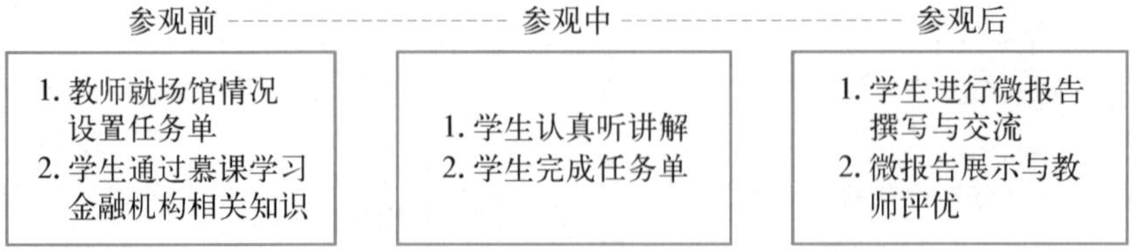

图 3-1　东昌中学走进金融博物馆创课程实施过程

下面以东昌中学"走进货币博物馆"课程为例，介绍实施过程。在"走进货币博物馆"课程中有两种实施方式：一种是作为参观者的基本流程，另一种是作为讲解员的基本流程。

1. 作为参观者的基本流程

步骤一：参观前准备工作。

学生先行分组，6 人一组，并选出组长。观看学校的慕课并预习东昌中学货币博物馆参观预览单任务内容（见表 3-2）。

表 3-2　东昌中学"走进博物馆"课程货币博物馆文物参观预览单

---

1. 货币藏品参观

目前博物馆中的货币藏品主要涉及五大类——金属货币、中国纸币、中国当代硬币、世界货币和货币衍生品，故分为五个展区。

（1）金属货币包括秦半两、汉五铢、开元通宝、崇宁通宝、清五帝钱、民国银元等六个朝代、八套货币。

（2）中国纸币包括第一套至第五套人民币全套货币、50 周年纪念币、航天币。

（3）中国当代硬币包括长城币、现流通货币、熊猫币等五套货币。

（4）世界货币包括世界各国纸币、世界各国流通币、英国皇家造币厂纪念币以及蒙古、库克、帕劳、白俄贵金属币。

（5）货币衍生品主要有上海造币厂宝钢纪念章和造币厂纪念章石膏模。

2. 电子设备使用

（1）学会使用电子显微镜观察第五套人民币。

（2）学会使用验钞机辨别第五套人民币真伪。

设计货币博物馆文物参观预览单的意图在于，能够让学生在心中有数的情况下，有目的性地去参观场馆，能够更快、更精准地抓住自己感兴趣的藏品，并在参观时可以有效地与场馆工作人员进行互动，更好地、更深入地探究货币的相关知识。

步骤二：参观中学习与记录。

学生根据学校提供的参观任务单（见表 3-3），跟随博物馆工作人员认真听讲，仔细记录，完成任务单上的任务。

表 3－3　东昌中学"走进博物馆"课程货币博物馆参观任务单

班级：		姓名：		学号：	
团队合作培育栏	团队成员姓名：				
	你在团队中的作用：				
金融知识培育栏	东昌中学货币博物馆内共有几个展区,分别为什么主题?				
	展馆内共有多少电子设备,分别有何功能?				
金融素养培育栏	如何分辨第五套人民币的真伪? 请你写出一种方式。				
创造力培育栏	展馆内哪一件展品令你们团队印象最为深刻? 请写出它的名称。				
	课后请对上述展品进行深度调查,介绍它的"前世今生"。				

　　货币博物馆参观任务单设计共分为五个部分:第一部分为基本信息,包括学生姓名、学号与班级;第二部分至第五部分,紧紧围绕课程目标设计,力图引导学生通过博物馆课程的学习,掌握金融知识,树立金融意识,培育金融素养,发展创造力。

步骤三:参观后资料整理与微报告撰写。

参观后请选择一件印象最为深刻的博物馆展品,通过网络、书籍、实地调查等方法,撰写一篇微报告。微报告的类型有两种:一类为藏品个案的研究性报告,另一类为与藏品相关的历史人物研究性报告。

微报告1——藏品研究性报告:参观过程中最引发你关注的内容(如展品的名字、年代、类别、功能等);参观学习的感受;根据参观内容,撰写研究性学习报告。

微报告2——历史人物研究性报告:通过参观研习,查找与参观内容相联系的一段历史,用文字介绍这段历史,并发表自己的相关看法;通过参观研习,查找与参观内容相联系的一个历史人物,用文字介绍他(她)与金融的关系,并发表自己的相关看法。

微报告格式见图3-2所示。

◇ 主标题:××××××(自拟)(三号,黑体,加粗,居中)
◇ 副标题:——××××××(小三号,黑体,加粗,居中)
◇ 高一( )班 姓名 (小四号,宋体,居中)
◇ 正文:小四号,宋体。
◇ 字数:600字以上。
◇ 页面设置:A4,行距:固定值20磅,页边距:上下左右均为2.8厘米。

图3-2 东昌中学"走进金融博物馆"课程微报告撰写格式

目前,已有三届学生参与过"走进金融博物馆"课程,多达1 500人次,现在以2022届学生1和学生2的微报告片段为例分别说明藏品研究性报告和历史人物研究性报告的撰写情况。

在位于东昌中学的货币博物馆,我们以第二套人民币开始对货币博物馆的了解,相较于我们现在使用的人民币尺寸,这一套货币的尺寸较小,这是缘于当时国家的局势以及时代的大背景。在消除战争给国民经济带来的影响后,在"一五"计划的过程中,工农业生产迅速发展,商品经济恢复和发展日趋稳定,国家决定通过发行第二套人民币来稳固独立统一的货币制度。较小的货币尺寸则体现了当时人民群众的生活还是较为艰苦的,国家的资源也较为匮乏,但我国有着文化自信和国内财政经济逐步稳定的趋势。相较于第一套人民币面额过大等不足之处,第二套人民币券别较小,多为五角一元。本套人民币中的分票,体现了新中国社会主义建设的新风貌,小面值的元券则表现了中国共产党革命的战斗历程,而较大的五元券和十元券则表现了各族人民大团结和工农联盟的主题思想。

——节选自学生1微报告《第二套人民币之我见》

今天参观了货币博物馆,其中我对秦半两的印象最为深刻。走入博物馆的大门,映入眼帘的是挂在墙上的古代贝币,再往前走就是泛着幽幽绿光但也莫名有着一股庄严气息的秦半两,总共四枚秦半两静静地躺在玻璃展柜内,圆形方孔的外观,代表着古人天圆地方的观念,这一枚枚被时间腐蚀的钱币也承载着历史的脉络。

秦半两是秦朝书同文、车同轨下的产物,也是秦统一六国后发行的统一的货币。在秦统一六国之前,各国钱币的形状不一,如铲币、刀币、环钱等,且只能在各自统辖的范围内流通;秦始皇在统一六国后,确定统一法律、度量衡、货币和文字,废止了战国后期六国旧钱,在战国秦半两钱的基础上加以改进,圆形方孔的秦半两钱在全国通行,结束了我国古代货币形状各异、重量悬殊的杂乱状态。

——节选自学生 2 微报告《秦始皇经济统一手段与秦半两的使用》

2. 作为讲解员参与课程的基本流程

1) "DC货币人"社团成立与人员招聘

学校拟定在学生群体中组建"DC货币人"社团,该社团主要人员包括社长、副社长与社员。社团主要的工作是运营与维护东昌中学货币博物馆,并以学生志愿者的身份,代表东昌中学货币博物馆参与东昌中学的各类展示活动。"DC货币人"社团架构如图 3-3 所示。

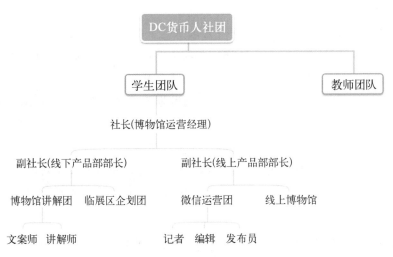

图 3-3 东昌中学"走进金融博物馆"课程"DC货币人"社团架构

具体来说,"DC货币人"社团社长 1 人,主要负责各部门人员招聘与安排事宜。副社长 2 人,即线上产品部部长与线下产品部部长,分别负责线上博物馆建设与线下博物馆活动。

线上产品部部长工作内容如下:了解并熟悉国内外金融类热点新闻;负责定期在微信公众号上发布货币博物馆新闻与货币小知识软文;负责审核电子屏信息整理;下辖微信运营团线上博物馆,均在建中。

线下产品部部长工作内容如下:了解并熟记博物馆展区介绍;负责培训博物馆讲解团讲解师负责审核;临时展区版面设计文案(一个学期一期);下辖博物馆讲解团和临展区企划团。

2)学生博物馆讲解团职前培训

自 2019 年学校成立货币博物馆讲解团以来,先后有 10 名学生加入,在社团指导教师张凌敏老师的培训下,学生在教师提供的母本的基础上,根据自己的情况,修改讲解词,以下为学生 3 作为讲解员时的个性化讲解稿节选。在学生讲解员撰写完讲解词后,可以在场馆内事先模拟练习讲解,以便今后为东昌学生和外校学生进行义务讲解,取得了良好的效果。学生在介绍货币博物馆馆藏的同时,既深入内化了金融知识,也发挥了每个人的创造性。

> 大家好,这是我们东昌中学去年才建成的货币博物馆,我是讲解员董亮君,首先在这块展板上印有"行以至诚"四个大字,这是我们东昌中学的校训,告诫我们行为要以诚待人。接下来将由我来带领大家领略中国上千年的货币历史。
>
> 首先看到的是我国最早的实物货币贝币,它是钱币的始祖,它的产生,标志着当时社会生产力的发展程度。(提问:有人知道它的出现时间吗?答:产生于距今四千年的夏朝)在原始物物交换阶段之后,可交换的商品日益增多。此时贝币出现,成为商品交换过程的中介。
>
> 随着商品交换的迅速发展,货币需求量越来越大,海贝已无法满足人们的需求,人们开始用铜仿制海贝。铜币这样的金属货币在古代中国的普遍使用是从春秋战国时期开始的。大家现在在这幅展板上看到的就是铜贝。
>
> 从春秋时期进入金属铸币阶段到战国时期已确立布币,有刀币、蚁鼻钱、环钱(圜钱)等。楚国铸币铜贝称蚁鼻钱,是由贝币演化而来。楚国除蚁鼻钱外,还有黄金称量货币,当然这种黄金货币并不直接在市面上流通,多为君王赏赐,作为收藏。现在楚国王陵的考古遗址中均有发现,样子就是大家在这块展板上看到的模样。
>
> ——节选自学生 3《东昌中学货币博物馆解说词》

3)学生讲解团参与活动

东昌中学货币博物馆学生讲解团自组建以来,主要参与过三次大型活动——2019 年东昌中学校园开放日活动、2019 年东昌中学面向周边初中开展的"一日金融人"活动、2021 年第五届上海高中生论坛"金融嘉年华活动"。

五、课程评价

东昌中学货币博物馆"最佳展品"演讲比赛活动,利用各班班会或者午休时间举行,通过学生互评的方式选出每班最优秀的小组。同学们以小组为单位,委派一名学生以演讲的形式,进行 5—8 分钟的交流,以说明博物馆参观及事后深度钻研的成果。互评方式为每组派出一名同学组成评委团,可以为其他小组打分,但不得为自己小组打分。最后汇总评分表,得分最高的小组即为优胜小组,名单送报校方,择日表彰。评价标准分为四个方面:任务表成情况、主题与内容、仪表与语言、表现形式与学术规范。评价标准要求如表 3-4 所示。

表3-4 东昌中学"走进金融博物馆"课程货币博物馆"最优展品"演讲比赛评价表

	任务表完成(30分) 全组全部完成即满分,少一人扣5分	主题与内容(25分) 围绕主题,内容充实,观点清晰,结合历史上的金融事件或人物展开	仪表与语言(25分) 仪表大方,表达清晰,逻辑合理	表现形式与学术规范(20分) 形式独特多样,研究方法规范	总分(100分)
第一组					
第二组					
第三组					
第四组					
第五组					
第六组					

六、课程成效

(一)课程建设完善

"走进金融博物馆"课程是东昌中学金融素养培育系列课程中的一门课程。本课程自2015年开设以来,不断增加可供学生进行参观与实践的校内外场馆,力图拓宽学生的视野和见识。在本课程不断完善的同时,也进一步丰富了东昌中学金融素养培育系列课程的内涵。

(二)学生能力成长

课程实施七年来,每一届学生都参与课程的学习,累计至今已有1500多名学生。课程立足于学生在校学习了较丰富的金融知识后,通过实践的方式,更深入地理解金融的知识、金融的历史,提升金融素养。

在高中生经济论坛、初中生一日金融人活动、上海高中生论坛活动中,东昌中学学生作为货币博物馆的讲解员,通过一次次的讲解,在自身金融知识得到拓展的同时也了解了货币所折射出的历史,对金融知识的理解又上升了一个层次。

七、课程思考

(一)自主学习方式的探索

在该课程的学习中,我们结合了博物馆资源,为学生提供了了解金融知识、感悟金融历史、培育金融素养的场所,是一种非常好的尝试。在以后的实践中,我们力求完成学生社团的制度化构建,更多依托学生社团组织和进行金融博物馆的参观与实践活动,更大程度地发挥学生的主观能动性。

（二）创造力培养

该课程需要学生提交600字左右的微报告作业,这种形式打破传统的仅以考试方式考察学生的学习情况。在今后的作业设计中,我们试图使用更有创造力的作业形式,如抖音视频、喜马拉雅音频、知乎问题解答、哔哩哔哩up主专栏节目等,从而更大程度地丰富学生的学业形式,更多途径地展现学生的创造力。

第三节　初　中　篇

一、课程背景

近几年,国家多个部门陆续出台关于鼓励博物馆教育的相关政策文件,学校、博物馆和社会教育机构都积极开发博物馆课程资源,上海中考改革也以"一依据、一结合"(依据初中学业水平考试,结合初中学生综合素质评价)为主要制度架构,旨在进一步破除唯分数论,促进学生全面发展,提高学生问题解决能力和实践创新素养。

为贯彻落实立德树人工程,发展学生核心素养,实现澧溪中学的育人目标——澧溪新时代君子,培养具有创新精神、实践能力、国际视野的新时代德智体美劳全面发展的社会主义合格建设者和可靠接班人,为此澧溪中学依托盟主校东昌中学的力量,结合自身特色,针对六、七、八年级不同年龄段、学习能力不同的学生开设"融创"课程。其中,"走进金融博物馆"自主选修课程是面向六、七年级学生的金融课程,即借助银行博物馆、期货博物馆、证券博物馆等金融类博物馆平台,以期通过参观展品、聆听讲解等方式,普及金融基础知识,进一步开阔学生的视野,丰富学生的社会实践,引导学生学习基本的金融知识,提高学生的规则意识、风险意识,培养健全的金钱观,培养学生合理使用、管理钱财的能力,发展学生的创造力,引导学生拥有较好的社会责任意识。

二、课程目标

目标一:依托博物馆资源,了解金融知识。通过带领学生参观主要的五个金融博物馆,普及金融基础知识,掌握并遵守博物馆参观礼仪,培养学生学会收集材料和撰写的能力,帮助学生利用一定金融史常识加深对金融行业的理解。

目标二:树立健全观念,培育金融素养。通过了解银行、货币等发展历史,使学生具备一定的金融常识,更要重点帮助学生树立健全的金钱价值观,拥有规则意识与风险意识。

目标三:结合实践探究,激发创造能力。本课程的作品呈现方式以团队合作为主体,学生依据自身情况,根据参观过程中学到的知识和自身所思所感,结合事先搜集整理的资料,选择自己或团队感兴趣的博物馆藏品,创作自己的金融报告。在这个过程中学生整合信息的能力会得到提升,并且在考虑如何呈现时又能激发、提高学生的创造力,形成自己对金融的认知体系。

三、课程内容

"走进金融博物馆"课程主要开设于六、七年级。通过线上学习、实地考察、撰写与交流三个环节的活动,引导学生了解基础金融知识、金融历史,锻炼学生自主收集信息、撰写报告的能力(见表3-5)。

表3-5 澧溪中学"走进金融博物馆"课程内容安排

<table>
<tr><td colspan="2">课 程 内 容</td><td>学 习 要 点</td></tr>
<tr><td rowspan="3">课程内容与教学活动安排</td><td>线上学习:
收看慕课,了解金融机构</td><td>1. 知道金融机构的具体分类
2. 知道不同类型金融机构的基本功能
3. 知道银行、券商的大致历史由来
4. 知道目前世界上比较著名的金融机构名称</td></tr>
<tr><td>实地考察:
对金融类博物馆进行参观</td><td>1. 参观前,学生通过自主查找网络资源,了解金融类博物馆的背景,如上海银行博物馆、货币博物馆、期货博物馆、证券博物馆等。收集资料进行整理,生成自己想询问、探究的问题
2. 参观时,学生认真观察文物,可对其进行摄影、笔录</td></tr>
<tr><td>撰写与交流:
形成一份观后感和金融博物馆调查报告</td><td>1. 学生能够自主进行写作,完成微报告
2. 学生能够在班级层面就已经完成的报告进行交流</td></tr>
</table>

四、课程实施

澧溪中学"走进金融博物馆"课程采用基础理论知识学习和实地参观相结合的方式来开设,激发学生对金融知识的兴趣,使学生对金融历史有更深的了解,进一步在课程学习中增长金融知识,从而更好地培养学生的金融素养和创造力。

(一)线上学习

学生利用网络资源,线上观看相关慕课,了解基础的金融知识,并做好相关内容的记录与整理。

(二)实地考察

(1)学生自主招募团队成员,通过自主查找网络资源,了解金融类博物馆的背景,如上海银行博物馆、货币博物馆、期货博物馆、证券博物馆等,收集资料,进行整理。

(2)学生实地考察上海博物馆,根据学校提供的参观任务单(见表3-6),跟随博物馆工作人员认真听讲,仔细记录,完成任务单上的任务。在参观时认真观察文物、进行摄影、记录,了解银行、货币等金融方面的发展历史,对基础金融知识有一定的认识,为形成正确金钱观念,学会合理使用金钱做好准备。

表3-6 澧溪中学"走进金融博物馆"课程金融博物馆参观任务单

班级:	姓名:	学号:
团队合作培育栏	团队成员姓名:	
	你在团队中的作用:	
金融知识培育栏	博物馆内共有几个展区,分别为什么主题?	
	你最喜欢哪个展区,它有何特色?你从中学到了什么金融知识?	
金融素养培育栏	我们如何辨认钱币真假?试着写出一些鉴定方法。	
创造力培育栏	展馆内哪一件展品令你的团队印象最为深刻?请写出它的名称。	
	请课后对上述展品进行深度调查,介绍它的"前世今生"。	

"澧溪中学金融博物馆参观任务单"设计共分为五个部分:第一部分为基本信息,包括学生姓名、学号与班级;第二部分至第五部分,力图引导学生通过博物馆的参观学习,知晓金融知识、培育金融素养、发展创造力。

(三)生成报告

学生依据慕课学习的知识和参观前所查阅的资料,结合参观过程中的所见所闻,完成以下微报告,微报告的格式要求如图3-4所示。

微报告1——观后感:在实地参观博物馆的过程中最关注的内容,如展品的名字、年代、类别、功能等,结合从慕课中学到的金融知识,谈谈对本次参观有何感受、想法,这些金融知识对我们如今的生活有何帮助与启发。

微报告2——金融博物馆调查报告:参观结束后,查找与参观内容相关的历史事件人物或博物馆中的文物,并对其进行介绍和评价。

◇ 主标题：××××××（自拟）（三号，黑体，加粗，居中）
◇ 副标题：——××××××（小三号，黑体，加粗，居中）
◇ 初一（ ）班 姓名 （小四号，宋体，居中）
◇ 正文：小四号，宋体，
◇ 字数：600 字以上。
◇ 页面设置：A4，行距：固定值 20 磅，页边距：上下左右均为 2.8 厘米。

图 3-4 澧溪中学"走进金融博物馆"课程微报告撰写格式

目前，先后已有三届学生参与过"走进金融博物馆"课程。以 2023 届学生 1 和 2025 届学生 2 的报告片段为例，分别说明观后感和文物研究性微报告的撰写情况。

博物馆一共分为三个展区，最令我印象深刻的就是货币展区了。里面陈列了银锭、包金贝、空首布等形状特殊的金属货币，并配有关于货币的历史讲解文字等。众所周知，中国是世界上最早使用货币的国家之一，使用货币的历史长达五千年之久。但很少有人知道，中国古代货币在形成和发展的过程中，先后经历了五次极为重大的演变：自然货币向人工货币的演变，由杂乱形状向统一形状的演变，由地方铸币向中央铸币的演变，由文书重量向通宝、元宝的演变，金属货币向纸币"交子"的演变。中国从春秋时期进入金属铸币阶段到战国时期已确立布币、刀货、蚁鼻钱、环钱四大货币体系。以后又经历了秦、汉、魏晋南北朝、隋、唐，直到 1948 年 12 月 1 日，中国人民银行成立并发行第一套人民币。相对于最初物与物的交换方式，金属货币省去了交换物品价值不对等的麻烦，体积也更小，但携带不便，从而退出了历史舞台……我们无法再现以物换物的过程，我们也无法了解用包金贝购物，我们更无法到钱庄取款。对于金融的历史，我们可以说是一无所知的，但是这也正是我们所不能遗忘的，我们现在所享受这些优质的条件，都是一辈一辈人通过不断的积累和实践创造的。这座坐落在上海陆家嘴的金融城，四面环绕着高大的写字楼和商业化的大厦。谁曾想，几十年前的这里还是一片荒芜呢？它见证了时代的兴衰，见证了上海的繁荣变迁，迎接着一代又一代人了解金融、走进金融。现代社会对金融抱有的高度热情也证明了：经济的发展离不开金融。

——节选自学生 1 观后感《参观金融博物馆观后感》

在货币数千年发展史上，绝大部分时间内都是保持商品实物货币的形态，但其具体表现形态却是在不断演化和提升的，从特殊的贝壳、骨头、羽毛、石头以及食盐、谷物等不同的物质，最后集中到黄金、青铜、白银等贵金属上。直到废除金属本位制，纸币彻底脱离金属实物之后，货币才从实物商品货币转化为形式货币，实现了货币发展史上极其深刻的飞跃与裂变……从以上的货币形式来看，货币发展呈现出"自然实物货币—规制化金属货币—金属本位纸币—国家信用货币—数字货币"的演变轨迹。也许未来人们大多会使用数字货币进行支付，这个过程中也许会出现不同的形式，但是我国的未来国家的支付管理将更高级、精密、安全与便捷，而且将成为主流。如今，我国已经推出了数字人民币，这将让我们的生活更加数字化、智能化。以后，这些不同的电子货币将真正成为不可缺少的全球货币。

——节选自学生2文物研究性微报告《货币从古至今的演变》

五、课程评价

澧溪中学"走进金融博物馆"课题报告评价活动,学生以小组为单位制作PPT介绍此次课题完成情况,并展示自己的调查报告,时间为5分钟。之后学生进行答辩,时间为5分钟,由课程负责教师组织进行。最后通过学生互评的方式选出心目中最优秀的两个小组。

互评方式如下:每组抽取一名同学按照评价表为其他小组打分(不得为自己小组打分),最后汇总评价表,得分最高者为优胜组。评价标准分为三个方面:主题与内容、语言表达、表现形式与学术规范。评价标准如表3-7所示。

表3-7　澧溪中学"走进金融博物馆"课题报告展示评价表

	主题与内容(35分) 围绕主题,内容充实,观点清晰,结合历史上的金融事件或人物展开	语言表达(35分) 仪表大方,表达清晰,逻辑合理	表现形式与学术规范(30分) 形式独特多样,研究方法规范	总分 (100分)
第一组				
第二组				
第三组				
第四组				
第五组				
第六组				

同时,为有效地观察评估每位学生在课程学习中的成长情况,我们将学生在课程中的参与课程积极性、主动思考能力、团队沟通和合作能力、金融知识的理解程度、语言及表达能力、创新创造力进行全方位的整合,以优秀、良好、需努力三个层次作为评价标准,通过自我评价、小组成员互评、教师评价、家长评价和总评共五个方面,形成完整的综合评价(见表3-8),让学生、教师、家长都能对学生学习成长情况有具体明确的认知。

表3-8　澧溪中学"走进金融博物馆"课程综合评分表

班级:　　　　　　　　　　　姓名:							
评价指标	优秀 (15—20分)	良好 (10—15分)	需努力 (0—10分)	自我评价	小组成员互评	教师评价	家长评价
参与程度	积极参加课程的各项活动,独立完成任务的同时还能带动其他同学一起参与	参与态度较好,在同学和家长的督促下能够参加各项活动	需要教师和家长一对一地督促才能参与活动				

续 表

评价指标	优秀 （15—20分）	良好 （10—15分）	需努力 （0—10分）	自我评价	小组成员互评	教师评价	家长评价
自主思考	能够独立思考、自主学习，具有主动发现问题、分析问题、解决问题的能力	在教师的引导下，具有发现问题、分析问题的能力，但还不能解决问题	缺乏学习的主动性，需要老师和家长的监督才能发现问题				
沟通交流	能够有效地和组员进行沟通，正确表达自己想法的同时有一定的组织协调能力	能基本表达自己的想法，在组内和同学能正常沟通交流	口头表达能力还需要提高，能听懂组员的表达，但还不具备正确表达的能力				
金融知识	对课程中金融知识点全部掌握，能在实际生活中运用相关知识，并有自己独立的见解	对于课程中金融知识基本掌握，能理解实际生活中的金融问题，有一些自己的见解	对于课程中金融知识点比较模糊，不太理解实际生活中的金融问题，还没有形成自己的见解				
作品创意	作品具有一定的个性化和创新，与众不同，让人眼前一亮	能完成相应作品，具有一定的美观性和个性化，但创新不足	能少量完成作品，但平平无奇，还不具备个性化和创新				
总　评							

六、课程成效

该课程从实施至今已有三年的时间，每一届学生都参与课程的学习。课程立足在学生具备大量基础金融知识后，通过实践的方式，更深入地理解金融知识，了解金融历史，有利于提高学生金融素养，提升学生提取信息、写作的能力。在课程学习中以学生为主体，调动学生的自主学习兴趣，强调学生在课程中的深度参与、探究的主体地位，注重学生创新能力和探索精神的培养。教师在学生遇到困难时引导、指导学生，给予适当的指导，帮助学生更好地完成学习。

以2023届学生1和学生2的课程报告片段为例，分别说明学生在学习该课程过程中的感悟与收获。

一个国家的货币就是一张世界名片。上了"名片"的人物大都不是一般的人物，他们有的是领袖、总统、政要界人士，有的是著名的政治家、科学家或者艺术家等，在这些重量级大人物背后都有着一个个动人的故事。带着好奇之心我试图通过互联网去探寻货币背后的故事……对玛莎的印象我们现在只能停留在华盛顿夫人这样一个身份标签上,她早年的美貌与财富其实早已被掩盖在丈夫的成就背后,仿佛只是毫不起眼的陪衬。但这位传奇女性在人人皆知的独立战争时期,每年冬天不论路途如何遥远,她都要千里迢迢,赶赴各地与丈夫相聚。她一路长途跋涉,还要提防天花、疟疾等各类传染病的肆虐。在军营里,她担任丈夫的私人秘书,邀请军官们参加晚上的派对,并组织其他妇女一起给军人缝补衣服。传闻华盛顿夫人慷慨善良,在士气低落、前途渺茫的时候,夫人开办的茶会、晚宴、派对和美味的食物,以及女人们的缝缝补补,给漫长的寒冬增添了一点活力和士气,正是这位默默无闻的妻子成就了杰出的华盛顿!

货币与金融息息相关,它们不仅是人们先行交易的流通工具,更隐藏着一个又一个的故事,它们是我们研究历史人物、更好地了解金融相关知识的窗口媒介,其价值和意义值得大家去追寻与探索!

——节选自学生 1 文物研究性微报告《一美元上的人物:从总统夫人到开国总统》

1948 年底,以当时三大解放区的华北银行、北海银行、西北农民银行为基础合并成立的中国人民银行,发行全国解放区流通的中国人民银行券,这是最早的人民币。当时,战争还在进行,政府根据战争需求不断印钞,支付给各级军队和组织。相关数据显示,当时人民币发行总额约为 184 亿元。1949 年 4 月,发行 607 亿元;1949 年 6 月底,发行总额已达到 2 800 亿元;1950 年初,货币发行总额已达 4.91 万亿元。多么惊人的变化!不到两年时间,国内十三个大城市以人民币计价的物价批发指数上涨了约 91 倍。1949 年,人民币最大面额为 50 元,到了 1950 年,最大面额已变成 10 000元。1953 年,人民币最大面额变为 50 000 元,这年 12 月,货币发行总额为 147 万亿元。多么恐怖的数字。近四年就已经翻了 1 000 倍。1954 年 12 月,人民币发行量已达到 193.7 万亿元。近六年货币发行总额已经增长约 10 000 倍。

如此做会导致什么问题呢? 这要牵扯到一个名词,关于金融的,叫作"通货膨胀"。

通货膨胀会造成物价上涨,一国货币贬值,简称通胀(以下基本简称"通胀"),温和的通货膨胀会促进消费,有利于社会经济发展。关于通货膨胀,在此不过多赘述。总之,在那时候,通货膨胀已经到了非常严重的地步了……最近(2020 年)几年,广义人民币供应量增速越来越缓慢。以当前的经济发展状况来看,广义货币总量比增速更重要,而这几年的广义货币供应量增速只有 8.5% 左右,照这么发展下去,若当前社会普遍利率超过 8.5%,那就会造成通缩,通缩可不比轻微严重的通胀难解决。央行和政府希望,通过压低利率来促进经济发展,结束通缩,回到轻微通胀。

人民币从过去到现在,一直改变着我们的生活。它很奇妙,影响着整个国家的经济发展。再看未来,它的发行量甚至能达到百万亿级、千万亿级……它是我们生活中十分重要的东西,我们应该学会了解它,利用它,探索更多与金融与经济相关的内容。

——节选自学生 2 文物研究性微报告《人民币发展历程》

七、课程思考

在整个学习指导过程中,学生是学习的主体。学习该课程时,大部分学生面对的是一个并不熟悉的领域,在这过程中遇到各种挑战,教师应给予一定的指导,调动学生自主学习的兴趣,培养他们思考、分析、表达、创造的能力。

学生对金融博物馆的实地参观有助于他们更好地理解相关知识,完成课题研究的内容。即使因为疫情无法实地考察,借由发达的互联网和丰富的线上课程内容,同样能够让学生了解金融知识。而创新能力方面的培养主要表现在学生自己整理收集资料,组织语言并将其落实成文字进行分析、表达。

同时,学生在进行成果展示的时候,制作PPT并进行自主答辩,可以进一步培养学生的语言组织能力与自信心。一系列措施实施下来,学生的逻辑思维和语言表达能力会有较大的提升。学生可以跳出传统授课模式,结合在学校中学习的基础课程知识,提升自己的知识储备与运用能力。在这一过程中,通过思考过去的历史对今天有何帮助启发,引导学生养成对现实问题的思考习惯,使学生的金融意识得到提升,达到金融素养培育的目标。

第四节 小 学 篇 Ⅰ

一、课程背景

长期以来,博物馆的建设与利用一直被世界各国视为本国文化建设与发展的重点工作之一。随着现代社会文化与教育的发展,我国文化建设速度与规模的加大,人们逐渐意识到博物馆教育功能的重要性,对其提升教育功能的认识与诉求日益加强。

国务院于2005年发布的《国务院关于加强文化遗产保护的通知》提出,教育部门要将优秀文化遗产内容和文化遗产保护知识纳入教学计划,编入教材,组织参观学习活动,激发青少年热爱祖国优秀传统文化的热情。这为博物馆通过馆校合作方式开展优秀传统文化教育活动提供了依据,有助于博物馆更好地发挥其社会教育职能。改革开放以来,部分博物馆在馆校合作中已建立起长效机制,积累起丰富的教育活动经验,馆内拥有类型纷呈的实物藏品,其视觉化、生动性和体验感等特点能很好地吸引学生。

立信附校在东昌中学"走进金融博物馆"课程的基础上,依托高校资源,建设保险体验馆、银行体验馆、证券体验馆三大体验馆,"走进金融博物馆"课程通过普及金融知识和实践体验,激发学生对金融的兴趣,引导学生树立正确的财富观念,养成良好的财富管理习惯,培育金融素养,激发学生的创造力,实现小学"播下金融的种子"、初中"培育金融的苗子"的培育目标,孕育未来的金融人才。

二、课程目标

目标一:馆与书相结合,掌握金融知识。通过校财商读本学习,走进学校体验馆,开展展馆参观、互动体验等实践活动,了解保险、银行和证券的发展历史。

目标二:互动实践体验,培育综合素养。通过实践类互动体验,深化对金融知识的认知,以项目化学习的方式培养学生对金融知识的兴趣,树立诚信思维、规则意识,培养风险意识、创新意识,培育金融素养,提高规划力、判断力、协作力、创新力以及感恩与爱的多维综合能力。

目标三:重视分享交流,提高创造能力。在过程中建立重视合作且安全积极的氛围,重视生生、师生之间的交流、分享与引导,设计与创造力培养目标相匹配的教学策略或思维工具,激发学生的创造力,实现小学"播下金融的种子"、初中"培育金融的苗子"的培育目标,孕育未来的金融人才。

三、课程内容

"走进金融博物馆"课程一般小学开设在四年级第二学期至五年级第一学期。通过微课学习、场馆体验、合作交流等环节进行活动,以提升学生金融素养,提升学生的创新能力为目标,两校充分利用双方的优势,整合资源提供学生观察真实世界的窗口,尽量让学生在真实世界中体悟金融知识、提升金融素养和创造力(见表3-9)。

表3-9 立信附校"走进金融博物馆"课程内容安排

	课 程 内 容	学 习 要 点
课程内容与教学活动安排	读本学习: 走进金融人物	1. 了解国内外著名的金融人物 2. 观看上海立信会计金融学院财商读本系列专题片 3. 财商读本学习
	参观实践1: 保险类博物馆——立信附校保险体验馆(高行校区)	1. 参观立信附校保险体验馆(高行校区) 2. 了解保险的发展史 3. 体验金融保险游戏棋"我的一生",体验保险的重要性 4. 学会根据实际情况对保险进行分析,体验投保过程,完成项目化学习单
	参观实践2: 银行类博物馆——立信附校银行体验馆(东陆校区)	1. 参观立信附校银行体验馆(东陆校区) 2. 了解银行的发展史 3. 体验银行存钱、取钱等基本功能 4. 分析交流,认识到银行的重要性,完成项目化学习单
	参观实践3: 证券类博物馆——立信附校证券体验馆(证大校区)	1. 参观立信附校证券体验馆(东陆校区) 2. 通过机器人介绍,了解证券的发展史 3. 借助金融数据端宏观了解股票、基金等运行模式,对"产业链"有初步的认识 4. 在个股展示区模拟炒股,学会分析和预判 5. 积极进行互动交流和展示,完成《立信附校社会实践活动记录卡》
	交流与评价: "小金库"精打细算	1. 学会记录"小金库"的日常收入和支出,第四周上交当月财务报表 2. 广泛运用所学知识,以小组为单位选择合适的方式对"小金库"进行投资理财,为期一个月 3. 回顾与评价:交流理财报告及各小组盈亏情况,初步形成项目化学习报告了,并分学段分年级交流学习报告

四、课程实施

学校"走进金融博物馆"课程通过普及金融知识和实践体验,激发学生对金融的兴趣,沉浸式提高小学生金融素养水平。

（一）课程实施原则

在课程实施的过程中,学校重视以下几点:

（1）围绕学校财商读本,夯实基础,发展核心能力。学校利用大学附属优势,充分利用高校师资的理论和实务经验以及中小学一线教师的教学经验,设计适合学生年龄学段的金融知识。

（2）紧扣现实生活,设计高沉浸式实践活动。学校将读本知识与活动结合,设计互动性较高的实践活动,推动学生对金融知识的深刻理解。

（3）发掘学生的创造力。以项目化学习方式展开,在小组活动中注重交流与分享,开发学生的创造力。

（二）课程实施流程

学校"走进金融博物馆"课程以项目化学习的方式开展实践活动,在项目准备阶段提出主题,在项目执行阶段以小组为单位进行项目化学习,引导学生分享交流项目过程,评价总结积累经验。课程实施过程如图3-5所示。

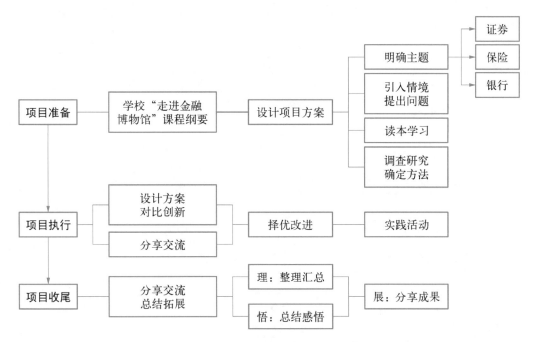

图3-5 立信附校"走进金融博物馆"课程实施过程

下面以课程中"参观实践3:证券类博物馆——立信附校证券体验馆（证大校区）"课程为例介绍实施过程。证券体验馆课程分为读本学习、场馆参观、实践体验三大板块。

1. 项目准备

1) 读本学习

学习读本《相对价格分析》中《谁会投资吗?——为你的商机融资》和《常见的金融机构》中《活动六　证券交易所》等课,初步了解基本知识,并引导学生提出自己的困惑与疑问。

2) 小组合作与分工

学生以 4—6 人为一组,并合理分工,汇总小组问题,填写《立信附校"走进金融博物院"证券体验馆小组参观记录表》(见表 3-10)中相关内容。学生可以在充分交流的基础上,提前解决某些问题,并带着深思熟虑的问题有目的地参观场馆,提高活动的有效性。

表 3-10　立信附校"走进金融博物馆"证券体验馆小组参观记录表

小组组名		
小组成员	姓　　名	分　　工
小组问题		
小组所见		
小组感悟		

2. 项目执行

1) 参观与记录

学生完成参观任务并填写《立信附校"走进金融博物馆"个人探究单》(见表 3-11),最后小组交流讨论,将小组所见与小组感悟汇总在《立信附校"走进金融博物馆"证券体验馆小组参观记录表》中。

表 3 - 11 立信附校"走进金融博物馆"个人探究单

小组组名		姓 名		分 工	
参观所见	1. 你一共参观了哪些展区？ 2. 最吸引你的是什么内容？				
解决的疑问					
知识拓展	对于参观所了解的知识，课后你有什么更深的了解？				

《立信附校"走进金融博物馆"个人探究单》旨在引导学生结合自己的实际问题去有目的地参观体验馆。参观后先将个人探究单在组内交流，其后汇总在《立信附校"走进金融博物馆"证券体验馆小组参观记录表》中，进行小组交流。学生在学习的过程思考、解决问题，甚至自己发现一些规律，这一过程不仅充实了学生的金融知识，其创新能力也得到了锻炼。

2）实践与体验

在实践部分，设计两大互动活动：

活动一：借助金融数据端宏观了解股票、基金等运行模式，对行业有初步的认识。

活动二：在个股展示区模拟炒股，初步了解、分析及预判。利用场馆中模拟炒股功能，组织学生体验一次模拟炒股，并交流感受。

3. 项目收尾

参观后的理与悟。分享交流后根据个人的选择进行拓展研究填写《立信附校"走进金融博物馆"项目化个人学习报告》（见表 3 - 12）。

表 3 - 12 立信附校"走进金融博物馆"项目化个人学习报告

班 级		姓 名	
最吸引我的内容			
参观感受			
后续收集到的相关内容			

　　《立信附校"走进金融博物馆"项目化个人学习报告》要求学生广泛运用各学科知识,在参观、体验、交流后针对参观或体验环节撰写个人学习报告,并能有所拓展。下面列举学生1和学生2个人报告片段,分别说明参观类个人学习报告与体验类个人学习报告的撰写情况。

　　参观感受:虽然现在的金融体验馆还不算十分完善,但体验一番下来也感觉到了各种趣味性。最先注意的肯定就是那个足有我半身高的智能机器人了,近身上前注意还能看到它面部的表情变化,令我感到新奇。其次,身后的大屏幕实时变化着市场上的股票,对于一个对股票一窍不通的人来说,我看到的只是最浅显的那数十个有红有绿的线条,虽说是根本不明白但也激起了我对股票的好奇心。再然后就是最吸引我的游戏体验环节。依靠大屏幕以及空出的一大片位置便可进行游戏,让我着实大开眼界。本次参观总体也使我对金融方面的知识更加有认识,激发了我对此类话题的兴趣。

　　后续收集的相关内容:"熊市"&"牛市"解释:熊市是指股票行情偏淡且延续时间较长的一个大跌市;牛市是指市场行情普遍看涨且延续时间较长的一个大升市。熊市和牛市都是代表股票市场行情的一种表述形式,简单理解,就是熊市指跌,牛市指涨。影响熊市和牛市的因素有市场经济、政治政策等,这些都会使股票行市发生起伏波动的一个巨大变动。

　　　　　　　　　　　　　　　　　　——节选自学生1微报告《"熊市"&"牛市"》

　　最吸引我的内容:参观过程中,最吸引我的是游戏体验区。这种通过人体感应的游戏方式对我来说十分新颖。有趣的游戏内容、五彩的画面、新鲜感十足的游戏方式,没有一刻不在吸引着我。

　　参观感受:这次参观,对我来说处处都很吸引人。在参观中,我见到了许多我没有见过的东西。我明白了新中国成立以来金融发展的博大精深;了解了我之前未曾听说过的股票;看到了吸引人的游戏。这些多多少少都让我了解到了什么是金融,让我明白了金融在各个方面的重要性,让我知道了金融无处不在,让我看到了金融的力量。这次参观向我普及了金融知识,传递了金融理念,让我看到了金融与科技的结合,让我更加关注各方面的金融问题。这次参观,我受益匪浅。

　　　　　　　　　　　　　　　　　　　　——节选自学生2微报告《金融无处不在》

五、课程评价

　　学校"走进金融博物馆"课程注重内容的全面性与多元性,在设计评价时借鉴比尔卢卡斯教授的创造力评价方法,考虑评价的改进和激励功能,结合课程项目的内容特点,确定项目设计的评价范围与评价内容。评价分为小组评价(见表3-13)与学生个人报告评价。小组评价利用财商课举行,以小组为单位进行交流并答疑,最后选出优秀小组作品并展示。学生个人报告评价则通过互评(50%)、自评(30%)及导师评价(20%)的方式进行,选出"最佳合伙人奖"和"最具潜力投资人奖"若干,结合学校德育"金融与理财"主题,利用升旗仪式或校会,颁发奖状以资鼓励,并请获奖代表交流经验和不足,进一步提高全体学生的金融素养和团队意识。

表3-13 立信附校"走进金融博物馆"课程证券体验馆实践活动小组评价表

	小组参观记录表完成度 （40分）	项目内容 （30分）	分享交流 （15分）	答疑环节 （15分）
评价标准	1. 完成是40分 2. 少一板块扣10分	1. 围绕主题 2. 内容真实 3. 观点正确	1. 表达流利 2. 言辞合理 3. 仪态端庄	1. 观点自洽 2. 表达流利 3. 仪态端庄
第一组				
第二组				
第三组				
第四组				
第五组				

六、课程成效

（一）顺应时代需求，优化课程架构

金融是现代经济的核心，不仅关系到国家的生存与发展，也关系到我们日常的工作、学习和生活。现在全球进入信息化时代，我们的生活与金融业务越来越密切，但同时金融风险也在增加。作为新时代的中学生，关注、了解、掌握金融知识，不仅可以提高自身素质，而且可以达到规避风险、科学合法处理金融事务的目的，更是学生适应未来与社会发展的需要。

"走进金融博物馆"课程是立信附校金融素养培育系列课程中的一门课程。本课程自开设以来，将课程的设计与开发作为培养初中阶段高年级学生跨学科学习、培养学生创造力的极富价值的良好契机，着重关注学生的学习与审辨能力，引导学生不断发现问题、提出问题，不断精进自己的创新想法，走出了"准备、执行、收尾、评价"的"快四步"。学校优化实施策略，以更本真、更融合、更放松的方式，决定课程方向和进程，满足每位学生的需求，让课程具有特色。

（二）依托真实事件，实现个性化发展

在课程的设计方面，以生活背景和生活事件为主题，以学生视角创设真实生活的学习场景，让学生在项目中解决问题，在实践中增长经验，带来乐趣、挑战、想象、专注、快乐和经验，成为学习与发展的"活力源泉"，具有生命力。

在课程的实施方面，注重调动和利用学生已有的经验，结合学生现实生活中实际存在的问题来展开，将金融素养培育的内涵融入学生培养目标，希望通过金融素养这个教育支点，撬起学生全面素质的提升，培养诚信意识、规则意识，满足学生共性发展的基础上实现个性特色发展。

（三）从"创造力教育"转向"创造力学习"，推动一体化发展

课程鼓励学生从具体实践中发现自己感兴趣的学习内容或项目，设定适合自己的学

习目标,教师基于真实情境开发一系列能够激发学生好奇心、使命感和创造性的驱动性问题,为学生创造力培养与发展提供脚手架,通过提供多种指向学生创造力培养的学习设计、学与教的策略、评价量规等,推动学、教、评一体化实施,进而实现学生创新能力、教师创造力培养能力的协调发展。

七、课程思考

(一)学生创新思维的进一步引导与培育

金融本身就需要学生去了解真实变化的世界:银行、证券、保险是如何诞生的?一只股票如何成功上市?银行机构是如何运作的?所有的这些问题在生活中处处可见,而且答案多种多样,绝不唯一……"走进金融博物馆"课程可以在问题的观察和学习探索中,进一步培养学生的创新能力和独立思考的能力,如引导学生去思考有关金融的核心问题"社会经济运转的本质要素有哪些""金融活动的主要要素和根本作用是什么"等。

(二)项目成果的实践意义

现阶段课程成果以小组参观记录表与学生个人报告为主,如何将学生成果转化为更有实践价值的方式是接下来我们即将改进的部分。

第五节　小　学　篇　Ⅱ

一、课程背景

博物馆面向整个社会,它的展览和其他教育活动与社会历史、社会环境、自然环境、社会政治、经济、科学、文化以及人们的生产、生活、娱乐等有着密切的联系。因此,它既能吸引小学生参观,又能满足他们追求各方面知识的兴趣,在进行低龄学生教育方面,具有明显的优越性,被誉为没有围墙的社会大学。博物馆协助学校教育,已成为校外教育的第二课堂,其中基本陈列的介绍中加入了适合中、小学生参观的解说词,使他们能结合陈列的内容巩固所学的知识。博物馆除组织学生参观外,还指导他们进行社会调查、采集标本、实验制作或其他富有教育意义的活动,以增长学生的课外知识。每年假期,学校可以为学生安排活动,包括组织适合学生参观博物馆的专题展览、组织电影专场和各种知识竞赛活动,使学生了解并利用博物馆里的陈列,更好地辅助学校对学生进行教育。

在东昌中学提供的"走进金融博物馆"课程基础上,高桥镇小学于2021年开始研发"走进金融博物馆"课程。作为学校综合课程"我学金融"第五单元"认识风险"章节的一项社会实践活动,学生在掌握该单元课程内容的基础上,结合参与学校金融社团(资本的故事、金融人士进校园、股票研究会等)的经验,为开展探究活动储备知识。

二、课程目标

目标一:在实践中学习知识。通过参观中国证券博物馆、银行博物馆、中国银行行史博物馆等金融博物馆,了解银行、证券和货币的发展历史以及金融博物馆的基本金融知识。

目标二:在实践中形成价值观。通过走进各类金融博物馆,开展参观、讲解等实践活动,树立诚信意识、规则意识,培养风险意识、创新意识,形成合理使用财富的价值观。

目标三:在实践中增长创造力。通过参观前查阅相关资料,参观时倾听讲解和观看研习,参观后完成研习任务单等活动,培养学生对金融知识的兴趣,树立正确的金融理念,从而提升学生自主探究的能力,激发学生的创造力。

三、课程内容

"走进金融博物馆"课程在四年级学生中开设,一般安排在四年级第二学期末进行。此时学生已掌握"认识风险"课程,学习了诸如"认识风险""风险防控""守信与失信""博物馆参观须知和日记撰写"等章节。通过课程学习、参观实践、团队交流三个环节的活动之后,引导学生进一步了解金融机构、金融知识、金融历史,并锻炼学生自主探究问题的能力,最终通过不同形式的参观日志的展现来达成培养创造力的目的。

该课程基于东昌中学提供的"走进金融博物馆"课程研发,考虑到小学生资金量较少、心智不太成熟,而且没有稳定的收入来源,所以轻易尝试股票、基金等市场上的理财投资行为可能会存在一定的风险,最适合小学生投资的是他们自己,而且小学阶段应培养的是小学生的金融素养而非简单的金融行为,所以在课程内容安排时遵循了循序渐进的原则(见表3-14)。

表3-14 高桥镇小学"走进金融博物馆"课程内容安排

	课 程 内 容	学 习 要 点
课程内容与教学活动安排	1. 认识风险	1. 风险的三个层次 2. 风险的不确定性 3. 具备风险意识
	2. 风险防控	1. 互联网时代风险 2. 保险意识 3. 保险种类
	3. 守信与失信	1. 信用的作用 2. 诚信是最宝贵的财富 3. 失信的后果
	4. 金融博物馆参观须知和参观日志撰写	1. 参观前准备 2. 参观中注意事项 　(1)线下参观方式 　(2)线上参观方式 3. 参观日志的撰写
	5. 参观实践: 参观金融博物馆,撰写参观日志,完成作品,形式不限	1. 知道证券博物馆或期货博物馆的基本情况 2. 选择一件馆内藏品进行记录、探索、撰写微报告 3. 通过实践活动,学习撰写参观日记,把金融知识记载下来,多加学习,变成属于自己的金融认识

四、课程实施

课程本着实践性原则、创造性原则、育人性原则三大原则,在四年级第二学期中开展。通过课程学习与走进各类金融博物馆,开展参观、讲解等实践活动,了解银行、证券和货币的发展历史,树立诚信意识、规则意识,培养风险意识、创新意识,形成合理使用财富的价值观。

(一)课程实施原则

在课程实施过程中,始终遵从以下原则:

一是实践性原则。一切以学生自我实践为主,学生在实践中学习知识,在实践中增长创造力,在实践中形成价值观。

二是创造性原则。"走进金融博物馆"实践活动是以学生为主体的,教师在其中起到穿针引线的作用,在任务单的探索与组织、活动成果的呈现与展示等具体活动过程中,鼓励学生自主探索,选择适合自己以及小组的方法与形式,鼓励多样化的表达与发散性思维,全方位激发学生的创造力。

三是育人性原则。在课程实施过程中,引导学生形成正确的金融价值观,重点培养学生在日常生活中的风险意识。

(二)课程实施流程

高桥镇小学"走进金融博物馆"课程实施流程如图3-6所示。

图3-6　高桥镇小学"走进金融博物馆"课程实施流程

高桥镇小学"走进金融博物馆"课程以学生为主体,通过校本课程学习、参观实践、团队交流三个环节的活动,让学生从参观前、参观中、参观后三个阶段充分参与课程,并在课程中增长金融知识,培育金融素养和创造力。目前,学生参观了中国证券博物馆。

(1)参观前:教师按进度在课堂上讲授"认识风险"这一章节的学习内容,落实教学目标,学生通过查阅相关资料或询问教师和家长,了解博物馆的基本信息和参观注意事项,并制作参观注意事项海报。

(2)参观中:学生查看中国证券博物馆导览手册,倾听讲解员介绍,参观中国证券博物馆的展藏品,如股票、期货、债券、基金、期权等市场相关藏品,兼及银行、保险等行业相关藏品;进行参观研习,记录一件自己最喜欢的展品(根据任务记录单进行填写),鼓励学生踊跃提问,就感兴趣的展品与教师、同学展开有序讨论。

（3）参观后：完成记录和参观日志，成果以电脑小报、PPT 或 vlog 形式展现。成果内容可围绕参观过程中最吸引自己的展品与内容展开；可结合事先查阅的相关资料，与实际参观内容进行信息整合；或谈谈参观后的学习感受与心得体会。

（三）课程实施成果

在活动后，教师没有特意规定作品的完成形式，故学生呈现的作品形式丰富多彩，充分展现了学生们的创造能力（见表 3-15、表 3-16、图 3-7）。

表 3-15　高桥镇小学"走进金融博物馆"课程参观金融博物馆任务记录单

班级：四(9)班		姓名：张××		
参观场所： ☐银行博物馆	☑证券博物馆	☐货币博物馆	☐银行行史博物馆	
感兴趣的展品属于	☐证券	☑股票	☐期货	☐他国赠送展品
参观日记	今天我去了在外滩的证券博物馆，来到了第一层，只见那儿的地板材质都很不一般，讲解员告诉我们这是用柚木做成，十分牢固，还有许多股票，那儿的四个柱子格外显眼，据说也是用柚木做的。到了第二层，还是有许多股票，有许多刻着外语，金闪闪的，据说还有一次交易，因在梧桐树下进行，所以得名梧桐树交易。还有一个小屋子，据说周恩来和他的妻子曾住过这里。来到了第三层，讲解员给我们讲了一个故事：在很久之前，中国刚成立了油舱公司的时候，外国人认为，如果这样的话，他们的公司就没法做了，于是疯狂打压中国的公司，幸好在一些爱国人士的帮助下，公司才得以兴盛。这次参观让我看到了我们中国经济的强大，将来我也想从事金融行业。			
我还有疑惑	通过金融慕课，我学习了货币的历史，但我还想了解有关股票的知识，如股票的历史等。			

表 3-16　高桥镇小学"走进金融博物馆"课程学生博物馆日志展示

我的博物馆日志

高桥镇小学　白××

今天上午，老师带我们去参观中国证券博物馆，一路上同学们都很兴奋，七嘴八舌地说个不停。

博物馆位于浦江饭店（上海市虹口区黄浦路 15 号），全方位还原了我国证券期货市场发展的珍贵历史。展藏品以股票、债券、基金市场相关藏品为主，兼及银行、保险、期货等；时间以当代证券业发展编年为主，兼及古代、近代证券金融历史溯源；空间以中国证券市场发展为主，兼及全球金融证券历史文化成果。这是我第一次来到这里，一切都是那么新鲜。博物馆中还原了大量中国证券市场的历史场景，包括首个股票交易柜台等，还收集了包括上交所首个开市铜锣、多个有代表意义的股票样本、相关文件等历史物件，意义非凡。

通过讲解员的介绍和参观，我体会到了我们国家改革开放的伟大意义，了解了我们中国证券市场的诞生及成长，也感受到了它那厚重的历史底蕴和文化价值。

我听了这些介绍心情很激动，暗下决心一定要好好学习，长大了也要像我们的父辈一样为国家做贡献。

新闻报刊 1月刊

Newspapers and periodicals

高桥镇小学　走进湘财证券

BROCHURE

寒假临近,2021年1月19日,我们浦东新区高桥镇小学的14名小学生来到了湘财证券投教基地前来参观中国证券博物馆,在萧瑟的寒风中,博物馆内仍热火朝天。

从轮船招商局股票到上海老八股、深圳老五股,从洋务运动到改革开放……志愿者讲述股票背后的故事,小朋友们跟随历史的足迹认真聆听、积极举手提问、互动。在轻松愉快的氛围中,小朋友们学习了金融证券知识。

小朋友们排队进馆后,便开始了此次乐趣横生的参观之旅

GAOQIAO
SCHOOL
PRIMARY

首先,投教基地的志愿者带领小朋友们一一参观了"日出江花红胜火——中国资本市场改革开放历程展"、"百花齐放春满园——世界与'一带一路'交易所文化展"和"锦上添花万象新——历道藏品精华展"三个展厅,细致地介绍了各区域展示的内容及功能,讲解了证券市场历史发展历程和历史文化。

图3-7　高桥镇小学"走进金融博物馆"课程学生制作报刊展示

学生们提交的成果形式多样,有的做了电脑小报,有的做了报刊,有的写了日志,有的做了精美的 PPT 来演讲,更有的还拍了视频日志。学生参与积极性高,呈现的作品质量也毫不逊色。

五、课程评价

高桥镇小学金融博物馆"我最喜欢的展品"演讲比赛活动在各班理财课时举行,通过学生互评(见表 3-17～表 3-20)的方式选出每班最优秀的小组。学生们以小组为单位,委派一名同学以演讲的形式,对自己的作品进行 5—8 分钟的交流,以说明博物馆参观及事后深度钻研的成果。

表 3-17 高桥镇小学"走进金融博物馆"课程学生参观过程性评价

评价人	保持纪律	流畅交流	耐心记录	参观态度认真、端正	主动思考富有创意
自评	☆☆☆	☆☆☆	☆☆☆	☆☆☆	☆☆☆
互评	☆☆☆	☆☆☆	☆☆☆	☆☆☆	☆☆☆
师评	☆☆☆	☆☆☆	☆☆☆	☆☆☆	☆☆☆

表 3-18 高桥镇小学"走进金融博物馆"课程学生任务单成果评价

评价人	参与度	日志撰写	作业分享与交流
自评	☆☆☆	☆☆☆	☆☆☆
互评	☆☆☆	☆☆☆	☆☆☆
师评	☆☆☆	☆☆☆	☆☆☆

表 3-19 高桥镇小学"走进金融博物馆"课程学生参观成果评价

评价人	参与度	形式创新与多样性	作业分享与交流
自评	☆☆☆	☆☆☆	☆☆☆
互评	☆☆☆	☆☆☆	☆☆☆
师评	☆☆☆☆	☆☆☆	☆☆☆

表3-20　高桥镇小学"走进金融博物馆"课程主题研究活动课后评价

学生姓名:		评　价	
创造力量规	评　价　内　容	自评	小组评
探索与想象 合格 ☆☆☆ 良好 ☆☆☆☆ 优秀 ☆☆☆☆☆	我通过课堂中的事例知道了上海有哪些金融博物馆。☆☆☆		
	我知道了金融博物馆的历史和特色。☆☆☆☆		
	我了解了金融博物馆的特色,对参观金融博物馆时想要探索的问题有了想法。☆☆☆☆☆		
坚毅并审辨 合格 ☆☆☆ 良好 ☆☆☆☆ 优秀 ☆☆☆☆☆	我在如何撰写参观日志时,认真听取他人想法,并补充一些意见,使自己的理解更完善。☆☆☆		
	我在如何撰写参观日志时,觉得大家很有想法,我的想法也得到大家的肯定。☆☆☆☆		
	我在如何撰写参观日志时,遇到问题,积极和他人商讨,并咨询教师,最终解决问题,制订了较为完善的金融博物馆参观规划。☆☆☆☆☆		
合作与担当 合格 ☆☆☆ 良好 ☆☆☆☆ 优秀 ☆☆☆☆☆	我在小组内认真履行自己的职责,遵守课堂规范,能提出想法,并对他人提出善意的意见。☆☆☆		
	我在小组内认真履行自己的职责,遵守课堂规范,能与他人沟通,并对他人提出建设性的意见。☆☆☆☆		
	我在小组内认真履行自己的职责,遵守课堂规范,能称赞别人与众不同的想法,并从中提出问题,相互探讨,得以优化。☆☆☆☆☆		

【315 | 财商教育】财商冬令营之高桥镇小学走进湘财证券投教基地观后感展播（第3期）

小湘收到了来自高桥镇小学老师的消息,自从1月19日高桥镇小学生们参观了湘财…
2021-3-3 阅读85

【投教原创 | 财商教育】财商冬令营之高桥镇小学走进湘财证券投教基地观后感展播（第2…

小湘收到了来自高桥镇小学老师的消息,自从1月19日高桥镇小学生们参观了湘财…
2021-2-26 阅读70

财商教育 | 金融的种子从这里开始播种——高桥镇小学走进湘财证券投教基地

湘财证券投教基地迎来了上海市浦东新区高桥镇小学的14名小学生,他们由老师…
2021-1-19 阅读137

图3-8　湘财投教基地对学生作品的展播

六、课程成效

活动结束后,学生选择了自己喜欢的方式完成活动记录单和参观日志。有的写了自己的感想和心得体会;有的用电子小报的方式描绘了其眼中的博物馆;有的做了回小记者,为学校出了份报刊;有的还拍了时下最流行的 vlog 来记录其多彩的一天。开学后,融创教研组教师们在年级组内还进行了作品展示,把小朋友的优秀作品展示给了同伴欣赏,四(6)班与四(11)班学生的作品(小日志、电子报)还被湘财证券投教基地收入了他们的公众号进行了展示(见图3-8)。

针对学生活动单上提出的问题,课堂上同伴

之间讨论热烈,教师也作出了解答。通过"走进金融博物馆"课程,更多的学生燃起了对金融的兴趣火花,金融的种子从这里开始播种,相信即使本课程的学习告一段落,孩子们探索金融的兴致仍会有增无减,并将金融思维运用到现实生活中。

七、课程思考

(一)教师传授重铺垫

教师在实施这一课程时,不仅要解释清楚什么是金融博物馆、金融博物馆的历史和特色,以及如何撰写参观日志,更要将课程与博物馆进行紧密连接,告诉学生我们为什么要参观博物馆?参观博物馆的目的是什么?怎么参观?参观过程中要注意什么?参观过程中可能会发生什么?博物馆中有没有展品是能体现我们这一课学习内容的?为后续的参观活动做好预设与铺垫。

(二)学生管理放过程

考虑到学生年龄较小,所以就像社会实践活动一样,第一次参观时所有的学生都是排队有序入场参观,有些学生对于某部分展品可能特别有兴趣,这时候又要考虑纪律问题、时间问题,就只能暂时归队,自行回家再搜索再研究,但同时,教师也观察到初中与高中的学生实行了先集合后解散的管理方式,让学生有充分的时间来研究自己感兴趣的展品,从而真正达到本课程的目的,让学生实现自我管理,从而增强学生的问题解决能力。当教师做到了课程思考的第一点,在课程上对本次活动可能存在的问题进行了预设与教授,并传授学生自我管理的方式,那在参观这一环节中领队的教师就可以真正放手让学生自行在场馆中进行参观与研究。

(三)利用评价抓结果

最终的作品呈现中,教师的要求是对于学生参观日志的形式不限,这样做的原因是希望可以让学生的作品不受限,从而更大激发部分具有较强创造能力的学生的潜力,但也会有小部分偷懒的学生想要敷衍了事,这时候就需要教师利用评价规避学生偷懒的可能性,将学习过程表现、学习态度也归入最终评价当中。

第四章 "身边的货币"创课程模块

第一节 课程概要

一、"身边的货币"课程定位

（一）"货币"概述

日常生活中货币的应用非常广泛，无数西方经济学家都根据货币的功能下过定义，但是其定义仍无法统一。大多数经济学家认为，货币是指在购买商品和劳务或清偿债务时被普遍接受的任何物体或东西。通货即流通中的货币，包括纸币和硬币都符合这一定义，因而大多数人所说的货币是指通货。电子货币在购物存款时也被普遍接受，在日常生活中，微信支付和支付宝也被广泛视为日常的支付方式。除此之外，信用卡或储蓄卡等信用工具，也能迅速方便地将储蓄存款等转变为交易过程中所需的现金，用来完成交易，发挥货币的基本职能。因此，货币定义包含一系列资产，而不只是某一种特定的资产。

旧石器时代虽然已经形成人类社会，但那时都是散落在各区域的原始部落，原始人类生产能力极度低下，生火狩猎，为了生存，直接从大自然获取食不果腹的食物，不存在剩余产品，也就没有交换行为。产生货币需求必须有剩余产品交换的这个条件并不存在，再加上当时是原始社会公有制，部落成员按人分配，没有交换需求，即便部落之间偶尔发生的个别极零星的交换活动也停留在以物易物，部落间也经常爆发争夺地盘和自然界食物的战争，这种极端落后的生产力和公有制的劳动成果权属，既无必要也不可能产生交换产品的大量需求，也就不存在货币一说。随着交换主体、交换对象越来越多，一次正好满足交易双方的实物需求变得越来越难，这时迫切需要一种能够被交换主体广泛接受且数量可以随交换对象价值增减、能承担起价值尺度、流通中介职能的物品，也就是货币开始诞生。

在货币的发展史上，最先经历的是实物货币时期，而随着商品种类和范围的增多和无法确定实物货币价值界定，增加了交易双方的谈判难度，从而间接地使商品交易成本增加。随后发展到了金属货币时期，由于白银和黄金等金属本身可以直接与商品进行比价，可以减少双方因多次谈判而产生的交易成本，但由于金属货币的资源稀缺、开采困难等缺点，使得金属货币在开采中仍需花费一些交易成本，使得金属货币继续向纸质货币进行演变。由于纸币本身没有其内在价值，其发行所需的印刷费和运输费远比金属货币要低得多，且因重量轻便于携带而广泛使用。随着信息时代的到来，逐渐发展为电子货币时代，电子货币只是货币的一个计价单位,连纸币的印刷和运输费都节省了,最大限度地节约了交易成本,在当今社会被普遍使用。根据以上的对货币形态演变中交易成本的分析,我们可以发现交易成本递减是货币形态演变的内在关键动因。

从远古时期的实物货币到现在科技高度发达的电子货币,人类社会对货币形态的选择又到了一个十字路口。当前,信用货币作为一种不兑现货币,没有规定的发行保证,其发行的过程缺乏内在的制约机制,很容易出现货币超发,导致通货膨胀。信用货币其内在缺陷所引发的问题越来越呼唤着数字货币的到来。数字货币具有低交易成本、交易速度快、去中心化以及高度匿名等优势,是未来人类社会货币形态的一种可能形式。

货币学习可以帮助学生认识一般实物货币,了解货币的产生、货币的发行、货币体系等,从而加深对货币的认识与理解,提高对现实金融世界的认识和分析能力,并能够运用学到的知识对现实生活中的金融现象给出解释,培育学生扎实、科学的金融素养。

(二)"身边的货币"课程价值

货币与人类社会的发展息息相关,一部货币发展史,其实也是一部人类社会的发展史。一枚枚小小的钱币,承载着无数帝王将相的雄心壮志,暗藏着经济政策与国家兴亡的历史规律,反映出真实复杂的社会变迁和民生万象。了解货币不失为一种了解世界金融史乃至人类历史发展的独特视角。在学校教育中全学段贯通式地学习本课程有助于学生从小认识身边的货币,了解世界上各式各样的货币,逐步了解货币演变的历史,并探究货币背后暗藏的经济学知识和故事,从小培养对金融知识的兴趣,丰富金融知识与能力。在更高学段的学习过程中,尝试调研、分析和探究与货币相关的经济学问题,从中逐步培养收集整理信息并提出解决方法的能力,实现分析思维、关联思维、系统思维、建模思维等金融思维与方法的提升。在这一系列学习的过程中,每一个案例故事都蕴含了隐性的金融意识与态度,如诚信意识、规则意识等,每一段学习经历都将潜移默化地在学生心中种下金融素养的种子,成为学生今后生活中一笔宝贵的人生财富。

二、东昌中学"身边的货币"课程简介

2016年发布的《上海市教育委员会关于进一步做好本市高中名校慕课建设工作的通知》指出:"加强整体谋划和统筹协调,健全保障机制,推进市实验性示范性高中和特色高中以慕课建设为抓手,提升课程领导能力和优质特色课程建设水平,发挥示范辐射功能,形成优质、特色、多样发展新格局。"在金融慕课制作的大形势下,基于东昌中学特色课程建设的需要,学校组织了青年学会教师成立东昌中学"金融慕课"编写团队,在"东昌金联"成员单位上海对外经贸大学金融管理学院专家的指导下完成了脚本制作,正式推出金融慕课。同年11月第一批金融慕课正式制作完成并上线,"身边的货币"课程就是其中之一。

2019年东昌中学正式被命名为上海市特色普通高中。随着学校特色影响力的不断扩大,东昌中学的"金融慕课"正在被越来越多的上海市中学生所学习,为学生开阔视野、培育兴趣、拓展体验打开新时空。自从课程上线以来,已累计有2 500多名东昌中学学生

完成了课程学习。此外,课程还依托上海知名高中慕课平台和浦东新区德育公众号,向市、区进行推广,成为了浦东新区学生金融课程之一,为基础教育阶段金融素养课程的建设和推广添上了浓墨重彩的一笔。

2020年在《基于区域特色的学校综合课程创造力研究与实践》项目实施过程中,东昌中学将"身边的货币"课程与"融创"联盟学校进行共享共建。高桥镇小学、澧溪中学、立信附校以及东昌中学共同在已有课程的基础上基于自身学段与学情的特点对课程进行了开发与统整,共同形成了贯穿小学、初中、高中全学段的综合课程。

在课程开发过程中,东昌中学"身边的货币"课程更加突出学生创造力的培养和高阶思维的培养,鼓励学生将自己感兴趣的问题转化为课题研究,将课题研究和课程学习有机融合。在课程实施过程中,学生先自主学习慕课课程,再分组形成学习小组,师生共研基于金融与货币提出一到两个具有探索价值的问题,并逐步形成问题研究的思路。在广泛调研过程中,充分利用学校金融素养培育特色课程群的资源,搜索相关资料或访谈相关行业专家,加深对问题的认识,了解相关问题的研究进展。在广泛收集资料后,学习小组撰写研究报告,在整理已有资料的基础上提出具有新意的观点或解决方案。在这一过程中,教师会关注学生分析工具的运用以及专业表达能力的培养,如利用相关软件的分析数据来佐证观点、运用spss等统计软件来验证课题假设、用金融专业术语来表达观点等。在课程评价中,重点关注学生创造力的培养,依据课程目标制定了翔实的评价观测指标,通过自评、互评、师评等多元评价主体的形式使得评价结果更加全面客观,同时保持教、学、评相一致的原则。课程激发了学生的探索欲和求知欲,学生的金融思维得到了提升,表达能力也有了显著进步,课程研究报告的质量在不断提高,学生创造力水平及金融素养水平显著提高。

三、"融创"全学段"身边的货币"课程简介

为提升学生创新精神和实践能力,"融创"联盟课程建设团队对东昌中学已有"金融慕课"资源加以筛选和改编,并将其规划到"融创"全学段综合课程体系的建设之中。

"身边的货币"创课程模块从学生身边最常见的货币入手,通过四个模块的视频教学,让学生了解货币的产生、货币的本质和职能、中国货币演变的历史、日常生活中常见的几种货币以及货币汇率的基本知识。通过学习提高学生对社会经济生活的认识和分析能力,能够运用所学的知识来解释现实生活中的经济现象,并且对经济问题有自己的思考能力。不论是小学、初中还是高中生,都能够从课程中学到适合自己的金融知识并在生活中加以实践,从小打好扎实的金融基础,培育良好的金融素养,将有助于学生在自己的人生道路上行稳致远。

"身边的货币"创课程模块涵盖小学、初中、高中三个学段,针对不同学段的学生设计了差异化的"身边的货币"课程。根据"融创"联盟学校的校情与学情,由高桥镇小学负责小学四年级的课程开发与实施,澧溪中学、立信附校分别负责初中一年级、初中三年级的课程开发与实施,东昌中学负责高中一年级的课程开发与实施。

高桥镇小学开发的"身边的货币"课程(小学篇)考虑到小学生认知发展的特点,将课程设计为四个模块,分别为"货币的产生与演变""认识人民币""各种各样的外币"以及主题探究活动"每样东西都有价值"。在课程设计中基于生活中真实的情境,选取具有综合性、实践性、创造性的事件,以问题驱动的方式促进学习的推进。在教学过程中采用多样化的学习形式,如分组学习、主题游戏、团队创作、情景演绎等,注重问题与情境的引入、学生生活的体验、课堂的分享与反思,让学生基于生活进行学习,并基于问题开展研究。课程的开展不仅包含传统的课堂教学,还积极与阿福童金融创客室和学生社团联动教学。在教师的指导下,学生根据探究主题自主完成学习团队的组建与分工,运用合适的信息技术来分析、解决问题,最后进行交流汇报。不仅如此,学校还积极与校外的金融机构联络,不仅开展校外调研实地参观了各种金融机构,还引进社会资源,邀请金融从业人员进校园开展讲座,如带领孩子们认识人民币、学会辨别假币等。整个课程内容丰富、形式多样,体现了以学生为本,激发学生创造力,让学生从"学会"向"会学"转变。

澄溪中学开发的"身边的货币"课程(初中篇)是基于"身边的货币"视频内容,结合初中生已有的货币知识和资料查找能力的一项学生实践活动。该课程主要分为三个阶段,包括慕课学习、自主实践与交流评价,其核心任务是完成一篇货币调查报告。在撰写货币报告的过程中,充分尊重学生的兴趣意愿和个性差异,可从"中国某一形制货币报告""某一国家的货币报告"两个主题中任选其一进行。教师在教学过程中要时刻关注学生的研究动态,善于用启发式的问题指引学生完成调查报告,起到重要的指导作用。在交流评价环节,注重多元评价主体的形成性评价,采用学生自评、互评与教师评价相结合的方式。学生评价侧重评价展示内容、方式以及掌控能力,教师评价则侧重学生的学习过程表现和答辩展示。课程通过货币调查报告的撰写,充分调动了学生自主学习的兴趣,激发了学生在课程中的参与度,培养了学生独立探究问题的能力和创新探索的精神。

立信附校开发的"身边的货币"课程(初中篇)是学校小初衔接的特色校本课程,已经形成了在小学"播下金融的种子",在初中"培育金融的苗子",实现了小初两个学段的纵向整合。鼓励学生个性化发展,提高学生创造力,是课程最大的特点。课前教师精心筛选学习内容,并提供丰富的资料和参考读物,学生先学习思考,教师后点评答疑解惑,让课堂变成了师生之间交流互动场所。同时结合线上线下混合教学,创造学生更多自主学习的空间,容易理解的内容以学生线上自学为主,核心知识与较难的内容则由教师在课堂中娓娓道来。在课程实施过程中,紧密围绕学习任务展开探究,先进行视频观摩,再分组明确组内分工,然后围绕古钱币专题展云参观、回顾中国货币发展史、探索世界各国货币等进行专题学习,自主选择每一专题后的探究任务,搜集资料完成探究成果。在成果展示阶段,学生以作业单、电子小报、小视频以及小组讨论报告等形式完成不同探究任务的交流与评价。在整个课程推进过程中都强调了基于学习资料的小组自主探究式学习,培养了学生收集整合分析材料并撰写调查报告的能力,以金融素养的培育为载体发展学生创造力。

东昌中学开发的"身边的货币"课程(高中篇)是基于货币的产生、货币的职能、中国古代货币的演变和身边的各国货币四个模块学习而开展的以研究报告为成果的研究型学习课程。该课程强调深入思考所学知识,并结合生活经验和资料学习提出一至两个具有探索价值的问题,并以问题的解决为目标组建学习团队,明确分工开展合作学习。鼓励学生以问题的解决为导向,积极利用校内外资源,实地探访金融机构或拜访金融专业人士,从而将"金融慕课"的学习从校内拓展到校外,更加直接、多维、生动地学习金融知识,解决目标问题。在课程评价中,不仅关注小组研究报告的撰写质量,还聚焦问题的价值、解决的策略、研究计划的修订、小组分工与合作表现等过程性评价指标,遵循学、教、评一致的要求,用评价来推动学生认真完成课程学习的每一步。在整个课程学习过程中,研究报告的形成仅仅是促进学习发生的一个手段而非目标,更重要的是通过问题提出、策略制定、团队合作学习、撰写报告等一系列学习步骤的进行,激发学生探究与想象的习惯,培养坚毅与审辨的品格,养成合作与担当的能力,从而培育学生的创造力。

"融创"全学段"身边的货币"课程创新之处在于打通了小学、初中、高中学段的划分,统整了课程的逻辑与结构,又基于学情和学校特点各有侧重。小学阶段课程基于小学生生活中的真实情境选取特定事件,以问题驱动方式推进小组学习并注重课堂的反思与分享,同时走出课堂与金融创客室、学生社团、校外金融机构联动,丰富课程形式与内容,激发学生创造力;初中阶段课程都强调了调查报告、作业单、电子小报等形式的探究任务在课程学习中的重要作用,紧密围绕"货币特点""货币发展""世界货币"等主题开展小组探究,将知识学习作为基础,将教师指导下的实践探索作为重点,有力激发学生创造力;高中阶段课程则更进一步,依托金融素养培育特色课程群、金融实验室以及"东昌金联"等强有力的校内外保障,将课程学习与高中生研究课题有机结合,提高了研究报告的撰写要求,学生不仅要学会课程知识,更要能够运用专业工具和语言佐证、汇报研究结果,对学生创造力的习得提出更高要求。三个学段各有特点而又内在统一的课程设计,使得课程既落实了知识、能力、素养、价值观的综合发展,又落实了学、教、评一体化的综合课程特点,更体现了目标一致的创造力培养导向,实现了学生创新能力、教师创造力培养能力、学校创新文化建设三方面协调发展。

第二节　高　中　篇

一、课程背景

目前,货币面临着由纸币向电子货币转变的过渡阶段,学生也正在见证、经历着纸币与电子货币的双轨运作。处在这样的货币变革时代,学生顺其自然地就会产生"货币未来会怎么变?""为什么会这样变?"等问题,因此梳理货币历史的脉络,培养高中生用富有创造性的眼光探索货币的过去、现在与未来,是培育高中生金融素养必不可缺的内容。

"身边的货币"是东昌中学教师团队研发的一门课程,是东昌中学培养学生创造力的有益探索。"身边的货币"课程既涉及货币的理论知识,也在课程目标、课程内容、课程评价等诸多方面综合考量了学生创造力的关键要素、实现路径与评价方法。

二、课程目标

目标一:能够在掌握货币的基础知识、了解中国古代货币演变以及世界货币体系的基础上,提出一些与"货币未来会怎么变?""欧洲的货币形态是如何演变的?"等类似的探究性问题,并能收集、整理信息粗略的提出解决问题的方法,通过显性的方式表达自己的看法,能以开放的心态寻找和考虑不熟悉的想法,在经历了相关讨论之后可以提出一些超出常规和现状的意见。

目标二:能在综合考虑意见之后,利用合适的工具将问题解决的全过程进行记录,尤其注意记录想法无法实现时是如何解决的以及最终呈现作品修改原因及结果。

目标三:小组成员能够明白自己在团队中的角色定位以及所担任角色对解决问题发挥的积极作用。

三、课程内容

"身边的货币"分为货币的产生、货币的职能、中国古代货币的演变、身边的各国货币四个模块(见表4-1)。

表4-1 东昌中学"身边的货币"课程内容

课 程 模 块	课 程 内 容
货币的产生	实物货币;金属货币;代用货币;虚拟货币
货币的职能	价值尺度的货币;作为流通手段的货币;作为支付手段的货币;作为贮藏手段的货币
中国古代货币的演变	贝币;铜贝;战国时期四大货币体系;秦始皇统一货币;五铢钱;开元通宝;辽宋夏金元时期的货币;大明宝钞;白银货币
身边的国家(地区)货币	美元、欧元、英镑、日元、港币等

(一) 货币的产生

货币的产生主要分为四个阶段。第一阶段的货币始于偶然的物物交换,再到扩大的物物交换,经过交换的中间人最后交换固定于金银。这一过程充分展示了人们在长期无数次交换的实践中找到了一个大家都能接受的货物充当交换的媒介,说明了货币的产生是必要的。第二阶段出现了实物货币,客观要求一般等价物固定到一种商品上,粮食、食盐、金属等都充当讨一般等价物。我国最早充当交换中间人的商品之一是贝。第三阶段金属货币和代用货币交换的"中间人"固定在金银上,是金银自身自然属性决定的,即金银有许多适宜固定充当一般等价物的特征。第四阶段出现了虚拟货币,该部分内容仅列举了部分数字货币,如比特币、莱特币等。

(二) 货币的职能

作为价值尺度的货币,在表现和衡量其他一切商品价值时,执行价值尺度职能,这是货币的基本职能。其作用主要是为各种商品定价。作为流通手段的货币,是指商品流通中充当交换的媒介执行流通手段职能的货币,不能是想象的或观念的货币,必须是现实的货币。以货币为媒介的商品交换叫商品流通,用公式表示为:商品—货币—商品。作为支付手段的货币,当货币作为价值的独立运动形式进行单方面转移时,执行支付手段职能。货币的这一职能直接产生于以延期付款方式买卖商品的活动之中。在商品以赊销方式买卖时,卖者变成债权人,买者成了债务人。作为贮藏手段的货币,是指货币退出流通领域或被人们当作独立的价值形态和社会财富的一般代表保存起来的职能。这部分内容还介绍了布雷顿森林体系与信用货币的三大职能,包括作为计价单位的货币、作为交换媒介的货币、作为财富代表的货币。最后介绍了人民币正在逐渐成为世界货币。

(三) 中国古代货币的演变

中国货币的演变经历了从贝币、铜贝、战国时期四大货币体系、秦始皇统一货币、五铢钱、开元通宝、辽宋夏金元时期的货币、大明宝钞、白银货币的演变过程。该模块内容主要介绍了我国是世界上最早使用纸币的国家,北宋的"交子"和南宋的"会子"是最早的官方纸币,其后盛衰更替,成为各个朝代主要通货之一。白银在宋代已具有货币的各项职能。到了明中叶以后,随着商品经济的发展,白银行的流通更加广泛。1436年解除银禁,实为在法律上准许用银,白银的流通便公开化,且更普遍,朝野上下都使用白银,白银取得了价值尺度和流通手段两种基本职能,成了正式通货。

(四) 其他国家(地区)的货币

初步了解不同地区的货币,如美元是美利坚合众国的官方货币。美元纸币正面主景图案为人物头像,主色调为黑色。背面主景图案为建筑,美元纸币颜色比较单一,一般为浅绿色的。欧元是欧盟国家的货币,票面由窗户、大门和桥梁三个基本建筑要素构成,分别代表欧盟之间的开放、合作与沟通精神。英镑为英国的货币单位,由英格兰银行发行,英镑纸币的正面都是英国女王的头像,然而背面却根据面值的不同分别印有不同的人物。

四、课程实施

(一) 实施原则

1. 强调知识广度

课程四个模块涵盖了海量的知识。在高中阶段,"身边的货币"作为导学性质的课程,以各个模块的关键词为线索,串联了古今中外的货币知识,为学生陈列了货币知识的精髓。在此基础上,还在每个模块的慕课中有针对性地深入介绍了与生活密切相关且学生感兴趣的内容,避免课程内容变成走马观花式的流水账,如金银作为一般等价物的原因、支付手段职能、古代白银、美元等。在学生学习课程的过程中,也希望学生能够利用多学科知识来探索他所感兴趣的问题,表达自身的观点,包括历史、社会、艺术、信息技术等。

具有知识广度的"身边的货币"课程,能为高中生提供更多的视角和路径来研究货币,这是课程实施的基础。

2. 坚持问题导向

"身边的货币"不仅知识广度较大,而且课程的学习还以学生线上自主学习为主。因此,强调以问题为导向是课程实施的关键举措。问题导向一方面体现在课程的学习过程中,让学生带着问题来观看慕课,通过问题来学习知识,另一方面问题导向还体现在学生提出问题的能力、解决问题的能力上,这也是高中阶段"身边的货币"课程的突出特征。

3. 落实小组合作

在以知识广度为原则的课程内容和以问题为导向的学习方式的原则下,通过小组合作,既能利用小组不同成员的优势协助完成跨学科的任务,也能通过思维碰撞产生问题提出、解决的方案,是达成课程目标的不二之选。在教学实践过程中,小组合作往往空有形式,因此在"身边的货币"课程中,尤为关注小组的确立、组员的选择、组员的分工与合作、组内讨论的过程记录、教师的指导等小组合作的细节,力求做到科学有效。

(二)实施步骤

1. 第一阶段:慕课学习

这一阶段学生需要登陆东昌中学校园网金融实验室平台,选择"身边的货币"课程进行学习。在学习过程中,教师会在每个模块开始前,提出一到两个导学问题,并在课程结束后,提供适量的与课程内容有关的题目。学生通过带着问题学习课程,回答问题巩固所学来达成课程基本的知识要求。

2. 第二阶段:课后生疑

在学习慕课后,提出一到两个具有进一步探索价值的问题。什么是具有探索价值的问题,这需要学生小组与教师共同判断。因此,学生在提出自己的问题后,首先应该尝试自己提出一定解决方法和步骤,再进行小组内部和小组间的交流,加深对问题的理解,拓展问题解决的思路。

3. 第三阶段:广泛调研

通过实地调研拜访一到两个与所提出的问题密切相关的金融机构与人士,更直接地了解国家金融系统的运转方式及结构,加深对问题的认识,并能够得到更专业的建议。通过查阅文献资料,了解这一问题是否已被解决、解决到何种程度、还有哪些尚待解决、问题是否修改等一系列问题解决的准备工作。在这一阶段,学生需要积累出一定数量的文献资料,并对其进行分类整理。

4. 第四阶段:形成研究报告

在这一阶段,教师需要根据学生个体的研究旨趣、问题的可研性、学生的个体意愿和组队情况,每个班级形成5—6个具备同组异质、异组同质的学生小组。学生小组根据慕课视频、网络资源与历史文献,加上小组交流的结果与专业人士的意见,选择小组成员提出的一个问题,撰写一篇研究报告,并通过制作视频等方式向同学们介绍研究过程。

（三）实施案例

小组组别：第二组

研究问题：比特币会取代传统货币吗？

如何确定研究问题：某小组学生通过学习慕课中有关中国货币的演变史后，产生了较为朴素的疑问：未来的货币会是什么样子呢？在小组讨论中，有的同学立刻回答了说比特币或许是未来货币的可能形态，而有同学认为比特币只是虚拟货币，不具备货币的职能，会逐渐消亡。还有的同学提出了数字货币如数字人民币已经是未来货币的基本样态。经过一番讨论，最终该小组将较为宏大的问题转化为微观的有关比特币的问题——比特币会取代传统货币吗？基于这个问题，该小组成员又初步拟定了问题解决的基本思路。

问题解决的初步构想：了解比特币的历史和概念，了解当前货币演变的趋势，采访相关从业人士听听他们的看法，分析比特币的优缺点，等等。

构想改进：教师的建议是增加有关"比特币会取代传统货币吗"这一话题直接相关的文献总结，删除当前货币演变的趋势，明确各个内容之间的逻辑关系。其他小组的建议是增加数字人民币与比特币的比较。

小组分工情况：问题研究报告分工：WKC：比特币的概念与优缺点；GJW：数字人民币与比特币的区别；WXJ：采访相关金融人士，了解他们的看法；WYC：收集相关文献对这一问题的回答。视频制作分工：WKC：脚本撰写；GJW：制作 PPT；WXJ，录制视频；WYC：后期美化。

关键结论：比特币是一种基于去中心化、采用点对点网络与共识主动性的开放源代码，以区块链作为底层技术的虚拟加密货币（即网络密码币），与其他虚拟货币最大的不同是其总数量非常有限。它不依赖于特定的货币机构发行，只基于特定的算法，通过大量的计算产生。与所有的货币不同，比特币不依靠特定货币机构如政府、银行来发行，它依据特定算法，通过大量的计算产生，所以简单来说比特币就是一串数字代码。比特币唯一的与其他货币相同的就是可以进行交易，也是人们认可的一种交易媒介。比特币具有稀缺性、去中心化及网络效应的特点，也存在着比特币的数量难以满足市场交易需要、比特币大量消耗能源、比特币价格波动幅度过大等缺陷。比特币的设计初衷就是对抗现有的货币体系。从比特币的理念来说，一定程度上符合金融的发展。互联网金融的出现从两方面颠覆传统金融体系，一是引入互联网为代表的先进技术手段，提升传统金融服务手段。二是互联网金融提倡更开放、更民主、更重视个人自主选择、更重视小微金融。以比特币为代表的虚拟货币设计理念符合这种趋势。因此，比特币可能是现有货币的一种补充，但难以替代。

教师点评：在资料整理和问题解决方面达到了最初的设想，在结论的论证上有一定的逻辑性，但结论与前文的关系偏弱，可以进一步加强论述。总体来说在创造力培养的表现上都达到了高中生应有的水平,在部分维度如"利用反馈来修改解决方案"方面体现略有不足。

五、课程评价

课程评价的框架主要根据创造力培养的三大内容"探究与想象""坚毅与审辨""合作与担当"进行设计,通过与整体的课程进行适应性的调整,形成评价表(见表4-2)。

表4-2 东昌中学"身边的货币"课程评价表

评价框架	评 价 内 容	自评	互评	师评
		10分制		
探究与想象	提出具有与课程相关的具有探索价值的问题			
	使用各种策略来初步形成多种解决问题的方法			
坚毅与审辨	解决问题过程中面对疑难的问题应对情况			
	按计划完成最初的预想			
	利用反馈来修改解决方案			
	对问题解决的整体评价			
合作与担当	充分适应小组中的角色			
	在小组中能够倾听他人的意见			
	促进小组成员之间的妥协以实现目标			

"身边的货币"课程评价表虽然是终结性性质的课程评价,但是评价的内容以过程性的指标为主,评价内容重点关注了学生创造力的培养效果。评价主体多样,尤其是学生的自评能够进一步强化学生的自我认知,增强了学生的审辨性。课程评价与课程目标保持着较高一致性,遵循着学、教、评一致的教学规律。

六、课程成效

"身边的货币"课程通过上海知名高中慕课平台和浦东新区德育公众号向全市、全区辐射推广,丰富了面向基础教育的金融教育的资源,提升了东昌中学金融素养培育的知名度,起到了很好的示范和引领作用。

"身边的货币"课程在高中阶段的实施,更加关注学生高阶思维的培养,期待学生将自己感兴趣的问题转化为研究课题,因此不少学生在十年级研究性学习的课题选择上,申报了与此相关的课题,例如《上海家庭数字人民币的使用情况调查》《虚拟货币炒作风险与危害《第三方支付使用风险研究》等。作为十年级学生入校后必须学习的内容,为他们在更加专业的校本课程中的学习打下了坚实的基础,也为相关金融活动如上海高中生经济论坛等提供了一批具有丰富金融知识的参赛选手与志愿者。

从课程成果来看,学生能从货币样式、货币政策、货币市场及中国和别国的货币历史等各种感兴趣的货币领域挖掘问题。提出的问题类型也相当丰富,以2021年的实施案例为例,有的聚焦于文献整理,进一步梳理、总结了"中国古代货币轶闻";有的以外国货币作为研究对象,归纳其外观的变化并对其做出一定的解释;有的关心时事,聚焦人民币国际化面临的障碍,关注比特币是否会取代纸币。课程激发了学生的探索欲,这些问题的提出正是学生在学习慕课基础上的思维发散。在交流问题解决的视频中,学生也能通过各种各样的表达手段,如"数字故事""卡通人物""新闻播音"等多种多样的手段来清晰地展示小组的研究过程。尽管这些研究的深度还有所欠缺,但也能感受到学生对于货币的理解较课程学习前有明显提升。

七、课程思考

"身边的货币"课程主要有两个关键词——"身边""货币",在课程中阐述了"货币",而在问题研究中则落实了"身边"。从学生的成果来看基本达成了课程目标,从实施过程来看基本遵循了课程实施原则。基于"身边的货币"课程实践,我们总结出了金融类课程对培育金融素养和学生创造力的一些经验。

1. 深入发掘金融知识的趣味性

相较于高中学生的知识基础和认知水平,许多金融知识过于艰深。大部分学生渴望了解的是身边能用得上的知识以及感兴趣的、当下时髦的话题,而不是枯燥无聊的陈述性金融知识。东昌中学编撰的《Z世代金融理财一本通》也是基于这样的理念编写的。金融知识的趣味性可以来自知识产生过程的故事性,如保险的产生与航海事业,也可以是通过故事化、情境化、游戏化的形式来传递金融知识,如《穷爸爸富爸爸》《卖橘者言》等书籍,就是通过故事化的阐释来吸引读者的兴趣。回归到课程中,不论是慕课视频还是课题研究,基于学生兴趣来展开课程应该是培育金融素养的原点。

2. 注重培养学生金融表达能力

金融表达能力是指学生准确表达自己金融观点的能力,例如对财经新闻的简单评论,对常见的金融现象和活动的解释,对简单金融问题的阐释。在"身边的货币"课程中,表达能力更加集中地体现在口头语言表达能力上,在表达内容上要求学生能够说出感兴趣领域的一些核心金融术语,能够使用一些金融数据来佐证观点,能够初步读懂和阐释如同花顺等股票分析软件中的数据,更高的要求则是能运用SPSS等经济计量软件来假设检验自己的论点。在表达形式上则要求学生能够具备创新性,如有的小组通过模拟财经新闻播报的形式来解释校园贷的危害。通过表达的专业化、数据化与形式的新颖化相结合,更有助于学生的金融素养形成。

3. 强化金融实践的有效性

"身边的货币"课程在学生金融实践上没有太多内容,将重心放在理论性的知识学习上。东昌中学的金融素养培育特色课程体系中有"银行实务"实践类课程,而这一课程重在体验银行柜员存钱的流程,知识性较弱,对学生而言仅仅是一种"提前的体验"。因此两门课程可以加强联动,将"身边的货币"中学生的研究成果运用到"银行实务"中来,例如有学生选题"银行如何规避坏账风险",在"银行实务"课程中就可以增设贷款部门,让该课题学生模拟银行经理与贷款人的角色,既可以丰富"银行实务"的内容,也可以让学生体会到学有所用。

第三节 初 中 篇 Ⅰ

一、课程背景

"身边的货币"课程基于东昌中学提供的"身边的货币"课程内容开发的,是立信附校小初衔接的学校特色校本课程。这一课程积极探索中小学教育的有效衔接,在小学播下金融的种子,中学培育金融的苗子,形成小学、初中两个学段的课程纵向统整。通过课程内容的学习,了解货币发行、流通的基本知识;利用货币史、金融史知识,理解货币价值决定的基本理念;树立起正确的规则意识、风险意识,提高收集整合和分析材料、撰写调查报告的能力;同时,通过为学生提供学习支架的课程教学模式,引导学生自主学习、深入思考,发展学生创造力。

这一课程的最大特点是尊重学生的主体地位,激发学生的学习热情,鼓励学生个性化发展,提高学生创造力。"以学生为中心"的教学模式创新,是提高学生参与度、增强学习主动性的重要途径。课程通过创新教法、学法,在课前—课中—课后各环节充分尊重学生学习自主性,以实践活动、小组探究等形式激发学生学习热情,培养理论联系实际的能力。

二、课程目标

目标一:对货币、货币政策、金融活动等货币金融方面的部分基本理论有初步的认识和理解。

目标二:了解和掌握货币、银行、金融市场、货币政策等范畴所涉及的基本理论,培养收集整合分析材料撰写调查报告的能力。

目标三:树立正确的金融意识和全新的金融理念,努力提高金融素养,并以此为载体,发展创造力。

三、课程内容

(一) 货币产生的历史过程

了解货币发展的四个阶段:第一阶段为产生于原始社会末期的偶然的物物交换;随

着生产力和社会分工的发展,物物交换的次数和交换的商品种类均有所增加,货币发展进入第二阶段,即扩大的物物交换时期;而物物交换本身在便利性方面具有局限性,交换效率的低下严重阻碍了商品生产的发展,于是在物物交换的基础上产生了以一般等价物作为媒介的交换,这便是货币发展的第三阶段;作为交换媒介的一般等价物经过不断的实践和发展,最后固定于金银,货币正式产生。

(二)货币的职能

了解货币职能的发展和形成。在布雷顿森林体系与信用货币时期,货币有三大职能:作为计价单位的货币、作为交换媒介的货币、作为财富代表的货币。随着经济社会的发展,货币被赋予了五个基本职能,分别是作为价值尺度的货币、作为流通手段的货币、作为支付手段的货币、作为贮藏手段的货币、世界货币。

(三)中国货币的演变

由于生产力的发展和社会的进步,社会物质财富相对丰富,以物易物交换的方式已经越来越不能适应社会生活的需要,贝币随之出现。而随着金属开采与冶炼技术的进步,金属货币出现。春秋时期,周王朝的势力渐弱,列国各自为政,在战国时期形成了四大货币体系,直至秦始皇统一六国,铸造半两钱为统一货币。及至辽宋夏金元时期,经济得到迅猛发展,货币发行量和流通量巨大,铜材不足,发行了世界上最早的纸币。明代大力推行大明宝钞,随着大明宝钞体系的崩坏,铜币原材料匮乏,促使白银走上货币舞台。

(四)身边各国的货币或地区货币

与中国的人民币相同,绝大多数国家都有专属于本国的货币,如美国发行的美元、欧洲国家的欧元、英国的英镑以及日本的日元。除了国家,一些特殊地区也会发行自己的货币,如中国香港就有港币,中国台湾也有台币。

四、课程实施

课前,教师精心筛选教学内容,为学生设计学习任务,提供丰富的视频资料和参考读物,学生先学习、思考,教师后点评、答疑解惑,课堂变成了师生之间、学生之间交流互动的场所。线上线下混合式教学给学生创造了更多自主学习的空间,对那些容易理解的相关基本概念、基础知识,以学生自学为主,而对核心知识点或难以理解的内容,则由教师在课堂上由浅入深、由表及里进行严谨的逻辑推理。开展知识拓展训练,组织各种形式的热点讨论,培养学生理论联系实际的能力。

课前准备:个人在线学习,认真观摩慕课视频,落实教学目标。

学生自行观摩慕课视频,掌握货币产生的历史过程与各种形式、职能,了解中国货币的演变过程,知道世界范围内广泛流通、使用的货币,并做好相关笔记整理。

课堂学习:小组合作学习,通过教师集中授课与小组探究相结合的形式,深入了解身边的货币。

环节一:成立学习小组,明确小组分工;各小组讨论、交流、汇总,共同制订最终的评价标准(见表4-3)。

表 4-3　立信附校"身边的货币"课程小组活动评分标准表

得 分 项	标 准	分 值
内容(3分)	切合主题	1分
	内容完整、全面	1分
	详略得当	1分
演讲者(2分)	表达清晰、流畅	1分
	幽默、有互动,能吸引听众	1分
表现形式(2分)	恰当、准确	1分
	美观、观赏性强	1分
小组分工(2分)	合理、科学	1分
	小组成员参与度广、积极性高	1分
答辩表现(1分)	思路清晰、表达准确	1分
总　　分		10分

加分项(各 1 分):趣味性、创意、其他。

环节二:探讨货币的职能。

学生根据教师讲述故事《优厚报酬带来的烦恼》,结合故事内容及学生自身生活经验,归纳拓展货币的职能(交换媒介、价值尺度、流通手段、贮藏手段、世界货币)。

环节三:小组合作探究。

首先由教师为学生设置以下四个探究主题:

(1) 全世界各种早期文化中,几乎不约而同地采用海贝作为货币,其原因何在?

(2) 自汉代五铢钱开始,中国古代铸币以外圆内方作为其基本形式,有何必然性,具有哪些文化意义?

(3) 中国古代贵金属的使用有何特点? 为什么中国古代社会中贵金属并未作为货币得到广泛使用?

(4) 为什么早在 1947 年 10 月 2 日(中华人民和国成立两年前),董必武就会致电中央建议"组建中央银行,发行统一货币",并建议银行名称为"中国人民银行",其意义何在?

学生以小组为单位自行选择其中一个主题,在探究主题的指引下,以问题为驱动,由教师提供资料,云参观"泉海拾珍"中国古代钱币文化专题展。参观完成后,各小组讨论、汇总搜集资料,讨论完成小组探究主题任务。同时听取中国钱币的历史演变等内容的讲解,并做好相关记录,完成实践活动报告中"认一认"环节的内容。

小组讨论完成后,各小组依次汇报讨论结果,教师带领指导各组共同对讨论结果进行总结,并提供相应拓展问题,激发学生进行深入思考探索。

环节四:探讨货币发展与经济社会发展之间的联系。

结合"泉海拾珍"中国古代钱币文化专题展内容,学生共同总结回顾中国货币发展史,进而引导学生得出货币和生产力发展、资源、经济文化状况等密切相关,它随着我们社会的不断发展而进步的结论。而在数字化经济迅猛发展的今天,我们已经出现了新的货币形式——电子货币。

在此基础上,引导学生发挥想象,探讨随着我国经济社会的不断发展,未来货币还会有什么新的形式呢? 五十年后我国货币会是什么形式?

环节五:世界货币。

每组选择一种感兴趣的货币(如美元、欧元、英镑、日元、卢布等),从该货币的流通范围、世界地位、文化特点、历史发展、技术更新等方面进行探究,完成小组交流。

各组汇报交流结果,对不同国家的货币进行介绍。依据各组对各国货币的介绍和了解,进一步讨论货币对国家有何重要意义。

课后交流:成果展示。

成果1:以小组为单位探讨中国未来货币形态,并说明理由。

探究成果以作业单方式(可以是文字、图片、视频等)呈现,完成后小组进行交流并完成小组讨论。

文字形式如图 4-1 所示。

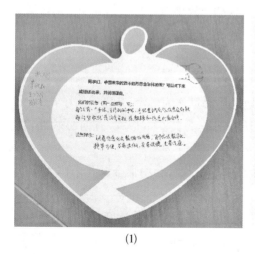
(1)

(2)

图 4-1　立信附校"身边的货币"课程"中国未来货币形态"

图片形式如图 4-2 所示。

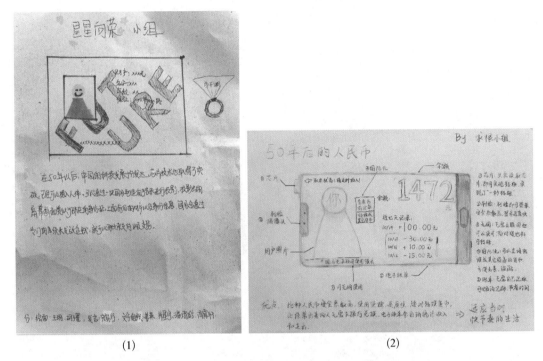

(1)　　　　　　　　　　　(2)

图 4-2　立信附校"身边的货币"课程"中国未来货币形态"

视频形式如图 4-3 所示。

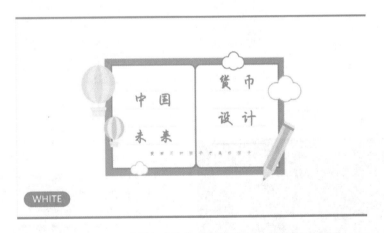

图 4-3　立信附校"身边的货币"课程"中国未来货币形态"

成果 2：世界各国的货币简介（电子小报或视频）。

每组选择一种感兴趣的货币（如美元、欧元、英镑、日元、卢布等），从该货币的流通范围、世界地位、文化特点、历史发展、技术更新等方面进行探究。

电子小报形式如图 4-4 所示。

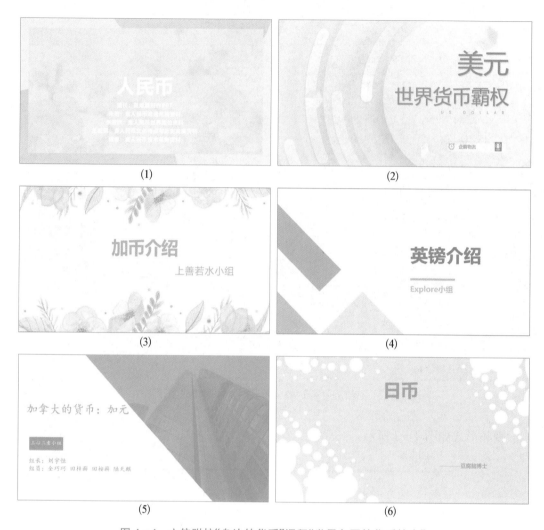

图4-4　立信附校"身边的货币"课程"世界各国的货币简介"

视频形式如图4-5所示。

图4-5　立信附校"身边的货币"课程"世界各国的货币简介"

成果3:以小组探究成果为基础,结合生活实际和所学内容,完成小组讨论:货币对一个国家的作用(见图4-6)。

探究活动记录

组长	顾榇	组名	星辰小组
小组成员	蒋尹霖、李晨阳、宋易学、顾若菲、李馨艺		
探究主题	货币对一个国家的作用		
探究活动	(探究时间、小组分工、主要内容等) 1.使瑞士经济流通范围广 2.国际收支状况较好，外汇储备较高。 3.由于瑞士经济结构较为合理，经济实力强，这使得其在面临通胀时抗风险能力也较强 4.瑞士法郎的避险能力很强，在历次危机中大都具有良好的表现。 5.它不像美元和欧元那样地位显赫，但具由于瑞士独特的经济结构，使得瑞士法郎币值非常稳定避险作用明显 6.此外瑞士对外对客户人在储内存款采取严格保密措施，使瑞士成为国际游资的"庇护所"，有利于吸引大量外国资金，加强瑞士法郎的地位。		

(1)

探究活动记录

组长	杨嘉	组名	文曲
小组成员	武焱洋、王玥、陆妞静、包涵宇、詹潇航		
探究主题	货币与国家的关系		
探究活动	(探究时间、小组分工、主要内容等) (1)增强自身经济实力，提高竞争力 (2)减少内部矛盾，防范和化解金融风险 (3)简化流通手续，降低成本 (4)增加社会消费，刺激企业投资		

(2)

组长	高晨轩	组名	繁华自点
小组成员	陈墨飞 王钰婷 朱星宇 吴俊泽		
探究主题	日币对日本的作用		
探究活动	(探究时间、小组分工、主要内容等) 探究时间：2022.4.14 主要内容：货币降低了产品交换成本，提高了交换效率。 降低了价值衡量和比较的成本，为实现产品交换提供了便利。 货币提供了最具流动性的价值贮藏形式，丰富了贮藏手段。 货币促进经济流通，是经济的来源 促进生产和投资 货币主权是国家主权的重要组成部分		

(3)

探究活动记录

组长	吴思源	组名	下岗工人再就业
小组成员	黄思铭、崔艺馨、沈海宁、董新婳、李博睿		
探究主题	货币对一个国家的作用		
探究活动	(探究时间、小组分工、主要内容等) 1、可以宣传国家的形象、文化，例如货币上的人物、建筑 2、这个国家的货币的符号、国家的语言 3、印钞的技术я能反映国家的技术 4、流通的范围、与其他国家的汇率能反映国家的实力、地位		

(4)

图 4-6 立信附校"身边的货币"课程"货币对一个国家的作用"

五、课程评价

采取建立项目档案的方式,通过学生自评、学生互评和教师评价,对学生以及学生小组的课程学习进行综合全面评价。在评价中遵循注重过程性评价、评价内容的全面性、评价的多元性原则,充分发挥评价的激励和改进功能。

(一)评价原则

(1)注重过程性评价:不仅关注对结果的评价,更重视对过程的评价,真实全面地记录和反映学生在学习过程中的情况,在评价中反映出学生在态度、价值观、方法、能力等方面的变化和进步。

(2)注重评价内容的全面性:设计评价量规,既评价学习任务的完成情况,又评价能力的提高和情感、态度价值观的表现情况,能对学生进行全面的评价。

(3)注重评价的多元性:从评价主体、评价方法和评价内容的多元性来实施多元评价。

(4)注重评价的改进和激励功能:评价应贯彻在学习的全过程中,提倡评价的形成性功能,通过评价促进学生的提高和进步,使评价的过程成为促进学生发展的过程。

(二)评价素材

采取建立项目档案的方式对学生的课程学习进行过程性评价。项目档案中有学生自行设计的单元主题活动表格、资料卡等;有个人体会、随感、小结、自我评价、反思等;依托校评价平台(师悦)进行评价。各种信息资料充分体现学生学习研究型金融课程的过程,以及学习过程中的成长和进步(见表4-4)。

表4-4　立信附校"身边的货币"课程云参观"泉海拾珍"古代钱币
文化专题展评价量表(过程性评价量表)

学 生 姓 名		评 价	
评 价 内 容	自评	互评	师评
能够说出几种中国古钱币名称			
能够认识货币的不同形式			
能够描述货币出现的必要性及其作用			
能够独立思考,积极提问			
能结合所学的内容对未来货币形式有所展望,有创新意识			
能够参与小组讨论,完成分工任务			
参与活动全过程,文明参观,团结合作			

六、课程成效

知识掌握方面,通过云参观展览、合作探究、自主设计等研学活动,学生能够了解中国货币的历史演变,认识货币的不同形式,辨认具有代表性的中国古钱币。初步认识货币的作用,理解货币与经济社会发展之间的必然联系。

能力提升方面,采取小组合作探究等形式,既能发展学生的团体合作交流能力,又能提升学生的问题发现、思考和总结能力,强化信息搜集、综合分析的能力。并且设置多个拓展思考问题,激发学生的好奇心,深入思考问题,提升学生的思维能力,培养创新精神。而在成果展示上,只设置问题主题而不限制成果的展示形式,能够充分激发和发展学生的思维活力及创造性。同时,在探究货币发展的过程中,需要学生回顾课堂上学到的各学科(语文、历史、道德与法治等)相关内容,综合运用相关内容分析、预测问题,实现学科间知识的融会贯通。

情感培养方面,教师提供"泉海拾珍"云展览资料,让学生深刻了解中国货币的历史演变,进而从中感受中华文化的独特魅力,让学生体悟中华文化的源远流长、博大精深,增强学生对中华文化的认同感,强化文化自信。

七、课程思考

立信附校"身边的货币"课程在相关领导、师生、专家的共同努力下已成为学校品牌课程。该课程以师生作为共同的开发主体,丰富了师生对于综合课程的理解,对于跨学段、跨学科的综合教学有了全新的视角,也创新了跨学段、跨学科的综合教研形式。

依托立信大学的理论支持和会计博物馆资源共享、东昌中学的慕课共享,立信附校的初中和小学阶段的学生可以更生动、更系统、更深刻地了解货币相关知识。从小学到大学的老师们共同教研、探讨、设计系列课程,可以使各自的课程相互关联又更适合自身学段的学生情况。创新的活动方式和充分的小组活动,可以更好地调动学生的积极性,对作业的创造性设计也可以最大程度地激发学生的创新热情,培养创造力。

但课程实施过程中还存在着一些需要解决的问题,如教师的课堂掌控能力有待提高、教学项目的设计还需改进、师生之间的互动和学生之间的合作交流仍需加强等,教学团队在后续的改革中需结合实际情况不断优化教学策略,才能不断提升教学效率。

创新思维的培养,必须提高学生对教学的参与度,增强课程的探究性、开放性、趣味性,需要从根本上改变传统成绩评价体系。教师要鼓励学生自主学习、自主归纳,指导学生读几本好书、读几篇专业论文等,撰写读书笔记;鼓励学生积极参与小组活动,及时做好学习记录,课程临近尾声时撰写学习收获等。要对所有环节都进行成绩评定,在期末时给出一个综合的评价。在评价标准方面,应加强协作创新、应用创新、实践创新等的比重,以促进学生创造力的培养与发展。

第四节 初 中 篇 Ⅱ

一、课程背景

上海市中考改革以"一依据、一结合"(依据初中学业水平考试,结合初中学生综合素质评价)为主要制度架构,旨在进一步促进义务教育优质均衡发展,进一步改变原有的"见分不见人"的招生方式,破除招生过程中的唯分数论,探索建立初中学业水平考试与综合素质评价相结合的多元招生录取机制,从而促进学生全面发展,促进义务教育优质均衡和高中特色多样发展。基于此,澧溪中学结合自身特色开设了"融创"课程,开展了"身边的货币""身边的财富管理"等金融特色课程。

澧溪中学"身边的货币"课程是在东昌中学提供的"身边的货币"课程内容——"货币的产生""货币的职能""中国货币的演变""人民币与世界各国货币"这些模块内容的基础上开发的。"身边的货币"课程结合七年级学生学情,旨在帮助七年级学生形成良好的金融态度和意识,开阔学生的视野,帮助学生利用货币史学、金融史知识,在学生自主探究实践结合课题活动的过程中不断挖掘、不断发展学生的创造力,帮助学生加深对货币的认识与理解,树立起正确的规则意识、风险意识。

二、课程目标

目标一:结合慕课,学习货币知识。通过学生观摩慕课视频、自主查询网络资料等方式,培养学生收集、整合、分析材料,撰写调查报告的能力;结合课题活动,帮助学生运用货币史学、金融史知识,加深对货币的认识与理解。

目标二:联系实际,培育金融素养。通过学生自主学习,培育学生的思维能力、实践能力、创新能力等,提高学生对现实金融世界的认识和分析能力,提高对现实经济中金融现象、问题的思考能力。

目标三:自主实践,培育创造能力。学生结合慕课视频,有效搜集网络资源与历史文献,选择中国货币或者自身了解的其他国家货币、地区货币中的一个为主题,通过网络、书籍、实地调查等方法,撰写一篇货币调查报告,制作成果展示的PPT并进行自主答辩。通过实践活动,尊重学生的兴趣意愿和个性差异,培养学生创新思维,提高学生专业知识技能与语言组织表达能力。

三、课程内容

"身边的货币"课程主要面向七年级学生,通过慕课学习、自主实践、交流评价三个环节的活动,帮助学生利用货币史学、金融史知识,通过自主搜集整合资料撰写货币调查报告,加深对货币的认识与理解,树立起正确的规则意识、风险意识,发展学生的创造力。具体课程内容见表 4-5。

表 4-5 澧溪中学"身边的货币"课程内容安排

	单元主题	学习要点	实施建议/要求
课程内容与教学活动安排	单元一：货币的产生与职能	结合东昌中学"身边的货币"课程中的"货币的产生""货币的职能"慕课视频，了解货币的产生与职能	仔细记录货币产生与职能的内容，进行组内交流整合
	单元二：中国货币的演变	结合东昌中学"身边的货币"课程中的"中国货币的演变"慕课视频，了解中国货币不同历史时期的发展；了解不同时期中国货币的特点等	课程实施中，充分发挥学生的自主性，结合慕课视频配套练习的形式促进学生有效开展学习内容
	单元三：人民币与世界各国货币	结合东昌中学"身边的货币"课程中的"人民币与世界各国货币"慕课视频，了解身边的货币——人民币；了解世界各国货币	课程实施中，充分发挥学生的自主性，结合慕课视频配套练习的形式促进学生有效开展学习内容
	单元四：课程评价	学生撰写一篇货币调查报告，制作答辩PPT，展示成果，进行自评、互评与师评	采取学生互评与师评模式，以展示活动评价表进行评价，培养学生语言表达能力

四、课程实施

澧溪中学"身边的货币"课程通过学科知识的深入挖掘和学生自主实践活动的开展，给学生提供混合式学习的多元体验，让学习和解决问题变得有趣起来，激发培养学生的创新能力，达到提升学生学科素养、实践能力的要求。

（一）课程实施对象

澧溪中学"身边的货币"课程面向的是澧溪中学七年级的学生。七年级学生对事物有着强烈的好奇心，善于观察，喜欢思考，喜欢动手制作，喜欢展示和分享，对创造性活动具有极高的积极性和热爱之心。七年级的学生对于身边的货币有所了解，但并不全面。他们已经学习过一部分中国货币的历史知识，但是并不完整。大量的历史知识对于学生而言仅仅存在于课本中，是枯燥乏味的，通过丰富的实物和视频资源，围绕主题设计探究性项目任务，引领学生在任务驱动下主动参与探究活动，鼓励学生在实践中获得体验，最终提升学生的综合能力，激发学生的兴趣。

（二）课程实施流程

通过慕课学习、自主实践、交流评价三个环节的活动，以学生为主体，教师在学生遇到困难时给予一定的指导，以调动学生的自主学习兴趣，强调学生在课程中深度参与、探究的主体地位，注重学生创新能力和探索精神的培养，加深对货币的认识与理解，树立起正确的规则意识、风险意识，培育金融素养。课程实施过程如下：

步骤1：课前准备。

正确理解课程的学习内容和课程任务。课程正式开始前，由教师召开宣讲会，学生了解本课程的学习内容和课程任务，提高参与积极性。

步骤2：课中学习。

学生仔细观摩慕课视频，掌握货币产生的历史过程与各种形式、职能等，并做好相关笔记整理。课后通过自主查找网络资源与历史文献，了解中国货币的演变过程，知道世界范围内广泛流通、使用的货币，收集整理资料，在学习单中记录搜集资料中遇到的困难、思考的解决方案与收获（见表4-6）中，进行交流分享。

表4-6 澧溪中学"身边的货币"课程学习单

班级：		姓名：	学号：
知识积累			
遇到的问题			
解决方案			
收获			

步骤3：课后实践。

学生结合慕课视频、网络资源与历史文献等，选择中国货币或者自身了解的各国货币、地区货币中的一个为主题，通过网络、书籍、实地调查等方法，撰写一篇货币调查报告。货币调查报告的内容建议为以下三种：

调查报告1——某一形制的中国货币报告：了解中国货币演变过程中，最引发你关注的某一形制的中国货币；联系生活实际、学习感受；根据学习内容，撰写报告。

调查报告2——某一国家或地区的货币报告：选择你最为熟悉的某一国家或地区的货币报告，联系生活实际、学习感受；根据学习内容，撰写报告。调查报告格式如图4-7所示。

◇ 主标题：×××××（自拟）（二号，黑体，加粗，居中）
◇ 副标题：——××××××（小三号，黑体，加粗，居中）
◇ 初一（　　）班　姓名　（小四号，宋体，居中）
◇ 正文：小四号，宋体
◇ 字数：600 字以上
◇ 页面设置：A4，行距：固定值 22 磅，页边距：上下左右均为 2.8 厘米

图 4-7　澧溪中学"身边的货币"课程调查报告撰写格式

以 2020 届学生 1 和学生 2 的调查报告的片段为例，分别说明不同类型货币调查报告的撰写情况。

在线观看和学习了东昌中学关于货币的特色课程后，我知道了在人类社会的早期是没有货币的，因为那时自然环境恶劣，生产力低下，人们常常食不果腹，没有剩余产品产生，也就没有物与物的商品交换。即使偶尔有产生的商品交换，也不足以使得人们对货币产生需求。后来随着生产力的不断提高，不同部落的人们剩余产品越来越多，导致商品交换越来越频繁，同时人们也慢慢发现了，在当时的商品交换过程中产生的弊端和困难：如果对方和我交换的商品，并不是我所需要的怎么办？就这样随着部落间商品交换的矛盾不断加剧，就迫使必须产生一种特殊商品，这种特殊商品大家都可以接受它，它可以从其他商品中分离出来，可以和其他一切商品进行交换并可量化表现其他一切商品的价值，只有这样，才能使得商品交易顺利进行，不受外部环境和需求的限制。这种商品就是早期的货币雏形。正是因为货币的出现，大大加快了人类社会的发展，也进一步促进了生产力的进一步发展。

——节选自学生 1 调查报告《浅谈中国古代货币——以开元通宝为例》

通过学习和调查，我发现：从自然货币到人工货币，从较大重量体积到流通携带方便，中国货币无论是材质、形状，还是制作工艺，都发生了很大的变化。如今，我们使用的人民币已发行了五套，形成了纸币与硬币、普通纪念币与贵金属纪念币等多品种、多系列的货币体系。将来，随着经济建设的发展和人民生活需要的提高，中国乃至世界会进入数字货币时代。今天参观了货币博物馆，其中我对秦半两的印象最为深刻。走入博物馆的大门，映入眼帘的是挂在墙上的古代贝币，再往前走就是泛着幽幽绿光但也莫名有着一股子庄严气息的秦半两，总共四枚秦半两静静地躺在玻璃展柜内，圆形方孔的外观，代表着古人天圆地方的观念，这一枚枚被时间腐蚀的钱币也承载着历史的脉络。

——节选自学生 2 调查报告《中国货币的演变过程》

五、课程评价

澧溪中学"身边的货币"课程调查报告答辩活动通过学生自评、互评的方式选出心目中最优秀的两位学生。互评方式如下：每组抽取一名同学按照评价表为学生打分，结合

自评与师评,最后得分最高者为优胜。学生制作 PPT,展示自己的货币调查报告,分享自己的感想等,时间为 5 分钟。课程的评价为形成性评价,采用学生自评和互评相结合的方式进行,侧重评价学生在整个学习过程中的表现,考察学生课程参与过程中的专注度、参与度、创意设计、实践操作、语言表达等多方面的综合能力,具体评价量表如表 4-7、表 4-8 所示。其中表 4-7 为学生评价表,包含了学生自评与互评,评价标准分为展示内容、展示方式、掌控程度等三个方面;表 4-8 为教师评价表,评价标准分为学习过程评价和答辩展示评价等两个方面。

表 4-7 澧溪中学"身边的货币"课程调查报告答辩学生评价表

班 级			姓 名		
评价指标(10分)				自评	互评
展示内容(5分)	能结合主题完成,有创意,体现金融特点	结合主题完成,体现金融特点,但缺乏创意	与主题不符,无创意,无法体现金融特点		
展示方式(3分)	语言表达能力强,熟练、自信	语言表达能力较强,不太熟练,较自信	语言表达能力欠佳,不够熟练,自信,声音比较轻		
掌控程度(2分)	能与场下学生进行互动,时间掌控在5分钟内	无现场互动或没有把控好时间	无现场互动,展示时间过长或过短		

表 4-8 澧溪中学"身边的货币"课程调查报告答辩教师评价表

班 级			姓 名		
评价指标(10分)				总计( )分	
学习过程(5分)	积极参与课程,认真完成调查报告	参与课程,完成调查报告	参与课程,没有按照要求完成调查报告		
答辩展示(5分)	熟练自信地进行答辩展示,主题设计完整	不太熟练进行答辩展示,主题设计比较完整	不能熟练地进行答辩展示自信,主题设计不相符		

六、课程成效

该课程从实施至今已经两年,通过观摩慕课视频、自主查询网络资料等方式,学生可以学习到更多货币知识,培养学生收集整合分析材料撰写调查报告的能力;帮助学生利用货币史学、金融史知识,结合课题活动,加深对货币、金融知识与历史的认识与理解,培育金融素养,树立起正确的规则意识、风险意识。在整体课程中皆以学生为主体,教师在学生遇到困难时给予一定的指导,以调动学生的自主学习兴趣,强调学生在课程中深度参与、探究的主体地位,注重学生创新能力和探索精神的培养。

以2020届学生1和学生2的调查报告的片段为例,分别说明学生在撰写货币调查报告的过程中的感悟与收获。

> 这次融·创课程"身边的货币"为我们展示了货币的发源、崛起、本质以及如今对人类生活的重大影响。我了解到货币对世界格局的变化产生重大影响以及与货币有关的金融机构的发展历程和不断更替的世界货币体系,并且对当今世界面临的全球货币秩序、通货膨胀、经济危机等影响人类未来命运的重大问题进行了思考。在学习课程之前,我本以为货币只是一种流通手段、交换手段和价值尺度,它的出现到发展强大只是给人类生活带来便利。现在才知道货币更多的是代表一个国家的经济实力,更代表了一个国家在世界上的地位。从这次融·创课程中,我懂得了一些经济学的知识,明白了货币对于人们生活的改变,对于社会经济的推动。我们要合理地使用货币,充分地发挥它的作用,让它为我们带来更多好处。
>
> ——节选自学生1调查报告《中国古代货币的演变》

> 中国的钱币发展历史悠久,作为一名中学生,我在本次课程学习中学到了很多有意思的货币知识,有不少是根据课程中学习到感兴趣的知识点后,通过网络查证的衍生知识,通过课程学习我对这"身外之物"有了一定的了解。货币的每一次变化都是当时社会发展、文化理念和科技进步演变的综合体现,货币发展的每一个阶段也是人类文明发展的里程碑。
>
> ——节选自学生2调查报告《中国古代货币的认知——秦半两》

七、课程思考

(一) 学生为主,教师为辅

该课程以学生自主探究为主、教师引导为辅。学生自主探究、亲身实践,从身边的货币的知识学习,到自主调查搜集资料,再到撰写调查报告。教师则是在学生遇到困难时给予一定的指导,例如如何有效搜集历史资料、如何区分使用历史资料等,为学生提供搜集历史资料的途径等,以调动学生的自主学习兴趣,强调学生在课程中深度参与、探究的主体地位。

(二) 探究实践,培育创造力

该课程的课后实践活动为撰写有关货币的调查报告。学生借由发达的互联网和丰富的线上课程内容以及配套的课程练习,巩固知识点,并在自主搜集资料的过程中进行整合。而在撰写调查报告时,进一步培养学生的语言表达与组织能力。整个过程都是学生自主探究、亲身实践体验的过程。这样的学习过程不同于以往传统课堂模式之下的知识性学习,而是学生通过自主实践将学习的知识真正内化为自己的所得。学生在实践中运用所学知识发现问题,掌握探究问题和解决问题的方法。同时在进行成果展示的时候,制作 PPT 并进行自主答辩,可以进一步培养学生的语言组织能力与自信心。通过实践,学生的探索精神和创新精神也在不断建立和完善。

(三)总结反思,展望未来

该课程从搜集调查资料到撰写货币调查报告,皆由学生自主完成。整个课程中可以发挥学生个体的自主性,但是在未来的课程中可以将合作学习模式纳入课程,在小组合作的形式下考察学生在整个学习过程中的表现,考察学生课程参与过程中的团队合作等多方面的综合能力。学生可以根据课程内容,对任务的主题方向进行讨论,在这个过程中思考讨论方案的可行性、提出假设、做出改进,最后形成小组成果。其实这就是探究的过程,也是学生不断拓展认知,提升问题解决能力,塑造探究精神、创新精神的过程。

第五节　小　学　篇

一、课程背景

在经济全球化的进程中,上海作为国际金融中心,浦东新区作为金融中心的核心功能区,从娃娃抓起,培养未来的金融专业人才已成为教育界和金融界共同关注的重要课题。

该课程基于东昌中学提供的"身边的货币"课程内容(货币的产生、货币的职能、中国货币的演变、各国的货币或地区货币),意在帮助学生建立对金融的感性认识,学习金融知识、体验金融活动,激发学生对金融的兴趣,培育学生的金融素养,激发学生的创造力。在探索与掌握理财知识及技能的同时,促进学生学会合作、分享、创新,树立责任意识,获得全面发展。

基于上述背景,高桥镇小学充分考虑到小学生的认知发展特点,将原有内容进行重新整合,形成新的四个模块:货币的产生与演变、认识人民币、各种各样的外币以及主题探究实践活动"每样东西都有价值",遵循向真实生活情境转化,借鉴问题驱动式学习,选取具有一定的综合性、实践性的问题、事件和现象来设计课程内容。

在项目化学习大背景下,本课程与信息科技学科相融合,让学生在发现问题的基础上,明确信息需求,选择合适的信息技术工具,以小组合作的方式利用信息技术分析问题、解决问题,同时提升学生的金融素养与思维能力,提升对现实经济中的金融现象、问题的思考能力和创造能力。

二、课程目标

目标一:通过观看慕课及结合生活常识,了解货币的产生和演变,掌握货币的本质以及汇率等基本知识。

目标二:通过围绕问题开展探究活动,激发对金融的兴趣,提升自主探究能力,认知劳动价值的重要性,提高遵守规则的意识。

目标三:通过对现实金融世界的再认识,能够对现实经济中的金融现象、问题有一定的思考能力和创新能力。

三、课程内容

"身边的货币"基于东昌中学提供的"身边的货币"课程进行内容设计(见表4-9)。

表4-9 高桥镇小学"身边的货币"课程内容

课时数	模 块	课 程 内 容
1	货币的产生与演变	货币的产生
		货币的本质
		中国货币的演变
2	认识人民币	中国的名片——人民币
		"摸""听""测"辨真假
		做爱护人民币的小卫士
3	各种各样的外币	各种各样的外币
		100 和 1 000 哪个大?
		出国旅行的学问
4	主题探究:每样东西都有价值	将生活中的"垃圾"制作出各种意想不到的、具有个人独特风格的实用美工作品,估价后放在阿福童超市进行寄卖。

四、课程实施

(一)课前准备

组织学生学习慕课"身边的货币",让学生初步了解货币的性质及相关情况。

(二)课堂新授

根据学生的学习规律和特点,设计情境与问题、体验与建构、分享与反思三个环节的教学流程。采用多样化形式,包括小组学习、主题游戏、团队创作、情景演绎等,引导学生自主探究货币的演变历史、发掘人民币背后的故事、感受货币带来的影响等,使学生在掌握知识和分享收获的同时,提升自主探究能力和创造力。

(三)阿福童金融创客室(学生社团或活动小组)

利用学校金融创客实验室或社团,由教师指导,学生自主完成团队分工,建立角色定位及职责,策划活动,商讨实施,促进学生集体归属感及合作参与能力的发展。例如,学生在阿福童金融创客室银行社区进行职业体验时,学生团队以"如何使校园货币——阿福童币流通起来?"作为项目,利用已掌握的货币相关知识,从假设到模拟阿福童币流通过程,再根据学校情况设计相关活动,最后根据设计稿实施活动完成项目。在整个项目实施过程中,教师以引导学生自主策划为主,进一步提升学生的发散性思维和创造力。

(四)校外实地调研

参观金融机构,使学生更直观地了解金融系统的的结构运转方式,参与社区活动,可以让孩子走出校园,更好地融入社区、融入社会,并促进调查探究能力的提高。

五、典型案例

以"认识人民币"这节课为例。人民币对于四年级学生来说并不陌生,但在如今信息化快速发展的时代,人民币却"悄悄"地从有形到无形,学生对于人民币的概念越来越模糊。通过该课的学习,帮助学生更全面地认识人民币,体会到人民币在生活中的重要性,并学会识别人民币的防伪标记,掌握一些辨别人民币真假的方法,加强爱护人民币的意识,提高主动沟通和交流的能力,激发创造力。

(一)教学片段一:体验与建构

教师:上节课,我们提到了一个生活中较为常见的现象,在人民币上写班级姓名,特别是在交饭钱的时候此现象尤为严重。大家提出了许多有关人民币上是否能写字的相关问题,最后确立了我们研究的驱动性问题——为什么不能在人民币上写字?在接下来的分组探究活动中,请同学们团结合作,共同设计我们要研究的子问题计划表。

1. 媒体展示分组要求

(1)学生9人为一组,共分为4组:考古组、研究组、鉴别组、保卫组;确定各组探究内容及分工。

(2)学生以小组形式分析问题、查阅资料、整理整合、成果展示,教师进行引导与辅助。

2. 学生组队自拟探究计划

学生在小组探究前首先要做的就是一起制订计划各组的计划表(见表4-10~表4-13)。

表4-10 高桥镇小学"身边的货币"课程考古组探究计划表

组　别	考古组	子问题	人民币是怎么来的?
探究方向	关于中国货币的演变		
探究途径	1. 观看金融慕课"身边的货币" 2. 浏览线上货币博物馆		
探究过程性资料	□图片　□文字　□视频　其他_____		
探究成果展现形式	中国货币演变脉络图、小报		

表 4 - 11　高桥镇小学"身边的货币"课程研究组探究计划表

组　　别	研究组	子问题	人民币上的图案有什么意义？
探究方向	关于人民币的发行		
探究途径	1. 查阅相关资料 2. 观察人民币实物 3. 询问身边的人		
探究过程性资料	□ 图片　□ 文字　□ 视频　其他＿＿＿＿＿＿		
探究成果展现形式	PPT 讲演——历代人民币讲解员、小报		

表 4 - 12　高桥镇小学"身边的货币"课程鉴别组探究计划表

组　　别	鉴别组	子问题	如何辨别真假币？
探究方向	关于人民币真假币的辨别		
将	1. 查阅相关资料 2. 邀请银行工作人员进行知识科普 3. 询问身边的人		
探究过程性资料	□ 图片　□ 文字　□ 视频　其他＿＿＿＿＿＿		
探究成果展现形式	"我是反假小超人"电子宣传手册		

表 4 - 13　高桥镇小学"身边的货币"课程保卫组探究计划表

组　　别	保卫组	子问题	如何爱护人民币？
探究方向	关于人民币遭到破坏的案例及爱护人民币的方法		
探究途径	1. 查阅网上相关资料 2. 询问身边的人		
探究过程性资料	□ 图片　□ 文字　□ 视频　其他＿＿＿＿＿＿		
探究成果展现形式	宣传海报		

　　在这一环节中,教师设计与学生一起归纳整理相关问题后将学生分考古组、研究组、鉴别组、保卫组等四个小组,然后让学生根据自己的喜好及希望探究的方向进入小组并自主合作,设计探究计划,充分体现学生的自主能动性,做学习的主人。

　　(二) 教学片段二:分享与反思

　　1. 考古组:我们小组利用课后服务时间"云参观"了上海线上博物馆"熠熠千年:中国货币史中的白银"主题展览;观看了东昌中学提供的金融慕课《身边的货币》;并充分利

用信息技术，在网上搜索中国古代货币的相关信息，整理了我国货币的演变史，知道了人民币的由来。我们小组在探究的过程中遇到了很多困难，如网上的资料非常多，如何筛选信息、如何整合信息梳理时间线等，老师指导我们可以尝试用思维导图的形式，也有用列表的形式，最后大家用不同的形式解决了同一问题，请看！这是我们小组成员一起整理的中国货币演变脉络图。

其他小组优秀评价：考古组用图文并茂的形式展现了我们国家古代货币的演变，A同学的《小人物话古币》（见图4-8）真的太有意思了，把枯燥的中国货币演变史一下子变得有趣了。

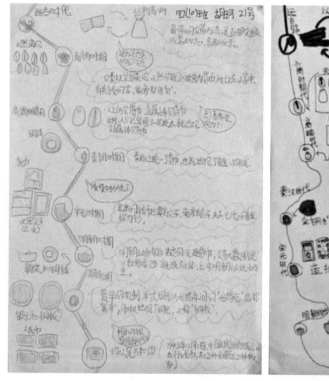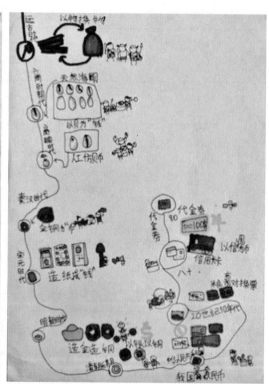

图4-8　高桥镇小学"身边的货币"课程考古组成果展示

2. 研究组：我们小组也是利用了信息技术在网上找了很多资料，但是我们发现很多信息有出入，比如，在百度上搜索"第五套人民币"的时候，我们小组发现没有五元人民币的介绍，我们就提出疑问：难道第五套人民币没有发行五元纸币吗？后来再搜索发现第五套五元人民币是2020年发行的，其余面值的第五套人民币是在2019年发行的，我们猜测百度百科没有及时更新（见图4-9）。

其他小组优秀评价：听了研究小组的分享，才知道我们现在用的人民币和之前用的人民币有这么多变化。而且研究小组观察得真仔细，我们都没有发现这个问题，觉得百度百科上的不会有问题，真的是尽信"百度"不如无"百度"，厉害！我们要向研究组学习，要有质疑精神。

图 4-9　高桥镇小学"身边的货币"课程研究组成果展示

　　3. 鉴别组：我们小组通过浏览校园网上"第五套人民币票面及防伪特征"知识窗，初步整理了如何识别假币，找到了一定的规律，但我们还是吃不准找到的方法是否真的可以准确识别假币。在听完农业银行客户经理的讲解后，我们通过摸一摸、听一听辨别真钞与假币的不同，进一步学习了2019年版第五套人民币的真伪识别技巧（见图 4-10）。最后在老师的技术支持下，制作了《我是反假小超人》宣传手册，希望同学们能够通过学习宣传手册，了解鉴别假币的方法，避免收到假币造成不必要的损失（见图 4-11）。

图 4-10　高桥镇小学"身边的货币"课程学生正在认真学习鉴别假币知识

图 4-11　高桥镇小学"身边的货币"课程鉴别组成果展示

　　其他小组优秀评价:看了鉴别组的宣传册,我知道了许多鉴别假币的方法,比如,可以摸一下纸币右下角的盲文,还有观察毛主席的头发纹理等,真有意思!提个小建议,如果有真的人民币和假的人民币让我们对比一下就更好了。

　　4.保卫组:不查不知道,一查吓一跳,通过调查身边的真人真事以及上网查到很多破坏人民币的案例,如收银员因为人民币破了就当众撕毁扔掉;小朋友在人民币上乱涂乱画;在蛋糕上制作人民币图案,还有用人民币制作花束,用硬币打造戒指,把人民币贴在墙上当装饰图案等,其实这些行为都是不合法的。看到这样的现象我们特别生气,深刻意识到人民币是我们国家发行的法定货币,是国家的象征,故意毁损人民币,制作、仿制、买卖人民币图样,未经中国人民银行批准,在宣传品、出版物或者其他商品上使用人民币图样等都是违法行为(见图4-12)。再告诉大家一个小秘密,打印机是复印不出人民币的哦!

图4-12　高桥镇小学"身边的货币"课程保卫组成果展示

　　其他小组优秀评价:保卫组说得对!我之前看到过爸爸妈妈在清明节买过一种钱币,和我们现在用的人民币几乎一模一样,家里的爷爷不小心拿错了去超市买东西,结果被超市阿姨拒收,还被批评了一顿,爷爷为此不开心了好一阵子。提议商家不要乱用人民币图案,我们要维护人民币形象,爱护人民币。

　　学生通过学习慕课、线上浏览博物馆及查阅资料、自主询问他人、积累材料等形式进行探究,所有学生都参与到不同的分组活动中,成果汇报(分享与反思)环节,除了展现计划中的成果,如脉络图、讲演、反假宣传册、爱护人民币小报等,还可以看到很多内容都是学生在实践过程中生成的,这一过程充分体现了学生创造力的培养。

六、课程评价

(一) 过程性评价

以"认识人民币"为例,针对学生参与课堂探究过程中的表现进行自评和互评(见表4-14)。

表4-14 高桥镇小学"身边的货币"课程"认识人民币"过程性评价表

评价人	认真倾听	积极参与	主动发言	勤于动脑	敢于创新
自 评	☆☆☆	☆☆☆	☆☆☆	☆☆☆	☆☆☆
小组评	☆☆☆	☆☆☆	☆☆☆	☆☆☆	☆☆☆

(二) 作品评价

以"认识人民币"为例,探究结束后,小组成员和教师对各探究小组的作品成果进行评价(见表4-15)。

表4-15 高桥镇小学"身边的货币"创课程"认识人民币"作品评价表

评价人	版面适当	脉络清晰	色彩合适	图文并茂	独具一格	表达流畅
小组评	☆☆☆	☆☆☆	☆☆☆	☆☆☆	☆☆☆	☆☆☆
师 评	☆☆☆	☆☆☆	☆☆☆	☆☆☆	☆☆☆	☆☆☆

(三) 成果性评价

根据课程目标以及课程内容、结合学情,设计了高桥镇小学"认识人民币"课程评价表(见表4-16)。该评价表从探索与想象、坚毅与审辨、合作与担当三个方面展开,注重收集学生在课程学习中的过程性表现,关注学生知识基础、认知过程、态度情感以及创新思维。

表4-16 高桥镇小学"身边的货币"创课程"认识人民币"成果性评价表

学生姓名:		评 价		
创造力量规	评 价 内 容	自评	小组评	师评
探索与想象 合格 ☆☆☆ 良好 ☆☆☆☆ 优秀 ☆☆☆☆☆	我能简单描述人民币的几个版本,知道第五套人民币各面值上的主要图案花纹,并能描述人民币上图案的故事。☆☆☆			
	我能说出几种中国古时候使用过的货币,能通过调查知道古时候曾被当作一般等价物的优缺点。☆☆☆☆			
	我能清楚描述货币是如何产生的,能够图文并茂地画出货币演变的过程,并能对未来的人民币展开想象。☆☆☆☆☆			

续　表

创造力量规	评　价　内　容	自评	小组评	师评
坚毅与审辨 合格 ☆☆☆ 良好 ☆☆☆☆ 优秀 ☆☆☆☆☆	我知道假币的相关特征,知道辨别假币的方法。☆☆☆			
	我知道假币的特征并能简单辨别真假币,知道收到假币可以交给警察或者银行,切勿再次使用。☆☆☆☆			
	我能简单辨别人民币真假,并能向我身边的家人朋友宣传,争当反假小卫士,爱护人民币,坚决抵制假币。☆☆☆☆☆			
合作与担当 合格 ☆☆☆ 良好 ☆☆☆☆ 优秀 ☆☆☆☆☆	我在小组内认真履行职责,提出想法,并能对他人提出善意的建议。☆☆☆			
	我在小组内认真履行职责,能与他人沟通,并能对他人提出建设性的建议。☆☆☆☆			
	我能在小组中提出爱护人民币的方法,并能对他人提出建设性的建议,能与组员达成一致,选出最合适的方法宣传爱护人民币。☆☆☆☆☆			

七、课程成效

"身边的货币"课程承载了学生金融素养启蒙的重任。自课堂教学实施以来已有两年,涉及学校全体四年级学生,在金融理论知识(见图4-13)及素养养成(见图4-14)方面教学成效颇为显著。学生不仅拓展了学习领域,增进了对其生活背景下的文化、社会、金融的理解,更促进了多方面知识的积累和发展,增强了社会责任感、使命感,提升了创新精神和实践能力,以及对社会的适应能力。任课教师不断学习金融知识,将理论运用到实际教学工作中,备好每一课教案,力求把每一节课落到实处。

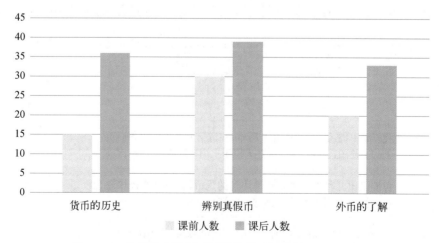

图4-13　高桥镇小学"身边的货币"课程理论知识成效统计

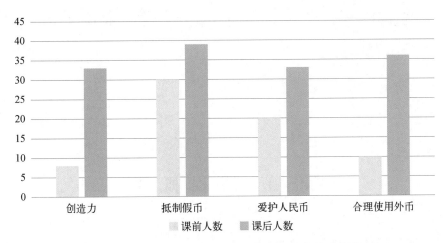

图 4‑14　高桥镇小学"身边的货币"课程金融素养成效统计表

八、课程思考

"身边的货币"课程从学生日常生活常用的"钱"入手,教师利用信息技术对教学内容精心构思、巧妙设计、精巧授课,通过问题探究、创设情境、组织讨论,鼓励学生发表自己的意见,引导学生自主学习、探究学习、合作学习,充分体现了学生与学生间的合作、教师与学生的合作,通过集思广益,实现谋求共同进步的效果。

整个课程作为综合课程容量较大,内容丰富多彩,但也存在个别学生知识学习不深入,产生畏学情绪;还有"认识人民币"中学生提出百度百科的漏洞时,对于学生产生的质疑未能及时解决,后续考虑是否可以开展致电百度百科的负责人员进行询问和求证等相关活动。真正做到以学生为主体,以学生的发展为本,让学生从"学会"向"会学"转变,成为学习的主人。

第一节　课　程　概　要

一、"身边的财富管理"课程定位

（一）"财富管理"的概述

狭义的财富管理是指私人财富管理,即向高净值人士提供的投资组合管理、税务规划、遗产规划、离岸资产管理、不动产管理等服务;而广义的财富管理则认为凡是以客户为中心,从客户需求出发,所有有助于客户实现财富管理目标的方法和手段都可以纳入财富管理的范畴。它通过对客户资产、负债、流动性进行管理,来满足客户不同阶段的财务需求,达到降低风险,实现财富保值、增值和传承等目的。财富管理范围广泛,包括资产管理、债务管理、风险管理、投资组合管理、保险计划、退休计划及遗产安排等。

财富管理的历史悠久,最早起源于欧洲。根据现有研究统计,财富管理的雏形最早可追溯到古希腊的奴隶管家,再到中世纪末期,欧洲的银行为贵族提供个性化的私密服务,这属于相对专业的财富管理。15世纪,意大利美第奇家族设立的美第奇银行是当时欧洲最大的银行,也是教会的财富管理人,为当时的欧洲贵族提供财产打理和世代传承服务。

真正意义上的财富管理最初以瑞士私人银行的形式出现。18世纪末,瑞士银行兴起,为高净值家庭提供金融服务,成为财富管理最早的原型。20世纪30年代至60年代,当代财富管理在美国萌芽。依托二战后纸币本位制的信用货币兑付机制发展,促使针对金融资产管理的诉求增加,人们对资产管理专业服务的需求越来越大。在20世纪60年代至80年代,美国商业银行和投资银行逐渐规避《格拉斯-斯蒂格尔法》,积极探索突破分业经营的金融创新产品;同时随着经济全球化和金融创新不断发展,银行逐步增强财富管理中介职能,专业服务机构的涌现,实现财富管理行业的良性持续发展。在20世纪90年代至今,金融衍生品的出现,为实现"金融超市"的综合化投资策略提供了现实保障。财富管理机构为实现更高的利润水平,满足客户的差异化需求,应用大数据等技术,提供以客户为中心的更优质的财富管理服务。

目前,国内提供财富管理服务的机构主要是商业银行、证券公司、基金、保险公司和第三方金融机构。与欧美财富管理机构半个世纪甚至上百年的发展历程相比,国内的财富管理行业发展历程较短,从业人员培养、行业经验积累方面与境外机构仍有较大差距。但近年来,国内商业银行为争夺财富管理市场份额,先后推出了私人银行业务。

回望历史,新技术的突破往往为世界经济的发展进步带来质的改变。在大数据、云计算、5G 技术大力发展的今天,金融科技在资本市场上得到了广泛的应用,也为财富管理转型发展进步提供了新的动力。同时,随着中国逐步放开资本市场准入,未来的中国市场将会吸引越来越多来自国外的财富管理机构,在财富管理领域,他们将与本土财富管理机构展开竞争,这是国内券商发展最具挑战的时代,也是最富机遇的年代。科技与金融的融合,智能与专家的融合,思维与文化的碰撞,都将为财富管理行业未来的发展打开新的一片蓝天。

投资的收益与风险并存,积累财富的过程需要具备严谨的头脑、丰富的知识、敏锐的眼光、超凡的智慧、卓越的勇气和强大的心理等素质。学习财富管理是希望学生们能够树立科学先进的财富管理理念,不断丰富自己的综合素质和知识,能够及早进行财富规划,能够在积累人生财富的路上少些曲折。学习财富管理虽不能保证一定能积累巨额财富,但必定会在学生们美好前程道路中铺就一块引路砖。

(二)"身边的财富管理"课程价值

学生时代是消费观、财富观形成的重要阶段。在成长过程中学生的消费观、财富观受到成长环境的重要影响,家庭的经济情况、父母的消费行为、所处环境的消费理念都将在一个人消费观、财富观的形成过程中留下印记。因此,在学校教育中全学段、全过程地进行财富管理课程的学习就显得十分必要。财富管理的学习有助于学生理解财富管理相关的知识和专业术语,体验丰富多样的金融活动,并且通过对比众多理财产品,学会选择最合适自己或家庭的理财工具,从而在实践中提升学生的金融知识与能力。除此之外,在一个个具体财富管理案例的学习过程中,学生还将理解到诚信意识、规则意识在现代金融系统中的重要作用,明确诚信以及遵守规则将会是社会生活中与他人交往、在社会立足的重要品质。在借助金融实验室尝试购买不同理财产品、合理配置自己财富的过程中,学生将体验到财富管理过程中数学工具的广泛运用以及建模思维、分析思维、系统思维的重要性。通过全过程、全学段、多任务的课程学习,学生将得到全面的发展与提升。金融知识与能力、金融思维与方法、金融意识与态度的习得将转化为刻在学生体内的金融素养,陪伴学生的成长,最终将学生培养成有诚信意识、有规则意识、有社会责任感、有合作交流能力的全面发展的人。

二、东昌中学"身边的财富管理"课程简介

课程是一所学校的灵魂,东昌中学基于学校"金融素养培育"这一特色,将金融素养培育特色课程同现行高中课程进行巧妙融合,构建了富有特色的学校课程体系。"身边的财富管理"是东昌中学金融素养培育特色课程中的一门核心圈课程。

2017 年 11 月"身边的财富管理"慕课制作完成并正式上线,共包含六个模块,每个模块包含学习目标、主题讲解以及课后思考三个部分,注重学、教、评的一体化。之后,课程增加了课程模块,扩大了授课教师团队,增加了动画特效与时长,让"金融慕课"的呈现形

式摆脱教师的说教,更加生动活泼。

"身边的财富管理"课程在内容设计上充分考虑学生的生活和学习经验,从日常生活中的问题引入到金融知识的讲授,语言通俗易懂,讲解深入浅出,让学生在短短时间内了解了生活中的各种金融知识。此外,"身边的财富管理"在授课形式上通过网络开展教学,学生能够根据自己的兴趣选择相应的课程,并且打破学习的时空限制,可以随时利用网络学习进行学习,有助于激发学生学习的主观能动性,提高学习效率,帮助学生养成良好的自主学习习惯,为金融素养的培育打下基础。

2020年在《基于区域特色的学校综合课程创造力研究与实践》项目实施过程中,东昌中学将"身边的财富管理"课程与"融创"联盟学校进行共享共建。高桥镇小学、澧溪中学、立信附校以及东昌中学共同在已有课程的基础上,基于自身学段与学情的特点,对课程进行了开发与统整,共同形成了贯穿小学、初中、高中全学段的综合课程。

在此次改进过程中,东昌中学"身边的财富管理"课程更加注重课程的综合性与创造力培养,将慕课制作这一综合性任务融入学习的始终。学生不仅要学习课程内的知识,还需要与同伴沟通、分工、协作,针对某一金融主题进行慕课创作,在作品中展现独特的观点、想法,或针对某一与金融有关的现实问题提出解决方案。这种基于已有知识或问题的创作需要学生具备检索、归纳、总结知识并提出独特观点的能力,在完成作品的过程中还要求学生具备撰写文案、视频制作、后期剪辑等综合能力,在团队协作中还有助于培养学生善于合作、善于沟通的人际交往能力。"身边的财富管理"这一课程的不断优化为"融创"全学段综合课程的建设奠定了良好的基础。

三、"融创"全学段"身边的财富管理"课程简介

为提升学生创新精神和实践能力,新时代"融创"全学段综合课程建设团队对东昌中学已有"金融慕课"资源加以筛选和改编,并将其规划到"融创"全学段综合课程体系的建设之中。

财富管理与我们的日常生活息息相关。掌握必备的理财知识,对我们未来的工作与生活,都有着重要意义。"身边的财富管理"就是基于日常生活中的理财情境开发的创课程模块。"身边的财富管理"旨在使学生通过课程内容学习记账的基本方法,了解银行理财、保险理财、基金理财、股票理财与互联网支付等主要的理财方式。通过体会各类理财方式的特点与利弊,培养学生理财观念,初步树立正确的规则意识与风险意识。课程设计从最基本的理财观念聊起,为学生展示当下各种主要的理财方式。从银行理财产品的选择到保险购买的方法,从基金产品的选购到股票理财的优缺点分析,都将一一呈现,可以说这是"金融慕课"系列课程中与日常生活最为贴近的课程。理财越来越成为现代人必备的生活技能,从小建立正确、良好的理财观念有益于学生终生的发展。因此,不论是小学、初中还是高中生,都有必要对理财有一定的认识。

"身边的财富管理"创课程模块涵盖小学、初中、高中三个学段,针对不同学段的学生设计了差异化的"身边的财富管理"课程。根据"融创"联盟学校的校情与学情,由高桥镇

小学负责小学四年级的课程开发与实施,澧溪中学、立信附校分别负责初中六年级、初中八年级的课程开发与实施,东昌中学负责高中一年级的课程开发与实施。

高桥镇小学开发的课程,通过提供适合学生的个性化教育机会,充分发挥其潜能,促进每一个学生和谐全面发展。结合小学生的学情对原有金融慕课进行筛选和改变,形成了更有利于小学生理解、掌握和感兴趣的主题内容,形成了模块学习、主题活动的课程模式。四个学习模块包含"钱从哪里来""钱到哪里去""认识零花钱"和"我爱记账",从学生的日常生活入手,精心设计教学环节,培养学生正确的金钱观、消费观、理财观。四项主题活动包含事实辩论赛、制作记账本、理财小视频和规划小当家基金,将课程所学知识融入主题活动中,培养动手、表达与创作能力,激发理财意识。此外,高桥镇小学还在学生社团活动和阿福童社区活动中融入金融知识;在金融社团歌词创作中融入金融知识,潜移默化加深学习印象;在社区超市岗位体验中,学习采购、营销、促销计划的制定和账目阅读,增强团队合作能力、培养理财意识。通过以上学习和实践,高桥镇小学形成了课程建设、社区职业体验、金融社团活动三者相辅相成的学习闭环,促进学生创造力的培育。

澧溪中学开发的课程,基于初中生身心发展规律和认知理解水平,以财富管理为切入点,围绕资源管理、金钱管理、合理投资、风险识别与控制四大学习维度开发了独具特色的沙盘推演式沉浸教学。该课程以"澧溪财富人生"沙盘作为重要的教学工具,包含沙盘盘面、三大目标、六大素养、"澧溪币"、16张机会卡、7张事件卡等道具,通过金融慕课视频学习、8节金融专业知识课学习以及春节、清明节、儿童节、劳动节、中秋节、国庆节六大节日主题活动,推动"澧溪财富人生"沙盘的前进。学生需要在学习和不同事件中,做出合理选择,支出或获得"澧溪币",增减素养星值。在学期末对个人沙盘数据,包括三大目标达成情况、"澧溪币"结余情况、素养星值情况等进行盘点和反思,并在教师的引导下总结学期收获并进行奖项评比。通过沙盘推演式沉浸教学,将金融知识与学生生活中的四大场景——学科学习、兴趣探索、家庭生活、社会适应——进行融合,让学生在沙盘推演的过程中感受不同的人生体验,积累扎实的金融基础知识,形成良好的道德品质,培养创新创造精神,并领悟在自己身上投资是最好的理财。

立信附校开发的课程,基于学生成长规律、知识能力基础以及兴趣偏好,实现了跨学科、跨学段、跨领域的项目化学习。该课程以立信附校小学阶段开设的"财商课"为基础,先梳理回顾了小学的重点知识,并进一步向纵深拓展,设置了六个单元的课程内容,包括"你需要一个商机""需求分析""供给分析""相对价格分析""边际策略"和"收付实现",每个单元通过生动形象、与时俱进的案例分析将晦涩难懂的理论知识深入浅出地展现给学生。同时,该课程强调以项目化的形式开展,每个单元都设置了具体的项目任务,并且环环相扣、层层递进。在教师的引导下,以项目任务的达成为线索,依靠团队分工协作,通过案例分析、发现需要、需求转化、成本测算、产品设计与改进、利润测算,一步一步将最初的商机转化为具体的操作与设计,并开展交流与评价,让理论知识的学习通过项目化的自主思考与实践操作,内化为学生内在的创造力素养,体现了教学从教师主导到学生主导的变化,课程从知识本位到素养本位的转变。

东昌中学开发的课程,抓住高中生对财富管理知识初步了解,并且有一定可自由支配的零花钱的特点,设计了理论与实践相结合的综合课程。该课程包含财富管理概述、记账与银行理财、保险理财、基金理财、股票理财、互联网理财六大主题,遵循从总体介绍到具体讲解、先具体案例再抽象提炼的设计思路,由浅入深、循序渐进地给学生展开财富管理的学习蓝图。每个主题都会采用生活中真实的案例或情境来讲解专业知识,激发学生学习兴趣,促进学生自主探究。课程作业包含主题作业与课程大作业两部分,以任务驱动的形式,一步步引领学生深入思考,并通过团队合作完成作品提交与展示。在评价过程中注重过程性评价和总结性评价相结合,精心设计评价量规,对学生学习的全过程进行记录和评价,做到以评促学。通过该课程学习,学生不仅能够丰富理财知识、提高理财能力,更能够树立正确财富观,促进规则意识、风险意识的培养。

在"融创"全学段"身边的财富管理"课程的构建与实施过程中,有基于"四模块学习"与"四活动体验"相互联动,通过知识学习与实践体验的相互促进,形成课程建设、社区职业体验、金融社团活动相辅相成的闭环的学习模式;有围绕资源管理、金钱管理、合理投资、风险识别与控制四大学习维度,围绕春节、清明节、儿童节、劳动节、中秋节、国庆节六大节日主题活动推进,围绕三大目标达成情况、"澧溪币"结余情况、素养星值情况进行评价的"财富人生"沙盘推演式教学;有以"财商课"为基础,学习分析成功的商业案例,并以小组形式合作完成任务,一步步将需求转化为具体产品最终实现商机的项目化学习;还有以"慕课制作"为核心任务,以小组团队为学习单位,以财富管理为主题进行的任务驱动式学习。每种学习模式都不仅仅是单一的某个学科或某种学习方式,而是包含了多学科的相互融合、知识学习与实践活动的紧密结合,以及人际交往活动的充分参与,落实了让学生在复杂学习情景下尝试解决真实的问题的课程设计初衷,注重学、教、评的一体化贯穿始终,珍视学生在课程中的创造性思维,充分体现了知识、能力、素养、价值观的全面培养。

第二节 高中篇

一、课程背景

"身边的财富管理"课程是东昌中学金融素养培育特色课程中的一门核心课程。财富管理指的是根据个人的需求,选择适合的金融产品或者服务,实现财富保值、增值和传承等目的。随着"理财时代"的到来,财富管理的重要性日益凸显。投资与理财是每个个体及家庭不可避免的金融活动,然而理财并不等于盲目投资,它需要科学系统的规划。人们每天都会有不同的支出,每个阶段也会有必要的大额支出,如教育、购房、养老等。为避免入不敷出的情况,理财十分重要,科学的理财可以在适当控制风险的同时获得合理的收益。如果不进行投资规划,财富不仅不会实现升值,反而可能随着通货膨胀贬值。

对于高中生而言,他们正处在消费观、财富观形成的重要阶段,帮助学生树立正确的财富观对人生观、价值观的确立至关重要。学生在一定程度上可以自由选择所需的物品及决定个人财产的用途,但每个人的消费习惯和理念各有不同。学生没有工资性收入,在消费时要学会控制购买欲和享受欲,学会管理自己的零花钱,懂得先储蓄再消费。高中生对于财富管理有所接触,如网络信息、父母经验、个人亲身经历等,但对于金融基础知识或者理财产品的特征、差异、购买过程、隐藏的风险等比较陌生。"身边的财富管理"课程系统讲解生活中常见的财富管理工具如股票、基金、保险、银行等基本知识及简单操作;了解如何根据个人情况,做好资产配置;掌握风险管理的方法,进行组合投资分散风险,实现资产的增值。该课程的学习旨在丰富学生的金融理财知识,培育学生的个人理财能力,同时树立正确的财富观、规则意识和风险意识。

慕课是一种在线开放课程,不受时间和空间的限制,手机、平板或者电脑只需连接网络即可开始学习。学生可以自由选择学习的地点与时间,把握学习进度和学习节奏,对于难点部分可以重复观看,等到听懂、理解了再继续,提高学习效率。慕课让更多的学生能够便捷地学习知识,从而实现教育资源的共享。该课程于 2017 年在上海市高中名校慕课平台上线,不仅促进了东昌中学学生金融素养的培育,更普惠了全市的高中生群体。

二、课程目标

目标一:了解财富管理,学习金融知识。该课程包含六个主题,从概述到具体,先帮助学生建立财富管理的总体框架,然后具体阐述不同的财富管理工具。在学习中能够深入浅出地了解财富管理相关的金融知识和专业术语,学会选择和对比众多理财产品,选择最适合自己或者家庭的理财工具。该课程选择的理财工具皆与学生的生活息息相关,学生能够联系现实、学以致用。

目标二:树立正确的财富观,培育金融素养。该课程重点培育学生的金融素养,在学习金融知识的同时,提升理财能力,树立正确的财富观。高中生没有工资性收入等,要学会理性消费,正确看待收入、支出以及财富,理解收益与风险的伴生关系,了解个人的风险承受能力,从而树立正确的财富观和理财意识。

目标三:加强团队合作,培养创造力。该课程的作业是以团队合作的方式,参照教师慕课制作过程,创造出属于自己团队的金融短视频。学生在脚本撰写、PPT 制作、视频拍摄等过程中,搜集资料、整合数据,融入自己对金融的认知与理解;同时提升综合能力、开拓陌生的领域、学习新的技能。通过团队分工合作,培养团队精神,树立责任意识。知识需要内化和外显,以视频作为载体进行成果展示,以合作的形式进行创造力的培养。

三、课程内容

该课程包含六大模块,如表 5-1 所示。课程教学遵循从总体到具体、先具体后抽象、由浅入深、循序渐进的认知过程,先概述财富管理的重要性,再分别介绍财富管理的主要方式,以真实事例引出理财产品,理解专业术语,掌握基本的金融专业知识。

表 5-1 东昌中学"身边的财富管理"课程内容

模　块	主　要　内　容
一、财富管理概述	1. 理财的收益 2. 理财的风险 3. 规避理财风险的方法
二、记账与银行理财	1. 记账的目的与简单方法 2. 银行的功能介绍 3. 银行理财的分类与特点
三、保险理财	1. 保险是什么? 2. 保险为何能起到理财的作用? 3. 如何选择保险?
四、基金理财	1. 基金是什么? 2. 基金的种类与投资方法 3. 如何选择适合自己的基金?
五、股票理财	1. 股票的基础知识 2. 股票投资的方法与特点 3. 股票的收益与风险
六、互联网理财	1. 互联网理财产品的分类 2. 互联网理财的优势 3. 互联网理财如何规避风险

(一) 学习多样的理财方式

该课程介绍的理财方式有银行存款与理财产品、保险、基金、股票和互联网理财。不同的理财方式所产生的收益不同,可根据个人或家庭的实际投入、风险偏好与预期收益进行投资与规划。银行存款是最基本的家庭投资理财方式,存款品种多样,具有灵活性、收益确定性与安全性等特点;股票投资具有高风险、高收益的特点;基金投资比股票风险小,可委托给专家代做投资选择,省时省事;保险具有风险保障的作用,在投保以后,一旦灾害事故发生或保障需要,可以从保险公司取得相应的经济补偿,若保险期内没有发生有关情况,则保险投资全部损失。有些保险产品兼具保险保障和投资获益的功能。保险投资在家庭投资活动中不是最重要的,但却是最必要的。事前做好保险规划,可以避免突发事件给个人或家庭带来的财务危机;互联网是消费和支付的载体,目前互联网理财已成为民众理财的基本方式之一,涉及的平台较多,理财产品多样,安全性是最大的问题。

(二) 养成良好的理财习惯

要学会理财,首先要学会管理自己的财产。通过记账,掌握个人或家庭收支情况,合理规划消费投资,培养良好消费习惯。在记录的过程中,掌握当下物价的涨跌情况,从而了解社会形势,增强对个人财务的敏感度。任何一笔支出及收入都需要记录,可根据实际情况进行细分,明确金钱的来源和去处,方便查询。在收支发生后及时进行记账,避免遗漏,以此形成完整的账本,定期进行结算,把控收支再进行下一步的规划。每个家庭都在进行着自觉或不自觉的理财计划,如家庭开支、添置物件等都是家庭理财计划的一部分。想要更好地理财,就必须了解家庭固定收入和日常支出,掌握其规律,量入为出,使日常生活条理化,并保持勤俭节约。

（三）了解风险控制的方法

收益与风险相伴相生,高收益一定伴随着高风险。无论是哪一种理财方式,有收益就有风险,因此课程中每个主题都强调风险性。在财富管理中,风险是无法规避的,但可以尽量使其降到最低。风险控制的四种基本方法是风险回避、损失控制、风险转移和风险保留。风险控制的目标是同风险收益最大化,同收益风险最小化,而组合投资是风险控制的主要途径。无论是基金、股票、储蓄的组合还是不同类型基金的组合,通过产品不同的风险等级及其所占比重,降低整体风险,保障收益。互联网使得理财沟通更加直接,同时虚假信息不断增加,要学会甄别、谨防诈骗,提升互联网理财防骗意识,培养互联网金融思维。

以"互联网理财"为例,课程中有这样一个实例。2014年7月,钰诚集团将改造后的平台命名为"e租宝",打着"网络金融"的旗号上线运营。2015年底,多地公安部门和金融监管部门发现"e租宝"经营存在异常,随即展开调查。截至2015年12月8日,e租宝待还余额为704.9亿元,投资总人数不少于98万。该案例中的"e租宝"互联网平台发布虚假信息,非法吸收公众资金,造成民众巨大损失,对社会产生严重影响。互联网的便捷性使得理财产品的管理成本降低,因而具有低门槛、高收益的特点,十分符合大众理财需求。互联网诈骗利用人们的心理需求,发布高收益产品的虚假信息,骗取人们的存款。网络上的信息良莠不齐,要学会甄别信息的真伪,案例帮助学生了解现实生活中的诈骗事件,从而提高个人安全防范意识。如何挑选互联网理财产品,则有四点建议：① 看背景查历史深挖平台信息；② 分析平台运营模式；③ 分散投资对冲风险；④ 优先投资抵押有担保项目。背景信息调查可以更好了解平台相关管理制度。互联网平台应是有营业执照、税务登记证、组织机构代码证等证件齐全的正规公司。在调查平台信息过程中,还需注意借款人的信息、平台风控能力和垫付能力,这些基础信息在网上都可以搜索,操作便捷。一般发展良好的大平台,风控措施相对比较完善,有比较严格的管理制度。在投资过程中,合理搭配不同风险等级的理财产品,不同收益率、不同期限、不同类型的标的都配置一些,则更有利于分散风险。

课程内容选择遵循生活化原则,开发具有逻辑性,语言浅显易懂。基于高中生的经济基础与金融知识背景,学生参与理财投资的可能性较小,尤其是股票和基金,因此课程内容的重点在于学生能够了解相关理财产品的主要特点及差异,并根据个人需求和投资方式进行选择。该课程内容贴合现实社会,是学生需具备的基本理财知识。市场上的理财产品众多,该课程所选的是最为普遍和常见的、学生在日常生活中皆有耳闻的,且家庭理财都会选择的产品,如银行存款、保险、基金、股票和互联网理财。

以"基金理财"为例,主要内容为基金的概念、种类、投资方法和挑选,内容开发上具有逻辑性,符合学生认知过程。基金的概念较为抽象,为了帮助学生理解,避免过多的专业术语,于是引入了情境。当你没有精力、没有专业知识、钱也不多,要如何进行财产增值呢?可以找 10 个合伙人出资,雇一个投资高手操作大家合出的资产。然后在 10 个投资人里推出一个最懂行的与投资高手随时交涉,由他代为付给投资高手劳务费报酬。这就是合伙投资,将这种合伙投资的规模扩大 100 倍、1 000 倍,就是基金。通过情境,可以归纳出基金的特点为有专家进行专业理财服务,投资方便,门槛较低。购买基金涉及实际操作过程,为了让学生能够感同身受,课程中以案例的形式呈现。例如,小张带着身份证来到银行,但他不知道要买什么基金,于是他找到了大堂经理,大堂经理带他去理财专柜,由专业人员为他讲解。在案例中提到可以在银行购买基金,还可以通过证券公司、基金公司直销中心购买,除此以外还有网上购买。学生现阶段亲自购买基金的情况较少,因此简单了解购买途径即可。在挑选基金上,给出了四个建议:① 根据自己的投资方式选择适合的基金类型;② 在同类型基金中挑选中、长期绩效好的基金;③ 选一家好的基金公司;④ 衡量基金风险。这四个建议具有实操性,在一些基金入门的书籍中反复出现,其他建议如基金定投等较为复杂,可以留给感兴趣的学生在课后做深入探究。

四、课程实施

(一) 慕课录制

1. 情境化教学

高中生实际参与理财活动的机会较少,为了能够贴近学生生活,课程中每个主题都会采用真实案例或者虚拟情境进行教学。案例与情境皆来源于生活,只有与生活相联系,才能激发学生学习兴趣,让学生主动参与到教学过程中,发挥学生自主学习的主体作用。如"财富管理概述"中的假设问题:如果有 100 万的存款,如何进行未来十年的规划?学生需要了解家庭支出款项、可控制预算和不可控制预算,了解市场上常见的理财产品并进行选择。"保险理财"中以三人不同理财方式,强调在突发事件下保险的重要性,如表 5-2 所示。"互联网理财"中以真实的"e 租宝"诈骗事件强调互联网理财存在风险,需提高个人安全防范意识。

表 5-2   东昌中学"身边的财富管理"之"保险理财"中"非典"前后三人财富状况

	"非典"发生前	"非典"发生后
甲	每月花费 500 元购买健康险,其余资金全部存入银行	毫发无损。由于购买了健康险,经济上基本没有受到大的损失,还拥有约 30 万资金
乙	没有购买任何保险,将所有的资金均存入银行	身价缩水一半。由于没有购买任何保险,在治疗期间花费了大约 15 万的医疗费用,均由本人从银行存款中提取
丙	没有购买任何保险,全部资金投入股市、债市等	借钱治病! 由于其没有保险保障,同时无法抽出股市套牢的资金,也没有银行储蓄作为储备,只有举债近 15 万

2. 可视化教学

慕课使学生的注意力集中在视频上,通过丰富多样的数字资源吸引学生,保持学生的注意力。在慕课制作过程中,选择与主题内容相关的卡通图案、漫画、动画、视频等对应脚本内容。在案例讲解的过程中以虚拟人像替代案例中的主角(见图5-1),或者配有一组漫画(见图5-2),让案例变得生动形象,从而避免出现长时间单一的画面,使课程更具有趣味性、生动性。

图5-1 虚拟人像   图5-2 漫画图组

(二) 学生学习

该课程的学习对象是东昌中学新入学高一全体学生,学习时间在8月。学生先阅读学校下发的《金融实验室在线平台学生操作指南》,了解平台操作过程。随后登陆东昌中学校园网金融实验室平台,通过个人的用户名及密码登录,选择"身边的财富管理"金融慕课进行学习,具体实施安排如表5-3所示。平台会记录学生观看的时长、次数与答题情况。

表5-3 东昌中学金融慕课学习实施安排

内　　容	要　　求	完 成 时 间
平台上注册登录	人人参与	8月1—2日
金融慕课的自主学习	人人参与 1. 至少要完成两门课程的学习(视频学习＋完成作业＋成绩认定) 2. 其余课程可浏览,了解课程概要	8月4—30日

该课程作业由模块作业和课程大作业两部分组成。以任务或问题驱动学生思考,在解决问题的过程中加深对金融知识的理解与应用,从而提高金融素养水平。模块作业是学生学习每个主题视频后,都需要完成相应的课后测试题。课程大作业是课程结束后,每班学生自由组合,组成4—6人的小组,选择本课程中任一内容作为主题,进行视频录制。内容可包含:理财的收益、理财的风险、记账的方法、股票的选择等,学生也可根据自己兴

趣选择与课程内容相关的金融主题。视频制作方法仿照慕课的制作过程,根据所学内容进行资料收集与整理、脚本撰写、脚本修改、PPT 制作、视频拍摄、后期美化等步骤,最终形成一个 4—5 分钟的视频,开学后提交脚本、PPT、视频作品。

五、课程评价

该课程评价包含过程性评价和总结性评价。过程性评价即每个主题的主题作业,主题作业一般为三道练习题,题型为选择题和问答题,检测的内容是该主题中的重点知识,选择题难易程度较为简单,问答题则为开放性题目,言之有理即可。主题作业重点检测学生在线学习的认真程度。作业如下所示。

1. 关于银行理财产品这种投资方式的风险描述正确的是
   A. 仅由银行承担　　　　　　　　　B. 仅由客户承担
   C. 由客户或客户与银行按照约定方式双方承担　　D. 没有风险
2. 以下哪种方法不能保障互联网理财时的资金安全
   A. 分散投资　　　　　　　　　　　B. 查看投资平台的资质
   C. 抢购投资回报率最高的产品　　　　D. 了解平台的运营模式
3. 假设你有 10 万元,请为自己制定一个合理的基金投资方式,并说出理由。

总结性评价是对课程大作业展示并进行打分。每组委派一名学生播放该组的小视频,并介绍成员和分享制作心得。评分人员是各组组长及邀请的评委老师。评分标准包括了主题选择、脚本撰写、视频呈现、团队合作四个维度,如表 5-4 所示。根据每位组长和教师的打分计算每组的平均分,对总分第一和单项最高分进行表彰。

表 5-4　东昌中学"身边的财富管理"成果评价表

	主题选择(20分) 选题贴近生活,有现实意义,具有一定的新颖度的可加分	脚本撰写(30分) 围绕主题,内容充实,观点清晰,文字流畅	视频呈现(30分) 视频呈现能做到逻辑性与趣味性的统一,美观有趣可加分	团队合作(20分) 小组成员各司其职又能紧密合作,每个成员都能发挥作用	总分 (100分)
第1组					
第2组					
第3组					
第4组					
第5组					
第6组					

六、课程成效

该课程从实施至今已有五年的时间,每一届学生在入校初都参与课程的学习,累计至今已有2 500多名学生。课程的学习一方面普及了金融知识,作为入门课程,激发了学生对金融的兴趣与探究,学会了在生活中关注与金融相关的事件,培养了金融思维;另一方面培养了学生的创造力。在探究方面,学生能够在众多内容中确定视频主题,并对主题内容展开探索和调查。有些主题虽与课程名称相同,但内容上有所不同,如"记账方法"中介绍了多个手机APP软件,"基金理财"中重点介绍私募基金和公募基金,"股票投资"中讲解了分析股票的方法、"银行理财"主讲中国银行交易银行部主要产品等;还有一些创新的主题,如理财三阶段、银行理财产品、社会保险、券商与投资银行等。在合作方面,小组成员为制作视频履行各自职责,如负责脚本撰写、素材搜集、语音录制、视频制作等,最终呈现出一个完整的视频作品。学生的动手能力较强,能够寻找多种资源丰富视频内容,如卡通图片、视频、动画、背景音乐等。在视频讲解中也有分工,但整体风格统一、画面精美、文字流畅。

学完课程后,学生根据兴趣爱好选择相关的校本核心圈课程,如"学做投资""银行实务"等,在金融的领域里不断拓展与延伸。此外,越来越多的学生参与到金融专题讲座中,与专家进行互动问答,并且能够根据自己的所学所想提出具有一定专业水平的问题,受到专家的赞许。在高中生经济论坛中,东昌中学学生作为参赛选手报名参与财商知识竞赛和虚拟投资大赛,斩获多个奖项;作为活动志愿者和工作人员,参与银行储值活动、保险业务等活动,通过体验工作岗位丰富实践经验;担任金融历史博物馆和货币博物馆的讲解员,丰富金融知识。在浸润式学习中,学生的兴趣将继续延续下去,并影响学生的专业选报及就业。一部分学生在高考志愿填报中选择了金融专业,毕业后从事了金融行业,真正跨入了金融圈。

该课程在上海市高中名校慕课平台上线,扩充全市教育资源,丰富中学生学习体验,提升中学生信息化环境下的学习能力,并提升东昌中学知名度。课程的开发引导教师提升信息化环境下的教学设计、实施与评价的能力。在"融创"全学段综合课程建设中作为学习模板,供初中和小学借鉴参考,带动初中和小学相关课程的开发,促进学生金融素养培育及创造力培养,起到辐射引领作用。

七、课程思考

该课程实施至今,提升了教师的课程开发能力,通过启发学生在金融领域不断探究,激发了学生的创新意识和思维。

(一) 反思

通过课程学习不断培养学生的创新意识。在课程学习中,学生的角色在听众与学徒间进行转换。在线学习期间,学生的角色是听众,浏览慕课学习课程知识。当教师抛出问题后,学生尝试用所学知识和技能去分析、解决问题。在完成课程大作业中,学生的身份转为了学徒,他们需要模仿教师的做法,按照一定的流程去创作自己的作品。学生之间通过头脑风暴,自主确定主题内容,与课程建立联系,收集资料,设计与撰写脚本。在这一过程中,采取小组合作探究的方式,强调学习的主体地位,培养主动参与的意识,这能够激发灵感、活跃思维、相互启发,有利于创新意识的形成和发展。通过分工合作、各司其职,强化责任感和使命感,有利于学生相互帮助、相互支持,加强学生之间的沟通,充分利用集体智慧,从而培养合作能力和团队精神。课程中学生角色的转变、不同程度的任务设计,更能够体现学生知识迁移能力、解决问题的能力与其创造力。

（二）展望

在今后的作业设计中可以考虑增加更具有挑战性、至今还未解决的真实问题,让学生能够充分发挥、开拓思维、不断创新。

评价量规可进一步细化,四个评价维度可细分不同等级指标,如基本完成、完成良好、有所创新等,对不同等级进行描述更便于打分(见表5-5)。同时,评价人员可扩大至全体学生,增加学生的参与感。此外,对于组内成员也可设计组员的评价表,根据各自表现及任务权重进行组内打分,选出优秀组员。

表5-5　东昌中学"身边的财富管理"改进后的评价表

	基本完成 （10—15分）	完成良好 （15—20分）	有所创新 （20—25分）	分　数
主题选择	选题与课程内容关联性不大	选题与课程内容基本一致	选题贴近生活,有现实意义,且有创新	
脚本撰写	语言流畅度欠佳,缺乏逻辑性	围绕主题,语言基本流畅有逻辑	围绕主题,内容充实,观点清晰,文字流畅	
视频呈现	多个视频拼接而成,过渡不自然	内容丰富且符合主题,视频流畅	内容充实、有逻辑性又有趣味性,生动形象	
团队合作	无明确分工,所有工作集中在1到2位同学	小组分工明确,整体上各自独立,没有完全统一	小组成员各司其职、紧密合作,每个成员都能发挥作用	

各班的优秀作品可在年级中开展进一步的遴选,评出最佳课程视频,在校园网或者微信公众号上进行推送。对所有学生作品进行资源整合,形成素材库,可用于以后的教学。

第三节　初 中 篇 Ⅰ

一、课程背景

金融素养与智力、情商共同组成了现代经济社会中人类三大不可或缺的素质。金融素养培育特色课程正是基于学生发展的需要,将金融知识纳入课程,融入德育、渗透教学,使学生了解金融与国家发展密不可分,与自身成长也有着千丝万缕的关系,通过学习提升金融素养,从而更好地适应社会、服务社会。

该课程适应学生的成长规律,适切现有的知识能力基础,适合现阶段学生感兴趣的方式方法,借力项目化学习形式,跨学科跨学段跨领域整合。立信附校的学生在小学阶段"播下金融的种子",已经学习过银行存款、股票、债券、保险等相关的基础知识;通过东昌中学的"身边的财富管理"课程,又形成了较为系统的财富管理概述、记账与银行理财、保险理财、基金理财、股票理财、互联网理财这六个模块的知识,在初中阶段以"培育金融的苗子"为目标。

该课程从金融知识、风险态度、投资行为这三个维度进行整体设计,设定了内容范围、内容难度、中小学知识衔接等方面的具体细节,体现时代性、专业性和育人价值。核心思想是使学生认识到资源的有限性以及风险的无处不在,从而利用各种金融工具使人的一生能够获得更好的生活,拥有更好的金融福祉。课程内容让学生充分感受到认识自己、了解自己、接纳自己,赋予学生诚信意识、责任意识、规则意识和风险意识,注重学生思考问题的过程和思考的角度,培养学生善思乐思,提升学生创造性解决问题的能力。

二、课程目标

目标一:学习金融知识,探究金融现象。掌握货币、商业、金融的基本概念,了解银行理财、保险、基金、股票、互联网投资等理财方式的相关知识,了解商业运行的基本模式和投融资的基本要点;学会运用基本的商业、金融理论解释身边的经济现象、金融现象,探讨感兴趣的一些问题。

目标二:注重过程学习,提高综合能力。能够利用身边的资源,进行资料探索、搜集、分析和研究;通过与教师、伙伴的交流对话,加强协作沟通能力;学习一种认知世界的全新思维方式,懂得利用财经学科原理观察和感知社会现象;培养解决日常问题的能力,提高理性思维、规划力、判断力及创新力等多维综合能力。

目标三:激发理财意识,培育金融素养。激发理财意识,树立正确的财富观、规则意识与风险意识,增强诚信意识与法治意识;增强对金融学的学习兴趣,树立正确的金融观与价值观。

三、课程内容

(一) 衔接小学知识,构建财富管理网络

立信附校的学生通过小学阶段四、五年级开设的财商课,初步认识了常见的金融机构——银行、保险公司、证券交易所,实践了管理规划自己的零花钱,了解了企业的资金来源,初步理解了企业的生产过程。有了这些基础之后,初中的课程得以向纵深拓展。该课程以小学阶段的财商课为起点,先对小学的重点知识进行了梳理回顾,作为预备知识;以东昌中学提供的"身边的财富管理"课程为先导,帮助学生建立财富管理的总体框架,进一步了解不同的财富管理工具。在此基础上设置了六个单元的课程内容,如表 5-6 所示。

表 5-6　立信附校"身边的财富管理"课程单元内容

单 元 名 称	学 习 内 容
预备知识	1. 常见的金融机构 2. 个人、企业和金融机构之间的关系,资金如何在三者之间流动 3. 个人理财的基本原理
一、你需要一个商机	1. 什么是商机? 2. 为什么需要商机? 3. 什么是成功的商机? 4. 你发现商机了吗?
二、需求分析	1. 别人需要你的努力吗? 2. 需要就是需求吗? 3. 需要距离需求只差一步之遥 4. 分析这些才能开启你的商机
三、供给分析	1. 满足需求你可能颗粒无收 2. 抓住你的商机需要控制成本 3. 失败是成本也是进步 4. 一种神秘的成本:机会成本 5. 分析这些才能开启你的商机
四、相对价格分析	1. 你考虑自己的竞争对手了吗? 2. 你能从价格上改善他们的生活吗? 3. 谁会投资吗?——为你的商机融资 4. 分析这些才能开启你的商机
五、边际策略	1. 最后那一个就是边际 2. 最后的收益:边际收益 3. 最后的成本:边际成本 4. 边际收益>边际成本:干吧! 5. 分析这些才能开启你的商机
六、收付实现	1. 你能确定收入属于自己吗?——在正确的时点确定收益 2. 关键是现金流 3. 用收付实现原则吧! 4. 收付实现向你揭示风险 5. 最后给你把握商机的完整目录

　　通过该课程内容的学习,帮助学生认识机会成本,了解各种资源都是相对有限的;认识股票、基金以及保险的基本知识,了解企业融资的工具和渠道;认识现金流的重要性;认识资本市场的风险与收益成正相关的关系,这种关系既可以体现在企业创业投资中,也可以体现在资本市场投资中;能够运用现金流的知识去检查家庭和企业的现金流状况,从更细致的角度规划家庭的财务问题,并可以从现金流的角度去评价企业的决策问题。

（二）源于专业体系，兼顾时代性与趣味性

作为一门金融素养培育课程，该课程内容在设置上具有一定的专业性，体现在课程的基本框架方面，包含了课程的基本原理、基础知识和相对完整的理论体系，从商机的内涵和构成谈起，鼓励学生在生活中发现商机，这就需要了解专业知识，学会需求分析、供给分析、相对价格分析，制定边际策略，把握收付实现，具有很强的逻辑性。

学生通过中小学阶段系统的学习，力图实现的目标为：建立如何辨别身边各种资源以及资源稀缺程度的知识框架，做到可以识别主要的金融资源、实物资源，并简单评估稀缺性；认识常见的金融工具，了解它们的作用，学会在不同的环境下选用不同的金融工具，并可以简单预测这些金融工具的效果；了解企业如何产生创意、生产产品，如何利用金融机构获得资金支持；了解金融基本知识并建立风险意识；学会搜集自己和家庭的收支、财务、健康信息，并进行初步整理，分析家庭可能的风险，尝试给出简单的理财规划建议。

同时，考虑到中学生的思维特点逐渐向抽象逻辑思维过渡，但仍在一定程度上有赖于具体形象思维，因此在教学中如果只讲理论对学生来说未免晦涩难懂，而需要融入大量的生动形象的案例。在选择案例的时候，一方面注意到了社会发展变迁十分迅速，选取的案例应当与时俱进；另一方面案例背后折射的问题复杂多变，考虑的角度并不唯一，带有思辨性。例如，第一单元的教学中列举了中学生立威代取快递的案例，要求学生探讨立威的商机真的可行吗，说出观点和依据。在教学中，教师为学生搭建"脚手架"，提示学生真实情况要考虑需求、数量、价格的承受能力、成本、物业管理及时间精力等潜在的成本。学生围绕这个问题各抒己见，展开了激烈的讨论，在思维碰撞中他们既对商机包含的元素以及维度有了深入的认识，又激发了创造性思维。在最终提交的配套练习时，有学生受到启发将"驿站代取快递"作为了自己的商机，如表5-7所示。

表5-7 立信附校"身边的财富管理"课程"驿站代取快递"商机分析

商 机 分 析		
确认商机	商机简介	为小区业主去菜鸟驿站取快递，并送货上门。减少人员接触、聚集，降低疫情传播的风险
	成 本	小推车、人员成本、劳动保护用品
	技 术	创立一个代取快递群，创建群二维码、收款码，建立每日取货清单
	利 润	小件30 cm以下，中件60 cm以下，大件1 m以下，每件限重20 kg。每件收取1元/小件，2元/中件，5元/大件。扣除小推车的成本，早期可能亏本，长期会有盈利
	团队分工	数据整理、统计一人 取货、送货二人 核算收入一人

续　表

商　机　分　析		
客户需求分析	目标客户	小区业主
	客户需求与偏好	包装完好、送货及时
竞争情况分析	竞争对手情况分析	主要竞争对手是快递小哥 快递小哥为了多跑量,一般把快递放在菜鸟驿站,不会送货上门,这就给我们创造了机会
	竞争优势	免除业主下楼的烦恼,减少人员的聚集,尤其在下雨天优势明显
	竞争策略	通过微信业主群发布代取快递群消息,介绍服务内容、收费标准
风险与问题	目前及潜在的问题与风险	由于不能拆箱确认物品的数量以及完好性,可能存在这方面的风险,建议在接单时标注清楚物品的数量及性质,如果是易碎品或者是生鲜产品,尽量不接单,请业主自己领取
结论与建议	跟进策略及计划	早期由于业务量不大,要理顺工作流程,后期业务量增大可以考虑增加人员配置
其他	需补充说明的内容	由于平常要上学,所以暂时考虑寒暑假开展业务

　　每一单元的最后一节安排的教学内容是对前面知识的总结应用,强调动手能力、拓展能力。例如,第二单元的最后一节明确为了让你的商机有个不错的开始,鼓励学生挖掘一种需要,思考如何将需要转化为需求,需要什么资源。为了验证设想的商机是否可行,还要引导学生从市场中找寻答案,利用财经数据软件,完成市场调查,了解市场需求状况,下载、观察并学习解读相关热门板块的指数数据,在每个热门板块中选择1到2只龙头企业的股票,下载其股票价格数据并持续跟踪。类似的活动让学生意识到,商机并不能只是单纯靠设想,如果没有足够的调查实践那只能是空想,永远无法落地。通过从市场中寻找答案的活动,部分学生萌发了对股票的强烈兴趣,自行上网检索了相关知识,并向家长求教,在课上乐于分享所学所得。

四、课程实施

　　该课程的周课时为一课时,立信附校将其作为特色课程排入 15:40—16:920 的课后服务时间。课程的学习对象为七年级学生,贯穿上、下两学期。

　　作为金融素养培育课程,该课程在教学模式上打破了传统,以项目化学习的形式开展,实施情况如表 5-8 所示。

表 5-8　立信附校"身边的财富管理"课程项目任务

单元名称	项目任务
预备知识	帮助家庭制作合理的理财规划建议书
一、你需要一个商机	通过案例分析,找到商机成功的主要因素,以及这些因素是如何帮助商机获得成功的
二、需求分析	和小组同学一起发现一种需要,在什么情况下可以将其转化为需求
三、供给分析	在你们发现的需要具备转化为需求的基础上,测算可能的成本和机会成本。如果不能获得正收益,则需要不断改进,直到有可能获得正收益为止
四、相对价格分析	在你们上一步设计的产品基础上,找一些相似产品,研究它们的定价模式有哪些,如何给自己的产品一个好的定价
五、边际策略	尝试确定不同的产量,指出什么条件下可以获得最大的利润、影响因素有哪些
六、收付实现	现在看看你们的商机怎么样,可以梦想成真了吗?

该课程立足于帮助学生去了解真实变化的世界:企业是如何诞生的;一个产品从创意到面市需要哪些条件;资金是如何从个人通过金融机构流向企业然后又流向个人;个人和企业在整个生命周期中都会遇到什么风险;微观个人和企业又怎么影响宏观。所有的这些问题在生活中处处可见,而且答案多种多样,绝不唯一,这正契合了学生的创造力培养目标。

教师在项目化学习中,不再是单纯的信息提供者,而是引导者,支持和激励学生的学习,注重激励学生的主观能动性,强调学生个体的自主学习、应用学习,在交流学习中促进学生相互体验,发现问题,并从中吸纳实用知识。课程引导学生在学习中自主探索、合作探索,开展探究学习、社会考察等活动,指导学生在真实情景中持续探究,尝试创造性地解决问题。通过各种项目和活动,使学生在学习的过程中思考这些金融现象背后的经济学原理的运用,甚至自己发现一些规律。注重学生思考问题的过程和角度,促进学生活用知识,解决真实性、趣味性、挑战性、开放性的问题,激发和培养学生的创造性思维,培养学生正确的价值与责任担当。

在确定了课程的"项目任务"后,具体课程实施分为项目准备、项目执行和项目收尾三个阶段。在项目准备阶段,将商机分析视为大主题,依据大主题引申出六个单元内容作为小主题,在教师的引导下,学生选择确定项目主题。在项目执行阶段,教师激发学生兴趣,详细解析探究流程;组织学生以 4—6 人为一个团队,根据特点确定组内成员分工,进行有效合作,制作项目实施计划。在执行过程中,引导学生分享交流项目过程,对比创新,改进方案,之后进行实践体验活动。在项目收尾阶段,引导学生整理资料准备汇报,最终的项目成果以团队为单位呈现,要求完成配套练习和小视频制作,之后评价总结积累经验。

五、课程评价

该课程不仅关注对结果的评价,更重视对过程的评价,注重增值性评价,在评价中反映出学生在态度、方法、能力等方面的变化和进步,鼓励学生产生多样化想法,产生创新想法、评价与改进想法。

借鉴比尔·卢卡斯(Bill Lucas)教授的创造力评价方法,结合课程的内容特点,确定项目化学习的评价范围,制定了课程的项目化学习评价量规,如表5-9所示。该表在项目化学习之初由教师向学生作详细解释,后续每一单元课程结束时,学生可以据此自我反思学习过程和学习成果,进行自评。在课程完成后,学生进行总结,可以清楚地了解到自身创新能力的变化。

表5-9　立信附校"身边的财富管理"课程项目化学习评价量规

	合　格	良　好	优　秀
探究与想象	辨别解决问题或迎接挑战所需的信息	辨别问题或挑战的范围,包括结构、约束和限制	重新定义问题或挑战,就如何完成任务提出一个明确的方向
	明确表达具体的想法和相关的细节	以有效实施所必需的详细程度来清楚明确表达各种想法	明确表达想法,并辨别可能的障碍
合作与担当	为支持小组目标贡献相关的想法和意见	与小组分享疑虑、洞察和资源	提出关于任务或话题的其他思考方式,以增强产品或合作过程
	根据具体的反馈对想法和过程进行有效的修改	根据反馈或标准进行复杂的修改或细微的改进	策略性地寻找和整合来自多个受众或情境的有目标的反馈
倾听与回应	复述小组内部的不同想法、意见和视角,以澄清意见一致和不一致的地方	以尊重的方式处理小组内部出现的挑战,促进小组成员之间的妥协以实现目标	通过讨论和建立共识的活动,与他人一起解决小组内部的冲突或应对挑战
坚毅与审辨	将原始的想法变成与目标受众相关的产品	有效地将原始的想法转化为符合目标受众需求或兴趣的产品	考虑多重受众视角;调整观点以适应不同需求和兴趣的多重受众
	完成产品以满足计划的基本要求	按计划完成产品,满足所有要求,必要时进行更改	在原始计划之外改进产品
	根据反馈和量规评估表现和创造的过程	准确地反思工作质量;利用反思和反馈来修改想法或产品	利用量规在整个过程中评估创造性思维;从同学、老师那里寻求反馈并采取行动来提高自己

作为一门金融素养培育课程,不仅关注了创造力领域的评价,该课程的评价体系还涵盖了课程参与情况、配套练习完成情况、成果汇报和展示三个部分,体现了评价内容的多

元性,并细化了每个部分的评价指标,依照学生的不同表现分为 A、B、C 三个等级。评价主体也力求多元化,由学生自评、同学互评、教师评价共同组成,如表 5‐10 所示。

表 5‐10　立信附校"身边的财富管理"课程评价表

	A	B	C	自评	互评	师评
课程参与30%	听课非常认真,认真倾听他人	认真听讲,能够倾听他人	听课不认真,不能倾听他人			
	积极举手发言,积极参与讨论交流	能够举手发言,有时参与讨论与交流	很少举手发言,极少参与讨论与交流			
	善于与人合作,虚心听取别人的意见	能与人合作,能接受别人的意见	缺乏与人合作的精神,难以听取别人的意见			
配套练习完成40%	研究主题突出,思路清晰	研究主题较明确,思路比较清晰	研究主题不够明确,思路不清晰			
	结构完整,用词准确,逻辑性强	结构较完整,用词较准确,逻辑性较强	结构不够完整,用词不太准确,缺乏逻辑性			
	项目内容有新意,特色鲜明	项目内容有一定的新意,富有特色	项目内容缺乏新意,没有特色			
	项目实施有较强的可操作性,能将商机变现	项目实施有一定的可操作性,通过改进能将商机变现	项目实施不具有可操作性,无法将商机变现			
成果汇报与展示30%	结合资料,组织自己的语言进行介绍	能引用资料,加入自己的语言进行介绍	照读引用的资料			
	内容中有三点及以上独特的理解和感受	内容中包含 1—2 点自己的感受	内容中没有自己独特的见解			
	对交流过程中同学提出的问题有明确的答复	对交流过程中同学提出的问题能做简单的答复	对交流过程中同学提出的问题大多不能答复			

六、课程成效

作为立信附校的金融素养培育课程系列之一,该课程尚处于探索阶段,仅开展了一年的时间,但从一些学生的身上已经能看到令人欣喜的变化。该课程的课堂氛围比起传统课堂更为轻松愉悦,学生能在这样的环境中潜移默化地学到知识,还能激发思维的活力,在平等的交流对话中生成了创新性的想法。有的学生原先在其他课上沉默寡言,但在该课程中非常活跃,时常积极主动发言,乐于与同学分享自己的创意。在倾听他人发言后,有的学生会立即提问,或是提出意见和建议,课上立即引发热烈的讨论,有时候甚至是激烈的争论，在热议之后大家都收获满满。有的学生已经养成了课后小组探究、课上分享交流的习惯，在课后会提醒教师安排课后探究任务，这是养成主动学习好习惯的体现。有的学生在课后与父母一起讨论交流，从父母那里学到了实用的金融知识，增进了亲子沟通。

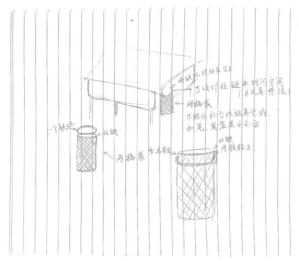

图 5－3　立信附校“身边的财富管理”课程杯子支架设计初稿

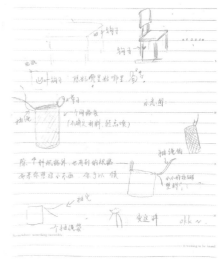

图 5－4　立信附校“身边的财富管理”课程杯子支架设计二稿

防滑杯垫

*1. 你会不会买我们的产品（本产品是一个带夹子的防滑杯垫。平时一般人放在桌子上的杯子总会被撞倒，如果有这样一款支架，可以固定住水杯，你会买吗？）

○ 是　2票

○ 否　4票

*2. 你的性别：

○ 男　○ 女

*3. 你是属于那种消费者

○ 理性　5票

○ 冲动　1票

图 5－5　立信附校“身边的财富管理”课程杯子支架调查问卷部分内容

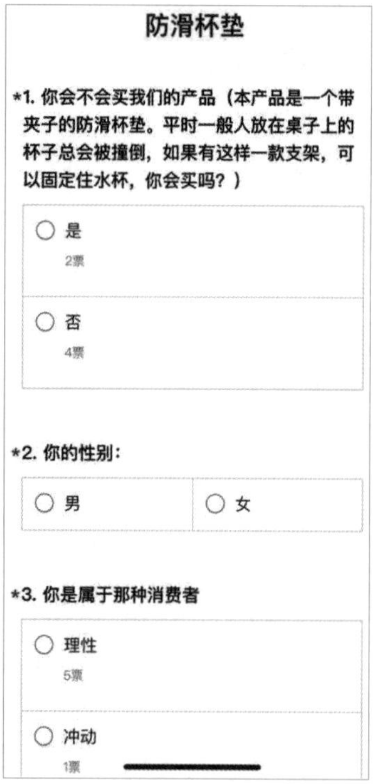

此处仅举一例来说明学生在该课程中的成长。一组学生在日常生活中发现了痛点，大多数学生的杯子放在桌子上容易倒，他们认为学生需要固定住杯子，由此产生了要设计杯子支架的想法。教师鼓励学生将设计用图示画出，更加一目了然，他们欣然接受了建议，图 5－3 为他们的设计初稿。初稿在课堂上展示并作说明之后，一石激起千层浪，班中许多学生提出了他们的困惑，畅谈了他们的建议。这组学生在一一答疑解惑之后，听取了一部分建议，也驳回了一部分想法。于是，他们有了杯子支架的二稿设计图，如图 5－4所示。二稿设计在作阐述说明之后，依然面临了不少质疑，而这组学生在耐心解答的过程中坚定了自己的想法。之后，他们又设计了调查问卷，验证这个商机的可行性，并通过问卷询问了潜在消费者对商品的心理价位预估，以便进行商品定价，图 5－5 为他们的调查问卷部分内容。在不断改进之后，最终形成了他们的“杯子支架”

商机分析报告。

七、课程思考

（一）从知识本位到素养本位

按照教学的惯性思维，制定三维目标时，其中一个维度就是知识与技能，在教学中非常关注知识的获取与掌握。作为一名非金融专业领域的教师，进行该课程教学之初也因专业知识的匮乏而缺乏教学的底气，在假期中看书恶补仍无法弥补这方面的不足。然而，金融素养培育课程的目标并不仅仅是学习金融知识，更重要的是形成"商"的直觉，即培育金融素养，此外还有培养创造力。教师能传授的金融知识是有限的，而金融素养和创造力的培育却可以使学生受益无穷。因而，从课程目标到课程内容，再到课程实施，最后到课程评价，都应体现素养本位。学习金融知识，是为了深入理解经济现象背后的客观规律，学会科学理性的思考，运用金融思维尝试用自己的方法在现实生活中分析问题、解决问题。而日常生活中的情境往往十分复杂，当我们尝试用一种新的思维方式时更是困难重重，或许需要打破思维定式，重塑组合，需要多维度思考，需要找到多种解决问题的路径，产生新的想法，这就是创造力的体现。

（二）从教师主导到学生主场

传统教学中，教师往往是课堂的主角，不少学生缺乏学习的主人翁意识，一不小心便沦为配角。该课程充分体现"以学生为本"的教育理念，教师在完成基本的知识讲授之后，项目化学习具体选择什么项目由学生自主决定，课堂时间小组派代表交流项目进展，生生互动问答，教师在学生需要时加以指导，在课堂无序时加以管理，高度尊重学生，充分调动学生的积极性、主动性和创造性，激发学生的潜能。学生学习的自觉性明显提高，课后用好网络资源查找资料、整理编写资料、完成 PPT 制作、开展讨论并自行审核，分工明确，学习效率大幅提升。有学生曾因其他小组照搬了部分内容感觉受伤，表示他们的汇报内容包含了自己思考撰写的劳动成果，教师安慰后也友情提示了另一组学生，另一组学生意识到问题后及时改正。有学生在课上来不及发表自己的见解，课后通过"钉钉"与教师继续探讨问题。有学生在最后汇报配套练习前，PPT 修改了四稿，精益求精。课堂身份角色的转变，反映了从"要我学"到"我要学"的转变，学生的学习兴趣提升了，主动探究意识增强了，对所学知识的理解和掌握更加深刻、扎实，能够举一反三、融会贯通，学会将所学知识综合运用。

（三）从单元学习活动到项目化学习

打破读本的课时限制，设计单元学习活动，已经是教学的一大进步。而金融素养培育课程站在教学的更前沿，以项目化学习形式开展，这是更大的挑战。要落实项目化学习，就要对一个学年的课程进行整体规划，甚至是对全学段的课程作整体规划，处理好整体与局部的关系。对学生而言同样如此，在选定项目之后，就要制订项目计划，之后严格执行计划，虽然在实际操作中会不断调整，但选定的项目不再做全盘否定，这就需要学生有系统思维。学生是项目的负责人，绝大部分的问题需要自己解决，而不是事事求助于教师。

这有利于锻炼学生的创造力、团队合作和领导力、动手能力、计划以及执行项目的能力,也有利于他们更深入地面对和解决现实生活中的问题,提高应对来自世界、面向未来挑战的能力。

第四节　初 中 篇　Ⅱ

一、课程背景

金融素养是指理解与金融相关的重要术语、知识以及关键问题的能力,它不仅决定个人金融风险防范意识和能力的高低,更影响着一个社会金融市场的安全与稳定。然而,由于现阶段的中小学生缺少相关知识和经验,并不具备对金融产品的辨别和使用能力,往往更容易遭受损失或伤害,青少年身陷金融和消费欺诈等事件屡见不鲜。可见,当今社会已经对学生的金融素养提出了新的要求。要重视青少年的金融素养教育,就需要在义务教育阶段帮助其形成良好的金融态度和意识,同时尽早引导青少年建立正确消费观,学会管理自己身边的财富,提高金融素养水平。

澧溪中学的"身边的财富管理"课程基于东昌中学提供的"金融慕课(身边的财富管理)"课程内容——财富管理概述、记账与银行理财、保险理财、基金理财、股票理财、互联网理财这六个模块的内容,考虑到初中生资金量较少、心智不太成熟,而且没有稳定的收入来源,结合学情,我们认为,对于初中生而言,对自身"投资"就是现阶段最好的理财。

基于上述背景,澧溪中学秉承"充分挖掘学生智慧潜能,充分尊重学生个性特长"的办学理念,结合初中学生学情分析,对于东昌中学"身边的财富管理"课程原有六个模块内容进行了筛选,针对性选取了更利于初中学段学生理解、掌握并且感兴趣的内容,如收入和支出、有限资源的利用、风险识别和规避、投资与储蓄、保险和风险等,开设了"理财小当家"课程。该课程以"澧溪财富人生"沙盘作为重要的教学工具,融合语文、数学、道德与法治、历史等学科,旨在帮助学生在转化所学知识的过程中,积累扎实的金融基础知识,形成一定的动手实践能力,养成良好的道德品质和强烈的责任心,培养创造创新精神,最终成为拥有"未来创业家"潜质的时代君子。

二、课程目标

目标一:注重金融素养,沉浸探究学习。该课程以更加灵动的体验式教学方式为主学习,由"知识为本"向"素养为本"转变,建立学生与身边的财富相联系,找到课程与实际生活的链接,在体验中积累金融知识,例如,理解并掌握收入与支出、投资与储蓄、保险与风险等金融相关专业知识;在模拟中引导学生探究并形成有价值的问题,启发他们去探寻问题背后的金融原理。

目标二：着重能力提升，尊重学生潜能。该课程旨在鼓励学生自己发现问题、分析问题、解决问题，知道收入与能力的对应关系；在实践中积累经验，会判断什么样的支出对于现阶段的学生才是最优的；培育学生的创新精神，懂得如何将有限的资源合理分配；引导学生接受并敢于做出与众不同的尝试，在尝试中初步建立风险判别意识，懂得正确规避风险。

目标三：树立理性思维，增强道德意识。该课程重点关注学生的理性思维和道德意识培育。在尊重每一个个体个性发展的前提下，鼓励学生保持开放的心态接受生活中会出现的各种可能性，树立正确的财富价值观，能理性对待金钱，明白素养是人生更大的财富；知道创造财富必须在合乎道德与法律的基础上。

三、课程内容

该课程基于东昌中学提供的"身边的财富管理"课程内容，结合澧溪中学开发的"澧溪财富人生"沙盘内容。沙盘模拟作为一种体验式的教学方式，是继传统教学及案例教学之后的一种教学创新。澧溪中学结合初中生身心发展规律和认知理解水平，以财富管理为切入点，梳理学子认知其身边的财富管理四大维度：资源管理（时间）、金钱管理（收入与支出）、投资（目标管理、机会识别与准备、综合能力提升）、风险识别与控制，开发设计形成"澧溪财富人生"沙盘。

"澧溪财富人生"沙盘盘面（见图 5－6）的内容主要由目标、年级、收入与支出、素养类、保险、节日等六个部分组成，其中收入和支出的数值与学生手中的澧溪币（见图 5－7）对应。

图 5－6 澧溪中学"身边的财富管理"课程财富人生沙盘

图 5-7 澧溪中学澧溪币

（一）初探金融慕课，激发理财意识

借助东昌中学提供的财富管理概述、记账与银行理财、保险理财、基金理财、股票理财、互联网理财这六个模块的金融慕课视频，学生初步了解银行理财、保险、基金、股票、互联网投资等理财方式的相关知识，了解几种最基本的理财技巧；学习如何创作脚本、如何拍摄小视频、如何剪辑美化小视频等实际操作技能；初步积累理财知识；培养动手、表达、创作能力；激发理财意识。课程单元内容如表 5-11 所示。

表 5-11　澧溪中学"身边的财富管理"课程单元内容

单　　元	内　　容
一、财富管理概述	1. 理财的收益 2. 理财的风险 3. 规避理财风险的方法
二、记账与银行理财	1. 记账的目的与简单方法 2. 银行的功能介绍 3. 银行理财的分类与特点
三、保险理财	1. 保险是什么 2. 保险为何能起到理财的作用
四、基金理财	1. 基金是什么 2. 基金的种类与投资方法
五、股票理财	1. 股票的基础知识 2. 股票理财的方法与特点 3. 股票的收益与风险
六、互联网理财	1. 互联网理财产品的分类 2. 互联网理财的优势

(二) 机遇危机并存,取舍判别风险

以六、七、八年级时间轴为主线,集合学生生活中学科学习、兴趣探索、家庭生活、社会适应四大场景。其中,学科学习融入了语文、数学、英语、道德与法治、历史、地理、体育、音乐、美术等综合学科内容;兴趣探索融入了学校生活与兴趣活动组织;家庭生活融入了重要节日的家庭活动组织,提升学生的创新实践探索;社会适应融入了社会责任与实践活动。根据四大场景,该课程共设计了 16 张机会卡及 7 张事件卡。

机会卡和事件卡可以是学校、年级或班级统一发布的,也可以是由个人抽取的,每张机会卡和事件卡写明了规则,个人抽取的机会卡和事件卡涉及的人群也会不一样,可能只是影响一名学生,也可能会影响到某部分群体或影响全班同学。机会卡和事件卡的内容与金融专业知识、节日主题及学科内容相关。

(三) 周期记录反馈,提高综合能力

沙盘应用以学期为周期开展。学期初,学生在自己的沙盘上排序记录下个人三大目标;学期中,由本人、队友和教师共同记录、监督其收入和支出的数值及各类素养星值的变化;学期末,通过对个人沙盘的数据结果进行盘点和反思,以小组、班级、年级为单位,在教师的引导下,共同总结学期收获并进行评比和兑换。通过学生反馈沙盘的理解和应用,实时监测学生各科素养的养成;通过总结与反思,进一步提升学生的财富管理能力。

(四) 融合传统文化,浸润学科素养

六至八年级共安排了六个节日主题,如表 5-12 所示。六年级安排的是春节及儿童节主题,七年级安排的是劳动节和中秋节主题,八年级安排的是清明节和国庆节主题。每个节日主题设计一个主题活动,通过节日主题活动,进一步巩固学生学科素养、锻炼口头表达能力、树立爱国主义情怀、激发想象力和创造力。

表 5-12 澧溪中学"身边的财富管理"课程节日主题活动安排

年 级	节 日	主 题
六年级	春 节	春节诗词飞花令
	儿童节	演讲比赛
七年级	劳动节	劳动主题班会
	中秋节	庆中秋美术作品展
八年级	清明节	"最可爱的人"主题班会
	国庆节	红色文化宣传活动

(五) 明确阶段内容,构建完整体系

基于融合、创新的理念开发了 8 节金融专业知识课程,每节课的安排如表 5-13 所示。通过"澧溪财富人生"沙盘,8节课程中整合了各学科培育相关内容与金融专业知识,挖掘身边的金融案例,让学生更容易理解并掌握相关金融知识。

表 5 - 13　澧溪中学"身边的财富管理"课程沙盘阶段安排表

阶　段	模　块	内　　　容
第一阶段	模块1	1. 沙盘游戏规则进行讲解、答疑,学生进行分组 2. 收入与支出的概念和对应关系 3. 学生抽取一轮机会卡或事件卡,根据规则完成奖惩 4. 教师点评,学生分享收获
	模块2	1. 能力和收入之间的关系(如何平衡) 2. 通过案例体会预算的重要性 3. 学生抽取一轮机会卡或事件卡,根据规则完成奖惩 4. 教师点评,学生分享收获
	模块3	1. 结余收入的合理安排 2. 如何办理银行存款 3. 学生抽取一轮机会卡或事件卡,根据规则完成奖惩 4. 教师点评,学生分享收获
	模块4	1. 投资、储蓄和保险的特点和不同的作用 2. 投资、储蓄和保险各自的风险 3. 学生抽取一轮机会卡或事件卡,根据规则完成奖惩 4. 教师点评,学生分享收获
第二阶段	模块1	1. 利用有限资源(时间和金钱)在能力方面的培养 2. 机会成本的概念 3. 学生抽取一轮机会卡或事件卡,根据规则完成奖惩 4. 教师点评,学生分享收获
	模块2	1. 明确自己的目标,做好合理的资源的分配 2. 是考虑全面发展还是重点某个方面的培养,也需要知道能力为机会准备但不是一定有机会 3. 学生抽取一轮机会卡或事件卡,根据规则完成奖惩 4. 教师点评,学生分享收获
	模块3	1. 学生抽取一轮机会卡或事件卡,将学生的机会卡和事件卡收回 2. 导入知识点——风险,如何识别及规避风险 3. 讨论:身边常见的风险有哪些? 以后遇到类似风险应该如何做 4. 教师点评,根据规则完成奖惩
	模块4	1. 经济市场中心态的重要性 2. 如何培养好心态 3. 金融知识点总结

四、课程实施

依托马斯洛的需求层次理论,学生在慕课课程和沙盘模拟活动中,既能够体验获得澧溪币的成功和快乐,也有得到同学、教师认可的社交需求和尊重需求的心理满足,在此基础上不断产生积极向上的学习动力、精神追求。

(一) 录制慕课视频,实践创新创造

课程实施前期:通过学习慕课视频、完成课后小测试,学习银行理财、保险、基金、股票、互联网投资等理财方式的相关知识,了解几种最基本的理财技巧。

课程实施中期:了解慕课视频从脚本创作到拍摄的制作流程,每班进行分组,组内先安排各组员的任务。建议一个班 4 组,每组 10 人左右。2 人负责撰写脚本,2 人负责制作 PPT,3—4 人负责拍摄视频,2 人负责后期美化视频,2 人负责在班级中分享小视频成果。

课程实施后期:在班级中观赏其他同学的视频成果并进行打分;同时分享制作时的思路和所遇到的困难、解决的方法;并给同学们建议。

小组作业要求:创作撰写内容关于财富管理的小知识、投资的小常识、投资有风险、理财需谨慎的小道理等,字数为 500 字左右;制作简单的 PPT 来讲解;用手机拍摄下慕课小视频,时长建议为 3—5 分钟。

以下为较典型的学生慕课脚本:

提高安全意识　谨防电信诈骗脚本

一天,X 先生接到了一个 021‑110 的电话。

X 先生:你好,请问哪位?

骗子:你好,我这里是上海市浦东新区公安局,我姓贾,我的警号是 123456。我和你的通话将被全程录音,必要时可以作为我局抓捕你的证据,所以接下来的问题请你务必要照实回答。你明白了吗?

X 先生:明白了明白了,贾警官,是发生什么事情了吗?

骗子:你是不是有一张尾号是 8558 的银行卡,这张卡是你本人吗?

X 先生:是啊是啊,这张卡是我发工资的卡,一直是很正常在用。

骗子:我们发现你这张卡一直有发生大额资金的进出,现在怀疑你这张卡有洗钱的嫌疑。这张卡是你本人用的吗?

X 先生:是啊,一直都是我本人在用,但是我没用这么多钱啊,是不是你们看错了?

骗子:公安局怎么可能看错呢!真的不是你本人用的吗?

X 先生:真的不是啊,贾警官你要相信我。

骗子:我看你也不太像,也有可能被人盗用了,洗钱可是很严重的犯罪行为。

X 先生:啊,那我该怎么办啊?

骗子:为了防止你这张卡继续被盗用,你先把卡里的钱冻结在我们公安局统一开设的安全账户里,等我们把案件查清楚,就会把钱还给你。你现在马上去办,不然我们就要来抓你了。

X 先生:好的好的,我一定马上去办!

X先生忧心忡忡,心想怎么会突然有坏人盗用自己的银行卡,一边赶忙带着银行卡和身份证到银行柜面办理转账。

银行柜员:您好,请问您要办理什么业务?

X先生:你好你好,我要转账,麻烦你帮我把卡里的钱全部转到这个账户里。

银行柜员:请问您转账的用途是什么?您认识收款人吗?您确定不是电信诈骗吧?

X先生:不是的不是的,我这个是转到公安局的安全账户的,公安局不会骗人的。

银行柜员:不好意思,先生,您这个情况可能是遇到电信诈骗了。我国的公安局不存在安全账户,您这个钱我不能帮您转。

X先生:不会吧?!他的电话是110的呀!而且他说我这个卡被人盗用,他们要保障我的资金安全,找到坏人,不然我要负法律责任的。

银行柜员:现在电信诈骗的话术都是这样的,如果您不放心,我马上电话联系公安局,让他们来核实一下。

X先生:好的好的,麻烦你了我真的是被吓坏了。

银行柜员电话联系当地公安局,民警在了解了相关情况后,通过电话沟通向X先生说明了相关情况。

民警:您好先生,我是浦东公安局的王警官,你的情况我们已了解,我们公安局肯定没有所谓的安全账户模式,也不可能让您把钱转入我们的账户。这种情况一定是您遇到了电信诈骗,银行员工也已经给您做了安全提示,不要轻易相信这类骗局。

X先生:谢谢谢谢,真的非常感谢你们如此负责,保障了我的资金安全。

结束语:近年来,层出不穷的电信诈骗,已经成为社会治安的突出问题,对于我国金融系统及公民财产安全造成了巨大的威胁。电信诈骗是一类新型的犯罪方式,具有犯罪成本低、收益高、侵害面广、犯罪手法变化快、打击难度大等特点,让广大人民群众防不胜防。我们要随时保持警惕,提高安全意识,谨防电信诈骗。

(二)渗透金融意识,感悟人生真谛

金融专业知识的课程中巧妙利用沙盘,融入现实生活中的金融场景、金融元素和真实案例,一方面让学生可以掌握基础的金融知识,一方面体会人生时时都面临着选择,不同的选择会给我们的人生带来不同的结果。

1. 金融专业知识与沙盘结合实施——以收入和支出知识点为例

这节课会在沙盘游戏中插入关于收入和支出的机会卡或事件卡。关于收入的机会卡如图5-8所示,抽到此张机会卡的学生所在小组都会拥有此机会,符合规定条件的学生即可选择本次工作机会,但是否抓住此次机会由每个人自己决定。跟现实生活中类似,每个人只能在同一时间有一份工作,如参加此工作,本轮游戏中其他工作机会不能再参与。本机会卡的设计是为了让学生更深刻理解收入与能力的对应,并能体会到机会成本的意义。

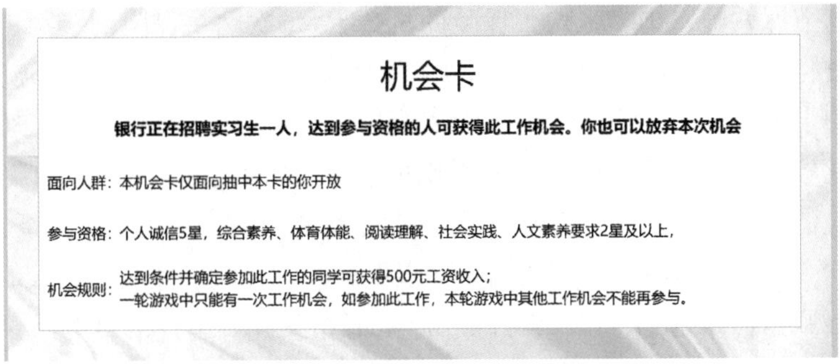

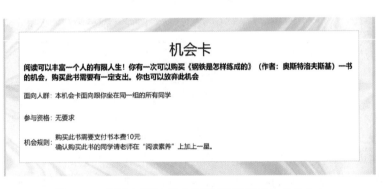

图 5-8 澧溪中学"身边的财富管理"课程收入机会卡

关于支出机会卡如图 5-9 所示,抽到此张机会卡的学生所在小组都可以花费 10 元澧溪币购买书籍,并在沙盘上"阅读素养"加上一颗星。机会卡的设计是为了让学生理解支出的意义,哪些支出是合理的,哪些支出未来可能会带来更多的收益,引导学生明白在自己身上投资才是最正确的财富管理。

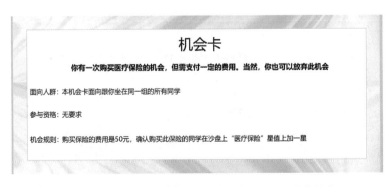

图 5-9 澧溪中学"身边的财富管理"课程支出机会卡

2. 金融专业知识与沙盘结合实施——以保险知识点为例

这节课在沙盘游戏中插入关于保险的机会卡和事件卡。保险机会卡如图 5-10 所示,抽到此张机会卡的学生所在小组都可以以 50 元购买医疗保险并在"医疗保险"星值上

图 5-10 澧溪中学"身边的财富管理"课程保险事件卡

加一颗星。这节课教师安排多张购买保险的机会卡,每次购买保险的金额也不一样。学生可能抽到支付 100 元可以在保险星值上加 1 星的机会卡,也可能抽到只需支付 50 元就可在保险星值上加 1 星的保险。学生不知道购买哪次保险最划算,但可以通过每次保险金额的相对比较及出现事件时赔付的比例来决定是否购买此次保险。

关于保险的事件卡如图 5-11 所示,抽到此张事件卡的学生不仅本人要面临该事件,且此刻坐在同一教室的所有同学都要面临该事件。在应对此事件时每个人的损失是不一样的,跟个人的"体育体能"星值及"医疗保险"星值相关。该事件的目的不仅是为了让学生体会到保险的重要性,也是为了让学生要关注自己的健康体能,明白身体是革命的本钱,应重视体育锻炼,养成健康体魄。

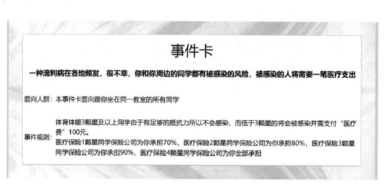

图 5-11 澧溪中学"身边的财富管理"课程保险事件卡

3. 金融专业知识与沙盘结合实施——以风险识别知识点为例

这节课在风险知识点讲解之前让学生先抽取一轮机会卡或事件卡。关于风险的机会卡如图 5-12 所示。这节课的机会卡与往常的机会卡不一样的是,这节课所有关于风险的机会卡规则在学生做出选择前都是不公开的,在收到每个小组的机会卡后,再导入这节课的知识点——风险。通过教师对风险知识和案例的讲解,学生会知道在这节课刚开始抽取的机会卡其实是一次危机,该事件是互联网普遍存在的风险事件,因为 QQ 上收到的"同学"信息不一定真的是真实同学发的,有可能是 QQ 号被盗,社交账号中收到的链接一

图 5-12 澧溪中学"身边的财富管理"课程风险机会卡

定要谨慎打开,不可掉以轻心。这节课最后教师公布事先写好的规则:"选择 A 的学生将损失 200 元,选择 B 的学生将损失 100 元,选择 C 的学生没有损失。"根据规则,对选择 A 和 B 的学生进行惩罚。本次风险专业知识结合沙盘的学习,是为了让学生对互联网风险有更深刻的认识,且知道不同的选择会导致不同的后果,日后在生活中遇到类似情况时懂得如何辨别和规避风险。

(三) 参与多元活动,共享丰收喜悦

学校举办的各类活动中,对于表现优秀或担任某个角色的同学,教师可以增加其素养类星值或奖励澧溪币。以学校举办运动会为例,运动会中有代表班级参加比赛的同学,也有在运动会中担任志愿者的同学。对于在比赛中获奖的同学,教师可以奖励其沙盘上"体育体能"星值,对于在运动会中担任志愿者的同学,教师可以奖励其沙盘中"社会实践"的星值。

学期末,学生通过对个人沙盘的数据结果进行盘点(三大目标达成情况、澧溪币结余、个人综合素养值等)和反思(收获和不足分析、针对性行动计划等)。同时,以小组、班级、年级为单位,在教师的引导下,共同总结学期收获并进行奖项评比和奖品(实物、社会活动参与机会等)兑换。

五、课程评价

该课程更加注重以过程性或形成性为主、终结性为辅的多元化评价。作为面向学习过程的主要评价工具,需要具备科学性、客观性和准确性,能有效地观察并评价学生的学习成长过程。科学性是指作为一种评价标准,必须实事求是,符合教学规律,并且在教学中要不断检验及时完善。由于受认知水平、学科背景及个人喜好等影响因素,不同人群在评价时难免会带有个人色彩,所以把沙盘量化数据评价、自我评价、同学互评、教师评价、家长评价都加入金融慕课评分表和课程综合评分表,尽可能地呈现一个客观的评价数据。为了精准评价,该课程将从学生的参与课程积极性、主动思考能力、团队沟通和合作能力、金融知识的理解程度、语言及表达能力、创新创造力进行全方位的评价。

表 5-14 澧溪中学"身边的财富管理"课程综合评分表

姓名:	班级:			日期:			
	优秀 (15—20分)	良好 (10—15分)	须努力 (0—10分)	自我 评价	同学 评价	教师 评价	家长 评价
参与 程度	积极参加课程的各项活动,独立完成任务的同时还能带动其他同学一起参与	参与态度较好,在同学和家长的督促下能够参加各项活动	需要教师和家长一对一地督促才能参与活动				
自主 思考	能够独立思考、自主学习,具有主动发现问题、分析问题、解决问题的能力	在教师的引导下,具有发现问题、分析问题的能力,但还不能解决问题	缺乏学习的主动性,需要教师和家长的监督才能发现问题				

	优秀 （15—20分）	良好 （10—15分）	须努力 （0—10分）	自我 评价	同学 评价	教师 评价	家长 评价
沟通 交流	能够有效地和组员进行沟通，正确表达自己的想法的同时有一定的组织协调能力	能基本表达自己的想法，在组内和同学能正常沟通交流	口头表达能力还需要提高，能听懂组员的表达，但还不具备正确表达的能力				
金融 知识	对于课程上的金融知识点全部掌握，能在实际生活中运用相关知识，并有自己独立的见解	对于课程上的金融知识基本掌握，能理解实际生活中的金融问题，有一些自己的见解	对于课程中的金融知识点比较模糊，不太理解实际生活中的金融问题，还没有形成自己的见解				
作品 创意	作品具有一定的个性化和创新，与众不同，让人眼前一亮	能完成相应作品，具有一定的美观性和个性化但创新不足	能少量完成作品，但平平无奇，还不具备个性化和创新				
合　计							

六、课程成效

该课程从实施至今已有两年的时间，其间惠及千余名澧溪学生，一直坚持以体验、探究为主的教学模式，致力于激发学生好奇心、探究欲，培养学生主动思考、质疑、求索以及善于捕捉新信息的能力，并把这种能力的培养定为课堂教学的终极目标。为此，该课程积极探索有利于激发兴趣、激活思维、鼓励探讨的课堂教学方法。这样，教学课堂上感受到的是一种亲切、和谐、活泼的气氛。教师是学生的亲密朋友，教室也转变成为学生的学堂，学生再也不是僵化呆板、默默无闻的模范听众，他们的个性得到充分的展现与培养：或质疑提问，或浮想联翩，或组间交流，或挑战权威。师生互动、生生互动、组间互动，在有限的时间内，每一位学生都得到了较为充分的锻炼和表现的机会。

七、课程思考

课程开展至今，不断在思考中完善，边摸索边实践。思考如何将课程真正"落地"，让学生能学有所获；思考如何培养创新意识，让学生能与众不同；思考如何种下金融的"种子"，让学生能够成功成才。

（一）关注探究体验，突出金融意识

该课程在开展时，首先转变了教学观念，既不包办学生的探究，也不是撒手不管学生。在以往的教学中，有的教师会以提醒为名，行灌输知识为实；也有的教师全盘放手，让学生"自生自灭"。该课程给学生充足的时间去思考、探索，教师担任的是组织者，学生进行沙盘模拟时,教师会不断巡视,及时发现问题或者接受学生提问,但绝不会干预学生的决定。学生在一次次的模拟中,感受不同的人生体验,渗透金融意识,知道在自己身上"投资"是最好的理财。

(二)关注学习方式,突出创新意识

在传统教学中,教师习惯于向学生灌输知识与技能,导致部分学生在步入高中后,并没有真正掌握获得知识的能力,无法适应高强度高压力下学习的环境。所以教学生"学会",远不如教学生"会学"。该课程秉持学生是学习的主体,给予学生充分展现自我的机会,鼓励学生有创新创造,勇于做第一个吃螃蟹的人,从而不断提升深度学习的意义,综合发展探究与想象、坚毅与审辨、合作与担当等创造力核心要素。

(三)关注课堂评价,突出育人意识

该课程评价的核心是"帮助"和"引导",所以教师并不是一味盲目地夸大其词去评价。教师会更具体地评价学生,如"你们小组的慕课小视频很有趣""你做的预判很恰当""你的财富小提问很有趣""你的风险意识很强烈"等,所有的评价都是恰如其分的,以激励为主的。同时还鼓励学生互评,培养学生欣赏他人,树立公平、公正的社会主义核心价值观。在学生心里埋下金融的种子后,更关键的是在过程要正确育人,才能为国家培养真正的金融人才。

第五节　小 学 篇

一、课程背景

教育家叶圣陶曾经说过:"什么是教育,简单一句话,就是养成良好的习惯,衡量教育是不是成功就看有没有形成良好的习惯。"金融素养培育,知识与技能是根本,还要看是否养成了良好的财务习惯与金融思维。金融素养培育之所以重要,正是因为它不仅是财富能力和金融素养的教育,其本质更是一种品德教育和责任教育。学生只有在不断的规划与使用金钱的实践中,才能获得与财富和平相处的能力;只有通过规划与使用财富这一过程,才能真正识别自己的内心需求,从心理层面减少盲目的攀比心和虚荣心。该课程从教会孩子认识与使用零花钱开始,使学生明白可以通过管理、规划和努力获得财富,获得幸福,这样的金融素养培育带给学生的不仅仅是消费观的改变、金融素养的提升,更重要的是带给学生内心稳定的安全感,通过了解家庭及社会财富的分配流动方式,懂得珍惜财富,懂得通过自己的努力去获得财富。

在东昌中学提供的"身边的财富管理"课程内容——财富管理概述、记账与银行理财、保险理财、基金理财、股票理财、互联网理财等六个模块内容的基础上,考虑到小学生资金量较少、心智不太成熟,而且没有稳定的收入来源,所以轻易尝试保险理财、基金理财、互联网理财等理财投资行为,可能会存在一定的风险。

因此,高桥镇小学秉承"通过提供适合学生需要的个性化教育机会,充分发挥其潜能,促进每一个学生在德、智、体、美、劳等方面得到主动、和谐的发展"的办学理念,结合小学生的学情分析,对于原有六个单元内容进行了筛选,针对性地选取并研制了更利于小学生理解、掌握并且感兴趣的主题内容,如钱从哪里来、钱到哪里去、认识零花钱、我爱记账等。通过课程的学习,培养学生正确的金钱观、消费观、理财观以及好习惯。

二、课程目标

目标一:学会调查,解决问题。该课程旨在鼓励学生自己发现问题、调查分析、提出对策、实践调整,通过吞金兽食量调研、家庭收入小调查得知什么是收入以及财富的来源,理解财富管理的重要性,知道财富管理的主要渠道和方法,培养学生的财富理解力、财富胜任力,形成财富责任感,核心目的是要培养孩子为金钱负责的态度,从而进一步培养学生的自主探究能力和创造力。

目标二:艺术手账,启智激趣。了解手账与金融小视频(择优拍摄)从主题选择到制作的流程,培养学生的创造力,启发智慧,激发兴趣。

目标三:规划计划,理财技巧。课程重点关注学生的规划思维和金融"三观"的形成(即金钱观、消费观、理财观)。通过实践活动,与实际生活相联系,知道财富需要管理、如何管理,用财富管理教会学生如何自律、如何做出负责任的决定,教师通过指导学生管理零花钱、压岁钱等,培养孩子制订计划、规划、预算的能力,同时培养风险意识。

三、课程内容

高桥镇小学"身边的财富管理"课程通过在课堂上开展时事论辩赛、理解财富三字经、制作记账本、规划小当家基金等活动引导学生树立正确的金钱观,即财富为劳动所得,不能妄想不劳而获。理解钱不是从天上掉下来的,是父母靠辛勤劳动得来的,所以要理解父母、珍惜父母的劳动成果。树立正确的消费观,即购物时只买生活所需,厉行节约、杜绝奢侈,不攀比、不浪费。学习正确的理财观,制订计划时要量入为出、开源节流、理性消费。

(一)巧借东风初探,融合创编再探

依托东昌中学提供的"身边的财富管理"课程概述、记账与银行理财、保险理财、基金理财、股票理财、互联网理财这六个模块的金融慕课视频,学生初步了解银行理财、保险、基金、股票、互联网投资等理财方式的相关知识。在此基础上,结合小学生的学情,对于原有六个模块内容进行了筛选,针对性选取并研制了更利于小学生理解、掌握并且感兴趣的主题内容,如钱从哪里来、钱到哪里去、认识零花钱、我爱记账,以及主题活动"一日小当家"。通过单元学习内容与探究活动的设计,使学生了解财富管理、认识理财等投资方式,并通过学习如何创作脚本、拍摄小视频等,使学生初步积累理财知识,培养动手、表达、创作能力,激发理财意识(见表5-15)。

表 5 - 15 高桥镇小学"身边的财富管理"课程单元内容

课时数	模 块	课 程 内 容
1	钱从哪里来	认识收入
		薪资高低的原因
		劳动最光荣
2	钱到哪里去	认识消费
		消费的三种类型
		财智三字经
1	认识零花钱	认识零花钱,合理存钱
		零花钱的使用原则
		如何赚取零花钱?
2	我爱记账	记账的目的和重要性
		学会记账,认识超支
		如遇超支,应如何处理
		财智三字经
	主题探究:一日小当家	利用百元基金,规划全家一日安排

(二) 社区社团闭环设计,提高学生综合能力(见图 5 - 13)

高桥镇小学"身边的财富管理"课程设计定型之后,在原有的阿福童社区活动基础上,学生金融社团也紧紧跟上,成立了"金牌词作人"社团,此"金"作金融之意。文学载体有四种,即小说、散文、诗歌、剧本,而歌词创作是最接近诗歌的一种文学形式,歌词是借由作品与世界的对话,一旦流行,它的影响力将远超诗歌的影响力。该社团课程包含"对歌词应有的基本认识""歌词创作中的基本训练""歌词技巧的进阶与强化""实战经验分享""当一个有故事可以说的人"等课程模块,结合金融专业知识,将金融知识融入歌词创作之中,贯彻在"做中学、用中学、悟中学"的理念,培养学生创造性解决问题的能力。

《身边的财富管理》 阿福童超市

学生社团—金牌词作人

图 5 - 13 高桥镇小学"身边的财富管理"课程与社区闭环

此外,阿福童社区中的各大岗位也是培养学生金融素养的绝佳机会,在社区运营初期,教师培训受聘学生如何将超市内的物品与阿福童币进行流通,且要求每一笔流通皆有记录、记账，让学生有机会、有时间、有场所自主管理超市的运作，学会如何管理超市、如何制订采购计划，如何制订营销计划和促销方案，如何制作、看懂和分析账目表等。通过参与职业体验，增加团队合作意识，培养独立思考和积极行动的能力以增加其理财意识和社会认知。

至此，课程建设、社区职业体验、金融社团活动三者相辅相成，三位一体形成金融素养学习的闭环。

（三）融合珍贵文化遗产，浸润语文学科素养

课程中首次采用中华民族珍贵文化遗产——三字经的形式来展现复杂的金融知识，内容短小精悍、朗朗上口，涵盖"用钱有度、存钱有方、收支有数"的理财理念和方法，内涵丰富，让金融素养培育集知识性和趣味性于一体，帮助孩子树立理财观念、培养理财能力、养成理财习惯，让孩子们在"财之器，铸由三"的道理中理解计划与规划的重要性，养成理财好习惯，在"助贫困，寒冬暖"的教化中体会什么是正确的消费观。

四、课程实施

（一）课程实施原则

在课程实施过程中，始终遵从以下原则：

一是融合性原则。通过艺术手账、思维导图、心得体会等活动形式引导学生掌握知识与知识之间的联系。"身边的财富管理"课程根据难度阶梯式提升、循序渐进设计，帮助学生对知识结构进行理解、融会贯通，形成一定的知识网络，最终通过主题探究活动展现技能。

二是创造性原则。"身边的财富管理"课程是以学生为主体的，教师在其中起到穿针引线的作用，游戏的探索与组织、活动成果的呈现与展示等具体活动过程都鼓励学生自主探索，选择适合自己以及小组的方法与形式，鼓励多样化的表达与发散性思维，全方位激发学生的创造力。

三是育人性原则。在课程实施过程中，引导学生量入为出制订购买计划、给出购买建议等，目的是培养学生的自我控制能力、独立自主意识，避免学生走入短视、攀比、投机的误区。小学生年纪较小，重点更应放在教会他们正确认识金钱之上。

（二）典型课程案例

以"一日小当家"这节课为例。成人一般都有较好的自制力，孩子则不同，一旦孩子手里有了钱，就会盘算怎么花，很容易养成花钱大手大脚的习惯，这会让他们日后的生活变得一团糟。帮助学生正确认识金钱，从而学会开源节流、厉行节俭、量入为出、理性消费，是养成金融思维之拥有正确金钱观、消费观中必不可少的一环。

课程前期，教师根据钱从哪里来、钱到哪里去、认识零花钱、我爱记账四个单元的教学目标进行教学，保证教学内容的科学性和思想性，落实好单课教学目标。

课程中期，教师教给学生脚本的撰写方法，选择优秀的作品进行组内修改，最后交由教师定稿。定稿小组制作简单的PPT，借由手机、平板、单反在校内进行视频拍摄。

课程后期,学生分享制作时的思路和所遇到的困难、解决的方法以及给同学们的建议。学生在观赏同伴的视频成果后进行打分。学生还可通过慕课视频学习银行理财、保险、基金、股票、互联网投资等理财方式的相关知识,了解几种最基本的理财技巧,完成课后小测试,深化课堂知识。

小组作业是创作关于财富管理内容的短视频脚本,要求字数为150字左右;小组通过vue或爱剪辑此类易上手的剪辑软件进行小视频的剪辑及上传(见图5-14)。

图5-14 高桥镇小学"身边的货币"课程学生脚本作品示例

【教学片段一:讨论研究,思维初显】

活动目标:在已掌握的有关财富管理相关知识的基础上,通过信息技术手段,自主学习、了解手账的制作方法,为实际创作做准备。

核心活动:1. 欣赏精美手账视频。

2. 回顾与交流之前所学知识。

3. 自主学习、了解手账制作方法。

1. 教师:我们平日一天生活究竟需要哪些东西,你能运用本单元所学的知识进行一天的统筹安排吗?下面下发活动任务单,请同学选择合作伙伴成立团队。

2. 教师:选好了伙伴,请你想一想,我们要计划买什么? 如何买? 怎么买才合算? 怎样让"一日小当家"手中的百元基金发挥最大的作用?

学生1:我会把要买的东西写在纸上,做一张购物清单。

学生2:我也会做购物清单,但我同时还会标上预估的价格。

学生3:老师,那如果我超额了呢?

3. 教师:你的问题非常好,小朋友第一次支配这么多的钱,难免会这也想买那也想要。请同学们来帮助他一下,如果遇到超支情况该怎么办? 我们可以运用这一单元的哪一课知识来应对呢?

学生4:我们要理性面对商家的一些活动,一些优惠活动看起来很诱人,但其实很容易引导我们花更多钱。所以我们不能盲目花钱、铺张浪费。

4. 教师:老师发现你们的财商都非常高,那接下来请小朋友四人为一组,完成任务单,组内交流形成一个初步的想法,然后请组长来谈一谈你们小组接下来的计划。

【教学分析】

"身边的财富管理"这一课程,引导学生初步形成正确的金钱观、消费观、理财观。通过联系生活实际,从课堂表现中可以发现有些学生具有较高的财富管理智商,有些学生通过四节课的学习也能认识金钱、合理消费。在实践活动中,教师为学生设置了可能出现的情境障碍来考察他们掌握知识的情况,虽然看似由教师抛出问题,但真正把课堂各环节推入高潮的主体是学生。学生能够预测可能发生的问题,说明学生已初步具备基本的预算能力,远见思维,计划与规划,这些都是学生初步形成金融思维的具象表现。

【教学片段二:分享与反思】

1. 教师:同学们,做一天小当家难不难? 不论是物品采买、安排三餐还是家务布置,甚至家庭娱乐活动的安排、设计等都需要你一手包办哦! 要把这些事安排得有条不紊可不容易哦。请同学们展示自己的作品,大家一起来欣赏(见图5-15)。

2. 教师:欣赏完作品,请同学们来说一说你最喜欢谁的作品吧!

学生1:我最喜欢小A同学的作品,因为她不仅安排了充实的一天,记录并安排零花钱的去向,还写下了日记。

学生2:我更喜欢小B同学的作品,我觉得他更厉害,不仅是家里的"小当家",还是个小小"营养学家"呢! 什么该多吃、哪些方面要节制,都写得清清楚楚,这样的家庭饮食管理不仅能让家人尝到美味,也均衡了膳食,让我们的生活更健康。

【教学分析】

以学生评价为主体,教师不轻易发表评价意见,避免了教师太过主观的评价影响学生的创造力。

图 5–15　高桥镇小学"身边的货币"课程学生手账作品

五、课程评价

教育评价作为一种主要反馈手段,在教学中起着重要的作用,它既是已经实施的课程效果的全面评价,也为课程的逐步完善和下一步有效运行提供反馈意见。它的重要指导意义不仅在于学生的成长,更在于教师团队的发展及课程的完善与实施。

(一) 评价实施形式

该课程注重形成性评价。形成性评价增加的是学生的内在动力而非外在动机,增强了学生的自我认识,这恰恰是培养学生金融核心素养中最重要的,即认识我是谁,我需要什么。除此之外,还能增强学生对个人学习责任的意识。形成性评价也能为教师提供足够的信息,为不同的学生提供风格多样的学习方法,以确保每个学生都有获得成功的机会。当然,形成性评价的重点和原则是学生的发展,不是结果,是鼓励成功,拥抱失败。

该课程应用了三种技术来辅助实现强而有效的形成性评价：

（1）利用电子书进行学生作品的策划、收集和分享，形成学生视频脚本作品展示库。学校充分利用金融创客实验室的电子大屏幕帮助学生储存及展示历届四年级学生的视频脚本集，学生可以像观看书本一样在电子设备上翻阅自己的作品。

（2）在前期脚本撰写的基础上，学生拍摄短视频，被采用的学生视频会成为对应课程的课程导入。

（3）利用手账软件、画图等简洁漂亮的工具，让教师和学生可以实时在线分享方案和想法，此方法比传统的头脑风暴更能有效降低想法的重复度，并且可以实现以一个想法激发另一个想法，真正做到培养学生的发散思维。

（二）课程评价标准

高桥镇小学“身边的财富管理”课程评价包含过程性评价和成果性评价。过程性评价即每个主题的活动中，学生的整体参与情况、完成实践作业的态度及小组合作的能力等，根据创造力量规来评价学生的各个阶段的表现。成果性评价是对课程主题实践活动展示并进行打分，每组委派一名学生展示本组制作的手账，并介绍成员和分享制作心得。评分人员是各组组长及教师，评分标准包括了主题选择、框架清晰、页面美观、团队合作四个维度，根据每位组长和教师的打分计算每组得分。

以《高桥镇小学〈身边的财富管理〉课程实践活动——一日小当家》为例，这节课的过程性评价如表 5-16 所示。

表 5-16　高桥镇小学“身边的财富管理”课程过程性评价表

创造力量规	评 价 内 容	自评	小组评	师评
探索与想象： 合格 ☆☆ 良好 ☆☆☆ 优秀 ☆☆☆☆	我通过课堂中的实践活动知道了什么是收入与支出☆☆			
	我通过课堂中的实践活动学会了使用各种方式记载与记录计划与消费的路径☆☆☆			
	我能根据零花钱使用原则合理规划“一日小当家”的基金使用，并能将记载与记录以艺术的方式呈现☆☆☆☆			
坚毅并审辨： 合格 ☆☆ 良好 ☆☆☆ 优秀 ☆☆☆☆	我通过课堂中的案例和实践操作，能做到合理地规划、计划与调节，知道如何应对非规划中的突发事件☆☆			
	我通过课堂中的案例，能理解职业不分高低，工作不分贵贱，所有的收入都需要劳动付出才有收获与回报☆☆☆			
	我不仅知道了如何学会规划自己的财富，更学会了如何规划自己的人生，并为自己制定目标☆☆☆☆			

续 表

创造力量规	评 价 内 容	自评	小组评	师评
合作与担当： 合格 ☆☆☆ 良好 ☆☆☆☆ 优秀 ☆☆☆☆☆	我在小组内认真履行自己的职责,遵守课堂规范,提出想法,并对他人提出善意的意见☆☆☆			
	我在小组内认真履行自己的职责,遵守课堂规范,能与他人沟通,并对他人提出建设性的意见☆☆☆☆			
	我能在小组中积极提出自己的想法,尊重组员的想法,能够接纳组员的意见,与组员合作完成一日小当家基金规划日志☆☆☆☆☆			

（三）成果性评价：从主题选择、框架清晰、页面整洁与美化、团队合作等角度进行评价（见表 5－17）。

表 5－17 高桥镇小学"身边的财富管理"课程成果性评价表

高桥镇小学《身边的财富管理——一日小当家》主题活动手账评分表 ＿＿年级 ＿＿班 ＿＿年＿＿月＿＿日					
评价内容	主题选择(25分) 贴近现实生活、有现实意义,具有一定新颖程度	框架清晰(25分) 紧紧围绕主题,内容充实,手账框架清晰,文字流畅	页面美观(25分) 页面清晰度、美化性、逻辑性、趣味性俱佳	团队合作(25分) 小组成员各司其职,每个成员都发挥重要作用	总分 (100分)
第一组					
第二组					
第三组					
第四组					
第五组					

六、课程成效

该课程的实施是"融创"版块课程体系中小学部分的落实与实践,对学生创造力的培养、未来成长方向的规划与思考都具有重要意义。高桥镇小学一直坚持以体验、探究为主的教学模式,致力于激发学生好奇心、探究欲,培养学生主动思考、质疑、求索以及善于捕捉新信息的能力,并把这种能力的培养定为课堂教学的终极目标。

在"身边的财富管理"课程实施后,我们对全校学生的个人资产(即阿福童币总额)进行了调查研究(见表 5－18)。通过报告我们发现随着年级的增长,学生财富值不断提升,资产分配也逐渐趋于均衡,跳跃点存在于三年级与四年级之间,四年级学生开始接触学校金融素养培育课程与社团,"融创"类活动增多,学生财富值显著增长。

表 5 - 18　高桥镇小学二至五年级学生个人资产概况

年　级	学生人数	0—10 币	10—20 币	20—30 币	30—100 币	100 币以上
二年级	427	96.49%	1.40%	0.94%	0.94%	0.23%
三年级	440	83.00%	11.00%	3.00%	2.00%	1.00%
四年级	462	57.00%	17.00%	11.00%	12.00%	3.00%
五年级	411	53.00%	19.00%	8.00%	6.00%	4.00%

通过调查报告的数据可以看出,正在参与课程学习的四年级学生和已经结课的五年级学生在从学校获得阿福童币数量上分配比较均匀,具有良好的金融习惯和金融思维(见图 5 - 16)。

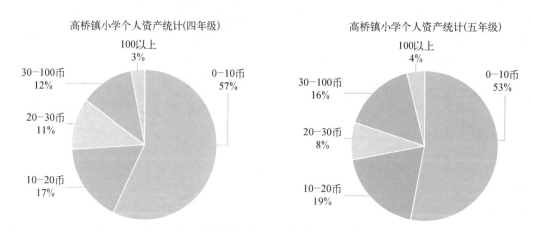

图 5 - 16　高桥镇小学四五年级学生个人资产统计

七、课程思考

课程开设至今,项目组教师不断思考摸索,渐渐发现"融创"课程与基础学科课程的区别,如果要真正有效落实这门课程,需在教学过程中把显性的教学目标隐蔽起来,不刻意追求固化的教育模式,让学生在自发提出问题、自我探索过程中,不断获取知识、提升技能,最后自主解决问题。

(一)关注学生体验,优化课程方案

该课程从研发到实施,已进入第三年,学生在不断的变化,课程内容也要常改常新。在课程实施过程中,项目组教师思考或可以在课堂中加入绘本、游戏形式,真正让学生在玩中学、学中玩,希望可以突破传统教材模式,开展无痕教育。让学习自然而然地发生,借

助学生最喜欢的游戏模式激发学生的创造力,进而培养具有独立思考能力、团队合作精神、社会责任感和良好理财习惯的当代金融小达人。

(二) 关注评价方式,突出创新意识

创造力究竟是什么? 著名的画家帕布洛·毕加索曾经给过解释:创造力是当你遇到了就会认出来。教师怎么能够判断这个学生的项目一定比另一个更好、更富有创意,这就需要教师反复打磨对学生项目的评价准则。"创造力是 21 世纪的财富,而确保学生能够发展创造力的最好办法就是量化它,学生们将用创造力赢得相应的分值认可。"评价的重要性就在于无效的评估只会对创新思维起到反作用,糟糕的评分准则会扼杀创造力,所以评价一定是课程中最重要的部分。在高桥镇小学综合课程中,我们定期使用评估工具对学生进行阶段性评估,并邀请了家长、学生、同伴成为评估者,由传统的打分方式转变为学生为自己喜欢的作品投票、贴星等方式替代教师一人独大的局面。

(三) 关注学生思维,实现育人目标

该课程的核心目标是培养学生的良好金融习惯,扩展学生的思维格局。在该课程中,知识的掌握不再是最终目的,传统教育过度追求完美,创造力课程却恰恰相反,错误可以引发更深的思考,失败也可以成为最优秀的作品,而教师们要做的是引导,像火柴一样点燃学生的好学之心。同时,如果授课教师对于金融、财富的理解有偏差的话,很容易把学生也带入误区,所以育人目的才是现阶段课程的重点。项目组教师通过涉猎各科知识,提升自身的金融素养,具备广博创新思维和综合能力,进而对学生的各项活动进行有效的指导,帮助学生培育优良品质与提高创造能力。

(四) 增加职业体验,设置情境障碍

该课程将在职业体验、主题任务中设置一些障碍,如设计情境(适当增加一些限制条件),使学生具有一定的风险意识及培养学生面对挫折时的应对能力,充分满足不同学习能力学生的学习需求,帮助学生形成批判性思维,使学生在行使权利的同时能承担起对自己、家庭以及社会的责任,从而具备健全的人格,提高社会生活技能。

第一节　课　程　概　要

一、"一日金融人"创课程定位

（一）"一日金融人"概述

"一日金融人"创课程是"融创"综合课程中的体验活动类实践课程。所谓综合实践活动课程是指在教师的指导下，由学生自主进行的综合性学习活动。综合实践活动课程是基于学生经验，密切联系学生的生活和社会实际，体现对知识综合应用的学习活动。综合实践活动课程的发展可谓是源远流长。美国的杜威于 1896 年在芝加哥实验学校里开始实验和研究这种课程，在学校开设了木工场、金工场、园艺场、烹调场等，让学生在其中通过活动来进行学习。20 世纪初德国的合科教学，1920 年至 1930 年发展至高峰的美国"活动课程"运动，使综合实践活动课程发展达到了高潮。苏联的苏霍姆林斯基在 1948 年担任巴弗雷什中学校长期间，设立了劳动课程，以培养学生的劳动能力。20 世纪 60 年代以来，英国出现了"统合教学日"，美国出现了 STS 课程、社会中心课程。这些都是综合实践活动课程的不同形式。

20 世纪 90 年代以来，世界各国、各地区都提出了旨在适应新世纪挑战的课程改革措施，呈现的共同趋势是倡导课程向儿童经验和生活回归，追求课程的综合化、活动化。综合实践活动课程是顺应新世纪基础教育课程改革这一时代变化的题中之义。2001 年 6 月，我国教育部颁布了《基础教育课程改革纲要（试行）》，首次设置综合实践活动课程。经过长达 16 年的实验探索与理论研究，2017 年教育部颁发《中小学综合实践活动课程指导纲要》，至此，我国中小学综合实践活动课程正式成为中小学校的一门必修课程，走向常态化、制度化、规范化。《义务教育课程方案和课程标准（2022 年版）》的颁布，标志着新一轮基础教育课程改革的全面启动。本轮课程改革明确了素养本位的课程取向，强调课程的综合性与实践性，为跨学科的综合实践活动课程提供了发展契机。

"一日金融人"创课程是一种综合实践活动课程，尤其注重学生多样化的实践性学习方式，转变学生单一的以知识传授为基本方式、以知识结果的获得为直接目的的学习活动，强调多样化的实践性学习，如探究、调查、操作、服务、技术实践等。因此，"一日金融人"创课程更强调学生对实际的活动过程的亲历和体验，学生通过动手操作实践的方式来获得经历和体验,在实践的过程中发展学生创造力。"一日金融人"创课程也是学校特色校本课程,是对国家课程的一种补充。该校本课程主要依托学校的特色金融活动进行开发和实施,该课程的显著特征是可以实现小学、初中、高中衔接,实现从小学到高中的全面实施。

(二)"一日金融人"课程价值

"五育融合"是新时代中国教育变革与发展的基本趋势。"一日金融人"创课程为落实"五育"并举和立德树人的根本目标提供了新的路径。"一日金融人"课程以发展学生的创造力为目标,学生通过体验实践活动,不断认识、分析和解决问题,提升自己的金融素养。"一日金融人"的价值不止在于知识传授和技能训练,更在于实现学生学习方式的深刻变革,即变被动-孤立-接受式学习为自主-合作-探究式学习。首先,"一日金融人"创课程提倡自主学习。学生既是课程的学习者也是建构者,能够基于自身兴趣和发展需要自主选择活动主题,并根据活动实施情况对自己的学习进行动态调整,这样可以调动学生的积极性,激发学生的创造性。其次,该课程倡导合作学习,学习不是个体孤立的认知过程,而是师生之间、生生之间基于共同活动主题,通过分工讨论、小组评价、意见反馈等方式,解决实际问题的双向互动过程,有利于提高学生的解决实际问题的能力。再次,该课程倡导探究式学习。综合实践活动课程教学观认为,综合实践活动是开放生成的而非系统凝固的,要求学生在综合运用已有知识的基础上,围绕现实问题积极思考、动手操作和实践探究。"一日金融人"课程就是利用学校的金融实验室平台,为学生提供一个实践操作的场所,引导学生进行探究式学习,不断提高学生的探索能力。最后,该课程涉及小学、初中和高中各个学段,架构了小学、初中、高中纵向课程体系,借助学校特色的金融素养培育课程体系,鼓励学生从自身成长需要出发,选择主题活动,主动参与并经历实践。"一日金融人"已成为发展学生创造力的有效载体。

二、东昌中学"一日金融人"课程简介

"一日金融人"课程是东昌中学金融素养培育特色课程群中的一门核心圈课程。该课程自2013年开发并实施,至今已延续、发展10年之久。该课程设计之初,是为东昌中学学生的金融学习提供一个实践平台,同时,也为上海市、浦东新区初中生的金融素养的培育提供一个活动的平台。该课程包含的活动,最初是"初中生一日金融人"活动,该活动是学生利用学生社团、自主发起的一个活动,经过多年的不断完善,目前已成为东昌中学重要的学生品牌活动。在这一活动中,东昌中学的学生通过系统地学习学校的金融素养培育相关课程,如"学做投资""学生公司""银行实务"等课程的理论知识,成为"初中生一日金融人"活动的组织者和服务者,充当"小老师"这样的角色。该实践活动主要包括了"虚拟投资大考验""金融知识大比拼""银行储值"等三项主要的金融活动。"虚拟投资大考验"活动主要是利用东昌中学金融实验室的"虚拟交易所",模拟真实状态下的股票投资活动,让前来体验的学生都能体会到"股市有风险,投资须谨慎",从而增强学生风险意识;同时,通过"金融知识大比拼"活动,丰富学生的金融常识,增强学生的金融知识;通过"银行

储值"活动,东昌中学的学生担任银行柜台的工作人员,可以体会到作为银行柜台工作人员的工作要求与责任,感受到一种全新的职业体验。前来储值的初中生们,可以体会到银行储值这一过程,真实还原了生活中储蓄的场景,提高了学生的兴趣。2013 年以来,每年区内有 16 所初中学校来校参与活动,目前已有 5 000 名左右的初中学生参加了此项活动。

学校认识到,金融素养培育要从娃娃抓起,为提升学校的金融素养培育影响力,学校认为可以进一步拓宽"初中生一日金融人"的课程实施对象,可以把金融素养培育特色向小学甚至是周边社区内的孩子辐射。学校继续开展了金融素养培育特色亲子活动,亲子活动的主要形式为东昌学生志愿者带领不同年龄段的孩子或者孩子及其父母一起体验"一日金融人"课程,带领他们参加学校金融实验室的银行储蓄、虚拟投资、金融知识大比拼、货币馆参观等系列活动。

2020 年,在"创造力培养项目"实施过程中,东昌中学作为"融创"联盟的盟主学校,将"一日金融人"课程等五门课程与"融创"联盟学校进行共享共建,在高桥镇小学、立信附校、澧溪中学领导团队和教师团队的共同努力下,"一日金融人"课程从最初的"初中生一日金融人"活动,发展成为纵贯小学、初中、高中全学段的综合课程。几年来,"一日金融人"课程着眼于发展学生的创造力,探索基于课程标准的教与学方式的转变,开展三个主题的探究:"探究与想象"(包含好奇和质疑、探索和调查、挑战既有认知、允许不确定性、不惧困难、敢与众不同)、"合作与担当"(包含分享成果、给出并接受反馈、恰当与他人合作)、"坚毅与审辨"(包含批判性反思、逐渐养成技能、不断精进和提升、尝试各种可能性、建立关联、使用直觉),这种转变,是发挥课堂主阵地、培育学生创造力的有效探索。经过探索,该课程框架如下:实践前,通过联盟学校教师讲述或查阅东昌校园网的方法,初步了解东昌的校史与金融素养培育的基本情况;实践中,在东昌中学学生的带领下,参观东昌金融实验中心,体验银行实务与学做投资等实践课程;实践后,完成"银行实务""学做投资"等课程的课后作业,作为实践成果,由联盟学校开展成果评比,遴选出优秀成果进行展示。该课程不仅需要融合不同学科的常识和知识,同时也在实践过程中增强了自己的风险意识、探究能力、合作能力,充分体现了"一日金融人"课程的综合性和创新性。

三、"融创"全学段"一日金融人"课程简介

为提升学生的创新精神和实践能力,新时代"融创"全学段综合课程建设团队对东昌中学已有"一日金融人"课程资源进行吸纳和创造,并将其规划到"融创"全学段综合课程体系的建设之中。"一日金融人"创课程模块涵盖小学、初中、高中三个学段。根据"融创"联盟学校的校情、学情,高桥镇小学设计在小学四年级实施,澧溪中学、立信附属学校分别选择在初中六年级、初中八年级实施,东昌中学在高中一年级、高中二年级实施。

高桥镇小学"一日金融人"课程(小学篇),实施对象为四年级学生。作为共建课程的小学学段,高桥镇小学根据小学生的身心发展特点,在东昌中学金融实验室进行参观和参与虚拟投资和银行储值体验课程的基础上,结合学校的综合课程"我学金融"中对金融已经产生一定基本认知的学情,依托高桥镇小学阿福童社区和金融创客实验室,着手设计与

实施以基础金融知识与金融素养为主要内容的实践活动课程,为后续学段课程的进一步实施打下坚实基础。

澧溪中学"一日金融人"课程(初中篇)实施对象为六年级学生。在东昌中学金融实践体验的基础上,结合澧溪中学生的身心发展特点,开展"参访工商银行""财经素养嘉年华"等活动,引导学生进一步了解身边的金融机构与经济行为,通过金融职业秀和岗位模拟活动培养学生自主探究能力与创造力;活动激发学生的自主参与性及创新创造潜能,引导学生对生涯规划及财经素养的关注;将知识学习融入活动之中,引导学生在体验中学习财经素养及生涯规划基本常识;体验活动涵盖经营活动全程,带动学生创新思维、组织协调、信息处理、问题解决等多维能力的提升,最终内化为价值观的塑造。

立信附校"一日金融人"课程(初中篇)实施对象为八年级学生。在上海立信会计金融学院常驻附校教师的协助下,与东昌中学等联盟学校合作,线上、线下集体备课,分工负责,撰写教学设计,制作课件,每两周一次集体备课,平时互相听课,随时交流,形成常态化。在教育教学资源上共享,实现大、中、小联动。通过参观金融科技学院,了解银行、货币等发展历史,对基础金融知识有一定认识,了解我国金融发展的历史以及相关金融人物;通过参观诚信长廊,树立规则意识与风险意识,加强学生金融素养课程建设和育人实践的指导;通过书画展示馆参观、互动,感受中华传统文化魅力,学习鉴赏文化瑰宝,激发民族自豪感,牢固树立爱党爱国爱人民的民族信念;通过观看电影等方式展开思考和讨论,树立规则意识与风险意识,提高对投资理财的兴趣。在参与实践活动中鼓励学生大胆想、大胆说、大胆辩,激发学生思辨善变的创造力。

东昌中学"一日金融人"课程(高中篇)实施开发之初,主要是面向高中一年级学生。学校金融素养培育特色课程为该实践活动课程的开展提供了有力的保障。同时,该课程依托学校的金融类社团和金融实验室,为参与实践活动的学生搭建了实践的平台。学生通过参与金融历史博物馆、智慧证券实验室、东昌中学模拟银行等场馆的活动,亲身参与体验实践的乐趣。该课程分为三大活动模块:"虚拟投资大考验""金融知识大比拼""银行储值"。东昌中学的学生在活动实践过程中,将所学知识学以致用,承担志愿者工作,发挥着"小老师"的作用。虚拟投资、银行服务的工作人员主要从学校经济类社团学生公司和经济协会的社员中选拔,参与负责竞赛活动的学生需要了解竞赛流程,组织活动并灵活平稳维持现场纪律。展厅讲解人员从学校主持人团队中选拔学生负责,知识竞赛从学生会社团部中选拔学生负责,这些学生要了解并内化金融基本知识,在此基础上,重新组织语言讲述给外校学生。每个模块都配备一名指导教师,指导教师只负责工作人员的培训、与技术保障人员的协调,不直接参与各模块的接待工作。在活动中,东昌中学学生发挥着"大手牵小手"的作用,为前来体验和参与活动的其他中小学生提供各项服务。经过不断的实践,学生们在参与活动中可以融合金融知识,在服务中熔炼金融素养,从而树立起正确的规则意识、风险意识。

"一日金融人"创课程实施以来,通过从小学、初中到高中的纵向的课程体系的实践,结合各阶段学生发展的年龄特点和个性特征,以促进学生的综合素质和创造力发展为核心,充分显现了课程的综合性。该课程适应学生的成长规律,适切现有的知识能力基础,适合现阶段孩子感兴趣的方式方法,借力项目化学习形式,跨学科跨学段跨领域整合。课程内容体现时代性、专业性和育人价值,让学生充分感受到认识自己、了解自己、接纳自己,赋予学生诚信意识、责任意识、规则意识和风险意识。同时,"一日金融人"创课程注重学生思考问题的过程和思考的角度,培养学生善思乐思,提升学生创造性解决问题的能力。课程为浦东新区教育落实五育并举、教育综合改革提供了实验样本。

第二节　高中篇

一、课程背景

创造力是天生的吗？它可以培养吗？我们学校教育,又能做些什么？"一日金融人"创课程作为东昌中学"融创"课程中五大综合课程之一,也是东昌中学金融素养特色课程中的体验类实践课程。该课程从 2013 年开发并实施,至今已延续、发展十年之久。该课程设计之初,主要是针对学校高中生的金融素养培育提供一个实践的平台。2019 年,央行提出了金融素养教育要从娃娃抓起,倡导中小学生开展金融教育知识普及。基于此,学校认为可以进一步拓宽"一日金融人"的课程实施对象,可以把金融素养培育特色向初中、小学甚至是周边社区内的孩子辐射。

因此,东昌中学在金融素养培育课程的基础上,在联盟学校领导小组的领导下,由东昌中学领衔,组成教师团队,根据不同学段学生的学情特点,在东昌中学原有的课程基础上,共同研发和实施适合小学、初中和高中学生学习的"一日金融人"综合课程,力图构建从小学、初中到高中全生态综合课程体系和课程图谱。"一日金融人"综合课程是以真实生活问题为切口,给学生提供体验实践式学习、项目化学习、游戏化学习、混合式学习等多元学习体验,学生学习和解决问题变得有趣起来,从而在这一过程中激发和培养学生的创造性思维。

二、课程目标

目标一：提高学生的探究精神与想象能力。在探究方面,"一日金融人"创课程,学生通过参观东昌中学校园和金融历史实验室,能够提出"什么是金融""金融经历哪些发展阶段""金融业有哪些传奇人物"等基本问题,产生问题意识,带着这些问题,能够在课程中,通过合作探究、调查等方式,寻找到问题的答案。培育学生提出问题、分析问题和解决问题的能力,发展学生的创造力。在想象方面,学生通过保持开放的心态接受各种可能性,参与东昌中学模拟银行储值活动和参与东昌中学智慧证券实验室平台的虚拟投资活动,形成如何操作和实施的想法,建立各种可能的想法之间的联系,在严密的逻辑推理之外,运用直觉探索新的可能性,从而懂得银行柜员的基本业务,体验银行储蓄的过程,将理论知识与实践操作相结合,树立规则意识与风险意识,提高对投资理财的兴趣,将自己的想法付诸实践并验证自己的想法,对自己的选择进行修正,提高实践操作的能力,发展学生的创造力。

目标二:培养学生的坚毅品质与审辨思维。在坚毅方面,容忍解决问题过程中出现的各种不确定性;敢于直面困难,不轻言放弃;接受并敢于做出与众不同的尝试;也可以从教师的反馈中,不断地提高自己。在审辨方面,能够通过质疑批判、分析论证、综合生成和反思评估,不断精进自己的创新想法,并吸收他人的创意;形成一套分析、发现、创造的技术。

目标三:帮助学生树立合作精神与担当意识。在合作方面,积极参与团队建设,在小组讨论当中发挥积极的领导作用,根据自己的兴趣和爱好,灵活地承担角色和任务,以形成共同的愿景目标。学生能够预计并积极应对在合作过程中遇到的调整,实现合作共赢。在担当方面,愿意主动了解创新创造对于个体、学校、家庭、社会的意义与价值,关注某些特定领域的历史发展进程及其对老百姓日常生活和国家与民族发展的意义,关心人类与环境和谐相处。

三、课程内容

东昌中学"一日金融人"课程根据学生的年龄阶段和身心特点,一方面针对东昌中学学生进行了课程内容的设计,另一方面针对外校来学习和体验的初中生和小学生设置了不同的课程内容。

(一) 针对东昌学生的课程内容

1."银行实务"课程内容

针对东昌学生的"银行实务"课程内容如表6-1所示。

表6-1 "银行实务"课程内容

模 块	模 块 主 题	模 块 内 容
模块一	银行概述	了解银行的起源、我国银行业发展与银行业体系
模块二	商业银行的基本业务	了解商业银行的存贷业务、贷款申请程序等
模块三	商业银行的中间业务	了解信用卡、外汇兑换
模块四	辨别真假币	了解人民币防伪特征
模块五	模拟银行系统1	模拟客户信息建立、储蓄账户建立
模块六	模拟银行系统2	模拟银行存储业务
模块七	模拟银行系统3	模拟银行转账业务
模块八	课程评价	利用模拟软件完成考核内容

2."学做投资"课程内容

针对东昌学生的"学做投资"课程内容如表6-2所示。

表6-2 "学做投资"课程内容

模　块	模　块　主　题	模　块　内　容
模块一	投资概述	了解投资的收益与风险,理解组合投资理念
模块二	银行储蓄	了解银行储蓄的基本知识,学习单利与复利的计算
模块三	基金投资	知道基金的分类,了解基金投资买卖的基本方法
模块四	股票理论	了解股票的相关知识,知道股票投资的收益与风险
模块五	基于虚拟投资软件进行股票模拟投资实践	初步学会申请证券账户、学会银证转账、体验买入与卖出股票,了解股票,基本面分析和最基本的技术分析方法

(二)针对外校初中生和小学生的课程内容

1. 东昌金融实验室学习、金融知识竞赛活动(适合初中、小学)

(1)学生通过参观校园,初步了解东昌中学的校史与金融素养培育的大致情况。

(2)学生通过参观学校金融历史实验室,了解陆家嘴金融发展历史、银行发展历史等内容,初步了解当今金融的起源与发展。实验室内设有触摸显示屏,以网页形式呈现金融知识及金融素养培育课程的配套电子教材等资料,还设有VR体验中心,学生可根据个人需求点击相应模块进行自主学习。学生参与学习之后开展以抢答形式为主的金融知识竞赛活动。

2."银行实务"(初中版)课程内容

了解银行存储流程,体验银行存储业务。

课前预习:查找资料了解与日常生活息息相关的银行业务。

课堂活动:交流各自查找的资料,在教师或东昌学生志愿者的梳理下列出银行的基本业务。体验银行存储的流程,体验与学习点钞技术等。

3."银行实务"(小学版)课程内容

了解人民币的发展、面额与人民币的防伪特征。

课前预习:查找资料了解人民币的发展历史、人民币的面额种类。

课堂活动:交流各自查找的资料,并在教师或东昌学生志愿者的梳理下厘清人民币的发展脉络。能够根据图片分辨不同版本的人民币。进行人民币知识抢答,能够说出人民币的防伪特征。

4."学做投资"(初中版)课程内容

体验股票模拟投资,在实践中体会股票投资的风险与收益。

课前预习:查找资料,了解股票的基本知识。询问父母亲朋,了解身边人股票投资的经历。

课堂活动：交流各自查找的资料，在教师或东昌学生志愿者的梳理下，学习股票的基本知识。通过东昌模拟投资软件，体验股票虚拟投资，初步学会申请证券账户、进行银证转账与买卖股票的方法。

四、课程实施

东昌中学"一日金融人"课程实施，注重贯穿"创造力培养项目"中学生创新素养的培育，注重"问题"导向，围绕真实情境，提出真实问题，分析问题，解决问题。注重处理好学生自我导航学习与教师有效指导的关系，在课程的实施过程中，学生是学习的主体，教师是学生学习的引导者、学生活动的组织者和促进者，学生在解决问题的"角色"中不断地发展创造力。

（一）东昌中学"一日金融人"（东昌学生）课程实施

下面以"新兴的互联网理财"为例，来谈谈东昌中学"一日金融人"（东昌学生）课程中一节课的实施，如表6-3所示。

表6-3　东昌中学"一日金融人"课程"新兴的互联网理财"课堂教学流程

教学环节	教 师 活 动	学 生 活 动	设 计 意 图
环节一：导入	同学们如何支配自己的压岁钱或多余的零用钱？ 大家了解的投资理财方式有哪些？	谈谈压岁钱或者零用钱如何支配 列举生活中的投资理财方式	提出问题，激发学生的"问题"意识，增强对投资理财的热情和积极性，为后续教学做铺垫
环节二：新兴的互联网理财及种类	你认为哪些属于传统的理财方式，哪些属于新兴的互联网理财方式？ 小结：新兴的互联网理财的种类和概念	通过调查研究、小组合作的方式分析问题，对投资理财方式进行分类。理解新兴的互联网理财概念	培养学生的探究精神，通过调查来探索区分传统理财方式和新兴的互联网理财方式，发展学生的创造力。明确新兴互联网理财的概念和分类
环节三：新兴互联网理财方式的现状	根据最受欢迎的理财方式的数据，互联网理财用户规模及占比 讨论： 1. 上述图表反映了什么经济现象？ 2. 出现这一现象出现的原因有哪些？	小组讨论，分析图表，讨论互联网理财发展如此迅速的原因	培育学生分析问题的能力以及透过问题的现象看事情本质的能力。明确互联网理财的现状及迅速发展的原因。明确其作为金融创新，在培育创新思维方面有着广阔的前景
环节四：新兴互联网理财的特点	以宝宝类理财产品余额宝为例，大家对余额宝有哪些了解？ 余额宝是如何盈利的呢？ 小组辩论：余额宝是搅动金融创新的"鲶鱼"还是趴在银行身上的"吸血鬼"？说说你的看法 小结：互联网理财的优势及风险	说说自己对于余额宝的了解，对以余额宝为代表的互联网理财产品的优点和劣势、风险进行讨论	培育学生审辨能力，通过质疑、批判、分析、论证，以小见大，通过余额宝来看互联网理财理财产品的优势和风险

续　表

教学环节	教师活动	学生活动	设计意图
环节五:新兴互联网理财的风险及防范	从国家层面和自身层面谈谈如何防范互联网理财的风险	从自身和政府两个角度来回答问题	自身方面投资理财时要比较风险和收益,做到理性投资、分散投资;国家层面要加强监管力度,健全法律有法可依
课堂小结	展示党的十九大报告中关于"打好防范化解重大风险"的表述	课堂聆听	责任与担当:树立防范金融风险的意识,积极为国家做出贡献

"新兴的互联网理财方式"这节课的教学实施,以问题为导向,与学生探讨新兴的互联网理财方式,从身边常见的互联网理财切入,贴近生活、贴近实际、贴近学生的事例来学习,培养学生对新兴的互联网理财的进一步认识。通过小组讨论的方式提出问题,对"与传统理财相比,互联网理财有哪些特点""互联网理财有何风险""如何防范互联网理财的风险"等相关问题进行探讨。学生通过小组合作的方式,去寻找问题的答案,在课堂上进行展示;通过相关数据的对比,讨论互联网理财的特点、风险及如何防控等问题,形成对互联网发展的理性认识。通过思辨性问题,来思考如何看待"余额宝",培育学生审辨能力;通过质疑、批判、分析、论证,透过现象看本质,不断发展学生的创造力。最后落脚到学生的社会责任上,学习金融知识不是为了钱,而是思考要有为社会和国家的经济做贡献的责任感。

(二) 东昌中学"一日金融人"(初中生)课程实施

1. 课程实施准备

(1) 课程参与学生的选拔。参与东昌中学"一日金融人"课程学习的学生,由初中学校在参加金融类校本课程、金融类社团、金融类兴趣小组的学生中选择,并配备指导教师、带队教师。

(2)"大手牵小手"学生培训。东昌中学实践活动以模块形式开展,根据每个模块的性质确定课程助手,从东昌中学中选拔课程助手。技术性较强的虚拟投资、银行服务由经济类社团学生公司和经济协会承接,展厅讲解由学校主持人团队承接,知识竞赛由学生会社团部承接。在此基础上对学生进行课程服务培训。虚拟投资模块由课程教师负责协调与培训,由技术人员做软件运行保障;银行储值由课程教师负责协调与培训;展厅讲解和知识竞赛由团委教师负责协调和培训。

(3) 课程准备工作。东昌中学课程助手负责将参与学生的信息录入;准备好参赛证、初始币;对各模块课程实施稿进行撰写、修改与确定;准备知识竞赛模块 PPT、金融知识手册、记分牌、台卡等;设计好比赛奖项,准备好课程学习纪念品。

2. 课程学习与实践体验

（1）课程简介。

表6－4　东昌中学"一日金融人"课程简介环节情况

课程内容模块	课程实施地点	课 程 助 手
课程学习与竞赛	文科阅览室	东昌中学展厅讲解负责人
虚拟投资与银行实务	报刊阅览室	

（2）课程学习。

表6－5　东昌中学"一日金融人"课程学习环节安排

组　别	课 程 模 块	课 程 助 手	课程实施地点	课程实施时间
第一组	知识展厅学习	主持人团队	文科阅览室	20分钟
	金融知识学习			20分钟
	银行储值	经济协会		20分钟
	知识竞赛	学生会社团部		60分钟
第二组	金融知识学习和储值	经济协会	文科阅览室	20分钟
	银行储值	经济协会		20分钟
	知识展厅学习	主持人团队		20分钟
	知识竞赛	学生会社团部		60分钟
第三组	虚拟投资	学生公司	报刊阅览室	60分钟
	知识展厅学习	主持人团队		20分钟
	金融知识学习			20分钟
	银行储值	经济协会		20分钟
第四组	虚拟投资	学生公司	报刊阅览室	60分钟
	金融知识学习			20分钟
	银行储值	经济协会		20分钟
	知识展厅学习	主持人团队		20分钟

其中,金融知识竞赛课程,学生根据下发的金融知识手册,进行学习,以抢答的形式参与;银行储值课程,学生要把手里的东昌币存到东昌银行,获取银行的存款单;虚拟投资课程,学生将虚拟资金转入自己的投资账户,进行股票选择、K线图分析等,然后进行股票的买卖。

3. 课程作业

(1)虚拟投资活动作业(主要面向东昌中学学生)。学生能够了解股票交易的原则;建立模拟交易账户,并赋予每个账户 10 万元虚拟交易资金;模拟投资过程中,同一时间持有股票不能超过三支;记录购买理由,卖出股票的价位、数量、理由,持有期,持有收益;总结经验教训,反思自己股票体验活动的盈亏得失,通过所学知识简单分析自己盈亏的原因;形成一篇微报告。

(2)银行储值活动作业(主要面向初中生)。体验性作业交流:能够说出 5 种银行的基本业务;在父母的陪同下,亲自到银行体验一次储蓄的流程,并为自己办理一张银行卡;阅读《穷爸爸富爸爸》系列书籍,撰写不少于 400 字的投资理财心得体会。

(3)金融知识竞赛活动作业(主要面向小学生)。学生能够完成金融热点或者"金融知识知多少"的海报;能够说出 3 种人民币真伪鉴别的方法。

初中生"一日金融人"课程,充分体现了课程的综合性,注重学生的实践体验。

五、课程评价

1. 知识竞赛与虚拟投资评价

根据参与学生的表现给予奖项,发放东昌纪念货币,获奖学生持纪念货币兑换礼品。

(1)知识竞赛评价方式。评选出金融大菁英一组,每人奖励 100 元东昌纪念货币;评选出金融小天才一组,每人奖励 50 元东昌纪念货币。

(2)虚拟投资评价方式。根据收益总额,评选出股票大亨 3 人,每人奖励 150 元东昌纪念货币;评选出投资专家 3 人,每人奖励 100 元东昌纪念货币;评选出理财卫士 3 人,每人奖励 50 元东昌纪念货币。

2. 课程评价量表

表 6-6 东昌中学"一日金融人"课程评价表

教师评价设计							
评价组成		课 节	学生证据	评 价 工 具			反馈设计
过程评价	创造力	A/G	2、3、4	同理心地图(KWI-定义问题-方案)	量规水平 1	量规水平 2	量规水平 3	量规水平 4	自评+师评
		F	5、6	任务与想法	量规水平 1	量规水平 2	量规水平 3	量规水平 4	自评+师评

续 表

评价组成			课 节	学生证据	评 价 工 具				反馈设计
阶段成果	金融嘉年华活动	金融作业		微报告	撰写要求				师 评
最终成果	创造力	PQ		(包含小组角色工作日志的)合作证据模板—(角色-贡献-冲突)	量规水平1	量规水平2	量规水平3	量规水平4	自评+互评+师评
		U	第二学期某周五	(金融嘉年华活动)评审的小朋友	量规水平1	量规水平2	量规水平3	量规水平4	观众评、专家评
		V	第二学期某周五	展示的小朋友	量规水平1	量规水平2	量规水平3	量规水平4	自评+互评+师评

六、课程成效

(一) 学以致用,"大手牵小手"

"一日金融人"课程自实施以来,"银行实务"和"学做投资"课程每学期都会分别有40名学生选择学习。除此之外,学校的其他金融素养培育特色课程,也为"一日金融人"课程的开展奠定了一定的基础。学校经济协会和学生公司社团的学生每年都热心于该课程的实践活动。东昌学生在活动实践过程中,将所学知识学以致用,承担志愿者工作,开展"大手牵小手":一部分志愿者需要给前来学习的外校学生进行讲解,这些学生要了解并内化金融基本知识,在此基础上,重新组织语言讲述给外校学生;另一部分志愿者负责知识竞赛活动,志愿者们需要了解竞赛流程,组织活动并灵活平稳维持现场纪律。在此过程中,学生在劳动中发现问题并创造性地分析、解决问题,最终有所发现、有所思考,发展自己的创造力。

(二) 增强课程辐射力

"一日金融人"课程除了为高中生提供实践平台外,还辐射到市、区外校学校学生。每年的第二学期,学校都会迎来15—20所初中生,每所学校80名学生前来东昌中学体验"一日金融人"课程学习。自从实施"创造力培养项目"以来,课程还吸引联盟学校学生参与学习,他们不仅亲身体验银行相关的业务,而且还体验真实市场数据环境下的股票投资活动,更好地理解什么叫做"股市有风险,投资需谨慎"。

学生在课程学习中,需要利用自己所掌握的财经方面的理论知识,运用到实践过程中,解决在实践过程中遇到的问题,比如,如何组织团队合作活动知识竞赛的胜利,如何解决在活动中遇到的投资的问题,如何辩证地看待股票的涨与跌的问题,等等,能够充分地寻找和探索新的想法,解决悬而未决的问题以及复杂的情况,寻找解决的方案,锻炼自己的创新思维。

（三）成为学校重要的品牌活动

"一日金融人"课程是东昌中学一年一度"上海高中生经济论坛"品牌活动中金融"嘉年华"的重要组成部分。第五届上海高中生论坛暨第十届上海高中生经济论坛有 16 所学校的近 130 名同学踊跃参与了精彩纷呈的金融嘉年华系列活动。

七、课程思考

东昌中学"一日金融人"课程，在原有课程的基础上，同"融创"联盟学校的教师一起，共同开发了适合初中和小学生的课程内容，为初中和小学的学生提供了一个实践的平台。同时，这一过程是教师综合课程开发能力的一个重要的体现，有利于提高教师对于综合课程的理解，提升教师开发综合课程的能力。

"一日金融人"课程，构建了从小学、初中到高中的全生态的综合课程图谱。实现综合课程的纵向的开发与实施，课程开发主体成为跨学段的学习共同体，课程教师进行跨学段的教研和资源共享，体现了课程开发的创新性，成为发展学生创造力的重要载体。值得思考的是，如何将"创造力"融入课程设计当中，并付诸课程实践当中，在任重而道远、指向创造力培养的综合课程建设方面还存在不足，例如，如何通过"教学评一体化"的教师设计来推动综合课程创造力的发展等，这些都是该课程需要进一步思考和提升的地方。

第三节　初　中　篇　Ⅰ

一、课程背景

上海市教育委员会"创造力培养项目"在浦东新区和嘉定区试点，立信附校成为 15 所获批实验校。立信附校确立"区校联动、共建共享"的工作定位、"特色立校、激发活力"的工作理念、"搭建平台、项目牵引"的工作策略，逐步实现"质量稳步提升、办学富有特色、人民满意的优质学校"的发展目标。

随着我国经济的快速发展，需要培养合格的经济公民，建构理性、健康、科学的经济文化。立信附校对生态教育的研究已有八年探索经验，潘序伦先生"信以立志，信以守身，信以处事，信以待人，勿忘'立信'，当必有成"使立信师生意识到不仅要有诚信意识和法制意识，也要有金融素养。让学生了解金融对自己的生活，对世界经济的影响，激发学生的自豪感，增强责任感，努力培养学生全球视野和国际化思维方式，为将来立足社会、投身国家建设做准备。

在东昌中学"一日金融人"课程的基础上，学校开发和实施了"一日金融人"课程。

二、课程目标

主题化的实践课程可以给予学生情感体验,帮助学生知道金融人才必备的素质,促进自己德智体美劳全面发展。

目标一:通过参加东昌中学"一日金融人"活动,亲身体验银行业务办理及股票交易,通过参观金融科技学院,了解银行、货币等发展历史,对基础金融知识有一定认识,了解我国金融发展的历史以及相关金融人物。

目标二:通过参观诚信长廊,树立规则意识与风险意识,加强学生金融素养课程建设和育人实践的指导;在参与实践活动中鼓励学生大胆想、大胆说、大胆辩,激发学生思辨善变的创造力。通过观看电影《西虹市首富》展开思考和讨论,树立规则意识与风险意识,提高对投资理财的兴趣。

目标三:通过书画展示馆参观、互动,感受中华传统文化魅力,学习鉴赏文化瑰宝,激发民族自豪感,牢固树立爱党爱国爱人民的信念。

三、课程内容

"一日金融人"课程开设在六年级,旨在聚焦"金融特色"、整合"实践课程"、实现"家校共赢",着眼于学生将来能够很好地适应社会、服务社会,以学生当下能够接受的形式对他们进行有关金融初步知识、系统运作、金融与自己及国家发展的关系而设置的系统、有序的教育内容。

（一）东昌中学"一日金融人"课程体验

通过金融知识竞赛、银行储值、虚拟投资三个项目体验,使学生在参与中融合金融知识,在服务中熔炼金融素养。

（二）古往今来——走进"一院两馆"

金融科技是推动上海金融业转型升级的战略选择,金融科技人才是服务上海国际金融中心和全球科创中心的重要支撑。学生通过参观金融科技学院、校史馆和中国会计博物馆,了解中国金融史变迁,知晓创新人才培养模式,认识大数据、区块链、人工智能等新兴技术。

（三）一诺千金——参观诚信长廊

诚信长廊是上海立信会计金融学院的特色之一,以微电影和照片的形式回顾了中国现代会计之父潘序伦先生风云跌宕、跨越九十载的传奇人生,旨在弘扬潘序伦先生用一生所写就的"立信"精神,激励一代又一代立信人为学校的发展、为我国的经济建设和中国特色社会主义事业贡献力量。

（四）无价之宝——书画陈列馆参观、体验

人文艺术学院书画馆有藏品百余件,通过讲解、临摹、创想画等形式认识藏品、了解藏品的故事和价值,激发对中华传统文化的学习兴趣。

（五）巅峰时刻——观看电影《西虹市首富》

电影讲述西虹市王多鱼处于人生谷底时得到一份破天荒对赌协议:只要在一个月内

花光 10 亿现金并且遵守苛刻的协议条款,便能得到一笔巨额遗产,他艰难地完成任务后最终却选择了平淡生活的故事。旨在通过学生喜爱的演员、喜爱的影评引发学生对"财富"的深度思考。

四、课程实施

以小组为单位进行项目化学习,引导学生分享交流项目过程,评价总结积累经验。

第一阶段:"四自"小队组建。

以"自己的组长自己选;自己的活动自己搞;自己的伙伴自己帮;自己的目标自己定"为基本内容,激发学生的学习兴趣,体现自主性、创造性的社会行为,核心是培养学生的自主精神与自主能力。

第二阶段:素材收集。

(1) 前期资料:根据活动地点的不同,提前搜集相关历史背景资料。

(2) 现场资料:在活动中捕捉精彩瞬间,照片 1920×1080 像素,不同场景且人物能够凸显主题;文本资料注意妥善保存。

第三阶段:小组资源整合。

以参与东昌中学"一日金融人"课程为例,学生通过小组合作的形式完成了视频博客(vlog),并在《上海立信会计金融学院附属学校社会实践活动记录卡》分享了自己的感受。

> 我们来到了一间金融课程的教室,使用一个虚拟投资的软件进行股票虚拟投资,还举行了一场虚拟投资的比赛,立信学子也取得了一定成绩获得了奖品。这一环节我感触颇深,体会到了家长们父母们炒股时的心情,当时的我,买的股票,却都跌得厉害,没有盈利,升值亏本,更让我深刻体会到炒股不是一件简单的事情,而是一件需要头脑,需要集中精力,同时也掺杂着运气的一件事。所以我们更应该在生活中节俭一点,为家庭省钱,为家庭出一份力。
>
> ——马里奥小队　蔡同学

> 东昌中学学姐学长们的优秀在艺术走廊中、在教室的奋笔疾书中、在操场上的篮球场上都体现得淋漓尽致。当我走过艺术走廊时,感触最为深刻,我看到走廊上贴的素描作品,严谨细致,油画作品,色彩鲜明,书法作品潇洒,洒脱。学姐学长们有许多地方值得我们学习与借鉴,学习他们的优秀与努力,向他们迈进,做到德智体美劳全面发展。参观结束,但思考还在继续,内心涌动的一种感受:将所见所闻记在心中,将"心动"变为"行动"。这次,我将从学习考察中不断提升自己,抓住机遇,努力奋进,和立信学子一起为理想高中而努力学习!
>
> ——大富翁小队　于同学

> 亲自参与体验了虚拟投资活动。虚拟投资活动是利用金融实验室虚拟交易所的平台,同步上交所的市场交易数据,保证股票投资数据的真实性。大家通过课程中所掌握的学科理论知识,体验股票的选择、买卖交易等过程,大家在买卖过程中关注持

仓比例、盈亏率等问题,体验投资的盈亏风险性,真正的体验投资有风险,入市需谨慎。通过这一次模拟炒股,大家对金融有了更加深入的了解,产生了更浓厚的兴趣。在讲解的过程中,我还对三位学长进行了采访,并设置了以下三个问题:

问题1:在校内你们是如何学习、了解金融知识的?

问题2:学校是否有组织一些关于金融素养的职业体验?

问题3:你们觉得作为一名高中生是否需要具备金融素养?

通过采访,我进一步地了解了东昌中学对于学生金融素养培育的重视程度,对于新时代的一名中学生而言,理财、投资是我们生活中必不可少的一部分,学习好金融素养是我们将来必备的一个素养。

——喃波万小队 宋同学

五、课程评价

课程注重内容的全面性与多元性,秉承以学生为中心的设计理念,教师鼓励学生大胆体验,激发学生好奇心和使命感,从而创造性地完成驱动任务。具体评价量表如表6-7所示。

表6-7 立信附校"一日金融人"课程学生评价量表

作业内容	等 第	探究与想象	坚毅与审辨	合作与担当
活动记录卡	优 秀	提出并回答"假如……会怎样?"的问题,以提出新的解决方案或更好地理解问题	分析产品的组成部分,以辨别清晰、具体、不同的细节和信息的计划	综合各种想法,充分利用小组成员的不同优势和视角,开发出一个原创的、有凝聚力的产品或表现
	良 好	产生与问题或挑战相关的多种的、言之有理的想法	按计划完成产品,满足所有要求,必要时进行更改	在他人的想法之间建立联系,并以此为基础产生新的独特的见解
	合 格	当看到其他的立场或视角时,产生新的想法	基于反馈和/或既定标准,为自己的表现设定个人目标	把自己的想法和他人的想法结合起来
	待发展	明确表达细节或一般性想法	描述任务的要求	总结或复述他人的想法;向他人准确表达自己的想法
vlog	优 秀	明确表达想法,并辨别具体领域的模糊性,或可能的障碍	积极改善自己的劣势,采用有效的策略来丰富和扩展学习	提出关于任务或话题的其他思考方式,或整合小组成员的不同想法并进行协商以达成可行的解决方案
	良 好	研究其他人的想法、解决问题的方法。将问题或挑战与其他问题、情况或需求进行比较	准确地反思工作质量;利用反思或反馈来修改	使用策略来以尊重的方式地处理小组内部出现的挑战。在言语和行动上设定一个积极的基调

续　表

作业内容	等　第	探究与想象	坚毅与审辨	合作与担当
vlog	合　格	使用提供的策略（如：头脑风暴），产生与问题或挑战相关的多种新想法或方法	将原始的想法变成与目标受众相关的作品	复述小组内部的不同想法、意见和视角，以澄清意见一致和不一致的地方
	待发展	使用熟悉的方法完成作品	完成一个作品	完成分配给自己的任务

六、课程成效

（一）为推进学生金融素养培育及创造力的提高做出积极尝试

推动了学生金融素养的培育。课程实施以来，学生对金融运作和意义有初步的感知和认识，学生知风险、讲诚信、懂规则，能够勇敢面对各种挑战，促进德智体美劳全面发展，树立了正确的金融观。

提高了学生的创造力。通过课程评价，我们发现学生的思辨能力、问题解决能力、规划合作能力有了提高；学生在学习金融知识的基础上发现和提出问题、判断与推理的能力有了提高；通过观察、实践等研究方法，学会了信息收集与处理。学生的创造力水平不断提高。

（二）为教师专业发展提供了动力

通过综合课程的建设，金融综合课程教师的专业素养不断提升，目前学校已经形成了一支专业素养高、课程实施能力强的稳定的金融特色教育师资队伍。教师的课程理念发生了变化，进一步认识了国家课程与学校特色课程的关系。教师从制定课程目标入手，设计课程方案，整合各方资源，细化每堂课的教学方案，综合课程的开发与实施能力有了明显提高。

（三）为区域特色联盟学校共建提供重要平台

依托联盟学校多学段多主体的优势，与联盟学校共同开发金融综合课程。由盟主学校牵头，成立了相关课程开发组，建立了子课程群，定期教研，定期开展金融综合课程的教学展示。各校金融课程的任课教师参与教学观摩与研讨，结合自己学校的特点，不断完善共建系列课程，实现了联盟学校间课程资源共享、课程共建。

七、课程思考

经历两次“停课不停学”的学生深刻体会到“钱”的重要性，明白金钱的价值体现是劳动所创造的社会财富，知道金融市场与政治、实体经济、精神文明之间的关系，从而形成正确的金钱观：会赚钱——用自己的劳动获取报酬；会花钱——合理开支。学生对金钱、对劳动、对社会价值有新的认识，从兴趣点出发，扎实学习文化知识，有针对性地补充金融相关知识，知风险、讲诚信、懂规则，勇敢面对各种挑战，促进自己德智体美劳全面发展，激发向具有国际化视野和家国情怀的金融人才标准靠近的动力。家长开始重视对孩子良好理财习惯的培养,能够主动引导和鼓励孩子如何合理支配钱。

现阶段课程成果学生层面以小组活动记录表和 vlog 为主,如何将学生成果转化为更有实践价值的方式,深层次挖掘家长资源,集思广益,逐渐使家庭教育成为特色课程的实施者和受益者是我们需要继续努力的方向。

第四节 初 中 篇 Ⅱ

一、课程背景

东昌中学的"一日金融人"课程依托金融类社团和金融实验室平台,引导学生参与金融历史博物馆、智慧证券实验室、模拟银行等场馆的活动体验。澧溪中学考虑到课程选择与真实世界相联系的情境能够产生真实的成果和影响,学校整合现有资源,研发设计了澧溪中学"一日金融人"课程。

基于上述背景,澧溪中学和工商银行浦东开发区支行合作,在"一日金融人"课程的基础上,共同开展了"参访工商银行""财经素养嘉年华"等活动,引导学生进一步了解身边的金融机构与经济行为,通过金融职业秀和岗位模拟活动,培养学生自主探究能力与创造力,进一步内化金融知识,拓展对生活中金融的了解。学生在模拟中融合金融知识,在服务中熔炼金融素养,从而树立起正确的规则意识、风险意识。

二、课程目标

目标一:通过参观东昌中学金融实验室,了解我国金融发展的历史以及重要金融人物;懂得银行柜员的基本业务,体验银行储值的过程;树立规则意识与风险意识,提高对投资理财的兴趣。

目标二:通过工商银行参访活动,了解银行工作人员的具体工作职能,在金融职业秀中模仿金融人士的日常工作,培养学生对未来职业的兴趣和发展积极的劳动观。

目标三:通过财经素养嘉年华活动,深入体会社会规则和道德意识,发展学生在自行创业上的创新创造力。

三、课程内容

(一) 东昌中学主题实践体验

依托东昌中学的金融历史博物馆、智慧证券实验室、模拟银行等场馆,开展"一日金融人"体验活动。

1. 参观东昌中学金融实验室并参与金融知识竞赛活动

学生通过参观学校金融实验室,了解陆家嘴金融发展历史、银行发展历史等内容,初步了解当今金融的起源与发展。实验室内设有触摸显示屏,以网页形式呈现金融知识及金融素养课程的配套电子教材等资料,设有 VR 体验中心,学生可根据个人需求点击相应模块进行自主学习。学生参观学习之后开展抢答形式的金融知识竞赛活动。

2. 银行储值活动

(1)基础理论学习。依托东昌中学校本课程"银行实务",从最基本的银行业概述开始,带领学生去了解一个现代商业银行所开展的各种业务,包括存贷款业务和各种中间业务。同时,课程中也引导学生学习银行员工的基本技能,如辨别真假币、点钞、为客户办理存取款等各种业务。

(2)课程实践学习。东昌中学模拟银行"国泰安银行综合业务教学软件"系统,为学生提供实践操作的平台。学生体验电脑操作机、叫号机、打印机和排队叫号触摸屏等实践,全真情景模拟银行柜面交易等相关业务,体验银行柜台储值的全过程。

3. 虚拟投资活动

(1)基础理论学习。依托东昌中学校本课程"学做投资",为学生介绍储蓄、债券、股票、基金等投资理财工具,让学生了解和掌握投资理财的相关理论知识。

(2)课程实践学习。利用金融实验室虚拟交易所的平台,同步上交所的市场交易数据,保证股票投资数据的真实性的同时,学生通过课程中所掌握的学科理论知识,体验股票的选择、买卖交易等过程,进而引导学生关注持仓比例、盈亏率等问题,体验投资的盈亏风险性,真正的体验"投资有风险,入市需谨慎"。

(二)工商银行实地参访体验

学生走进工商银行感知真实职业世界,并借助十大金融人士人物访谈(具体岗位简介见表 6-8),深度了解银行岗位的具体工作内容,培养学生未来发展的职业兴趣。通过职业体验活动,引导学生形成积极的劳动观,培养生涯规划的意识和能力。依托"澧溪职业秀",充分调动学生主动性、创造性,在模拟实践中提升综合素养。

表 6-8　澧溪中学"一日金融人"课程工商银行十大岗位简介

岗　位　简　介		
岗　位	类　型	工　作　内　容
行　长	企业型（管理）	全局管理:内部人员管理、风险内部控制、经营业绩提升、市场拓展、客户服务、安全防护等
综管部总经理	企业型（管理）	内部事务总管:人事管理、薪酬管理、计划财务、各项拜访接待、上级协调等
运营主管		内部风险管理:员工操作管理、业务指导、经营风险控制、大堂服务投诉等
后勤经理	事务型	渠道管理:耗材购买、装修维护、公车管理、消防公安等

续　表

岗　位	类　型	工　作　内　容
综合客户经理	区域型 （营销）	对公业务拓展：企业客户拓展、融资业务处理、结算业务营销等
个人客户经理		对私业务拓展：个人客户拓展、理财产品营销、高端客户维护等
贷款审批经理	研究型	各项贷款材料分析、审批，把控贷款业务风险，研究各项融资业务条款，确保银行放款安全
产品经理		掌握银行各类金融产品知识（具体分各类条线产品经理），指导下属单位、员工产品操作
大堂经理	社会型	大堂综合服务：引导客户业务办理、自助机具指引、产品营销介绍、现场问题解决等
客服经理 （柜员）		柜面服务：分高柜（现金）、低柜（理财，国际业务等非现金）直观区别是否在防弹玻璃后工作。现金高柜负责现金业务收付操作，非现金低柜负责理财、企业结算单证等人工处理

（三）财经素养嘉年华实践体验

嘉年华活动是以财经素养为主题、面向中学生的大型体验活动，内容设计融合职业体验，涵盖经营活动全过程，将个人能力提升与团队合作相结合，激发学生的自主参与性和创新创造潜能，引导学生在体验活动中提升综合素养。嘉年华活动主要有三项职能：一是唤醒意识，通过活动激发学生的自主参与性及创新创造潜能，引导学生对生涯规划及财经素养的关注；二是拓展知识，将知识学习融入活动之中，引导学生在体验中学习财经素养及生涯规划基本常识；三是提升能力，体验活动涵盖经营活动全程，带动学生创新思维、组织协调、信息处理、问题解决等多维能力的提升，最终内化为价值观的塑造。

四、课程实施

（一）基础体验，积累金融知识

在金融知识竞赛环节，学生根据下发的金融知识手册，进行课程学习，以抢答的形式参与。

在银行储值环节，学生要把手里的东昌币存到东昌银行，获取银行的存款单。

在虚拟投资环节，学生将虚拟资金转入自己的投资账户，进行股票的选择、K线图的查看等，然后进行股票的买入。基础作业具有选择性，一是周末在父母的陪同下，亲自到银行体验一次储蓄的流程，并结合"一日金融人"实践活动撰写体会；二是阅读《富爸爸穷爸爸》系列书籍，并结合"一日金融人"实践活动，撰写不少于400字的投资理财心得体会。

（二）参访体验，培养职业兴趣

在工商银行的参访体验中包含技能培训和采访体验，学生可以学习点钞的基本技巧并自由练习点钞；通过访谈学习如何识别假币等金融知识，进一步提高反假意识和假币鉴别能力。同时，更加直观地了解银行业务，拓宽了视野，培养了兴趣，为深入了解银行和金

融打开了一扇窗户,也体会到银行职业的不易。在结束参访后,每个成员都会在"工行体验日"活动手册上完成以下问题:

(1) 本次体验活动中,你最喜欢哪个环节?这个环节带给你什么收获、思考?

(2) 通过这次体验,你对自己有哪些方面的新认识?

(3) 现在你比较向往的职业目标是什么?

(4) 为了接近这个职业目标,未来3个月、半年、一年,你分别可以做些什么?

(5) 在金融职业秀中,你想扮演哪个角色?为什么?

通过以上的复盘思考,各小组根据访谈内容,以小组为单位开展金融职业秀活动。

(三) 实践体验,提升多维能力

依托澧溪中学"融创"课程教师团队,全程精细化设计。首先保障活动的安全性,确保活动能有序进行;教师现场观摩,及时为学生提供现场指导;班主任场外协助,及时跟进效果反馈。通过数据追踪,为学校提供项目成果报告,支持项目持续优化。在嘉年华活动中尽可能还原经营全过程,从想法到现实,从公司注册到经营结算,通过活动设计调动学生的参与度,辅助远程咨询支持,引导学生深度体验经营活动。此外,通过活动手册,引导学生及时反思,提升学生财经素养能力和生涯规划意识。

举办嘉年华实践体验活动,在校园内设置澧溪商城、澧溪工商银行、澧溪人才园、澧溪记者站、澧溪管委会(市场、税务、人社局)五大主场景。各大场景都有其分场景、用途和角色数量的安排表。

以澧溪商城为例,学生可以在澧溪商城里的批发市场进货,通过各个班级所开设的店铺进行售卖物品,赚取澧溪币。同时,运营管理部的学生需要负责入驻店铺招租、租金收取、店铺资质审核等工作;消费者持销售凭证到收银处付款,并提供评价标识工作;服务处是商城的服务支持部门,提供安保、保洁、咨询等服务。具体安排如表6-9所示。

表6-9 澧溪中学"一日金融人"课程澧溪商城安排

主场景一:澧溪商城
澧溪商城是商品交易集结地,商场设运营管理处、收银处、服务处三大部门为批发市场、店铺提供服务支持。

分场景	用途/玩法	角 色 数 量
批发市场	为企业提供商品批发服务。批发市场商品由工行、中博准备,企业可按需到市场进货,每次仅限2种商品,除首次进货外,企业每次进货需提供库存数据供批发市场审核。此外,批发市场可综合企业销货速度、消费者评价及进货数量等因素为企业提供价格优惠	总经理1人,副总经理1人,总经办秘书1人,销售2人,财务1人,法务1人
店铺	店铺由企业负责运营,初一年级每班级1间,暂按9间预估。店铺主要负责商品的销售	每家企业设置总经理1人,副总经理1人,总经办秘书1位,市场经理1人,销售人员2人,采购、财务各1人,共8人

续　表

分场景	用途/玩法	角　色　数　量
运营 管理部	负责商城的整体运营管理工作,同时负责入驻店铺招租、租金收取、店铺资质审核等具体业务	管理部经理 1 人,副经理 2 人,招商经理 2 人,财务、记账各 1 人
收银处	为保证公司评选过程公平,商城设置统一收银处。消费者选购商品后,商店提供销售凭证,凭证标识商品名称、单价、数量及销售员姓名 消费者持销售凭证到收银处付款,付款后,收银处在销售凭证上加盖"澧溪财务章",并附赠评价标识(点赞、星星等) 消费者随后返回店铺凭证盖章销售凭证换取商品,并依据商品质量、服务水平等自行决定是否为店铺点赞	收银处主管 1 名,服务人员 3 组,每组包括财务、出纳、记录各 1 名
服务处	服务处是商城的服务支持部门,提供安保、保洁、咨询等服务	总务主管 1 人,安保 5 人,保洁 5 人,迎宾 5 人,咨询引导 3 人

　　在嘉年华活动结束后,进行复盘反思,总结活动的不足和修改建议,培养学生敢于质疑的勇气,驱动学生发现问题、思考问题、解决问题的能力。在暑期开展探索和调查,完成暑期金融社会实践活动报告。

　　活动复盘与总结不同,更关注的是整个活动的过程。在嘉年华结束的两天内以班级为单位,开展复盘活动,以此来优化弱项,强化强项。具体从以下几点进行开展:目标回顾、结果评估、过程分析、总结经验。以初一(5)班储同学、刘同学、周同学等同学所整理的关于澧溪首届财经素养嘉年华活动中存在的不足以及建议为例,他们开展的是过程分析,学生从嘉年华过程中发生的问题与细节入手,如实际情况与计划预期有无差异、为什么会发生这些差异、不足的根本原因是什么,从以上几方面来开展复盘活动,详情如表 6 - 10 所示。

表 6 - 10　澧溪中学首届财经素养嘉年华的不足与建议

序号	不　　　　足	建　　　议
1	高年级的同学参加了活动,很大程度影响了各大部门的秩序	给每位参与本次活动的学生分发证件方便辨认,同时要求各大部门在工作时,特别是发放贷款时审核学生的证件
2	银行多次出现澧溪币供应不足。银行存款金额只输出不收入,且一直存在不收本金的问题,以至于给澧溪币时连本带利一起给。公司可以向银行贷款且不用还。不开公司的同学冒充公司工作人员贷款	1. 可以增大银行启动资金的数额,给每位公司工作人员佩戴工作证 2. 增加公司贷款需还且设置贷款数额上限 3. 向银行工作人员明确规则,且严格遵守规则,不再忘记收本金

序号	不　　　足	建　　　议
3	澧溪人才证供应不足	1. 每位同学需凭姓名或证件领取人才证,领取人才证时需登记。避免一人多领而发生人才证供应不足的状况 2. 登记可能会降低领取人才证的速度同时使秩序混乱,所以可以拿每班的名单,领了人才证的需要打勾,有效防止重复领证 3. 增加人才证的数量,确保参与活动的同学都能领取到人才证
4	六大部门秩序混乱,出现插队现象	1. 充分发挥保安的作用,以合理的方式及时制止插队的同学、不遵守秩序的同学 2. 在银行及人才市场增加管理秩序的教师
5	人才市场重复盖章。因为人流量大,负责盖章的同学记不清哪些同学盖过章,导致部分同学可以钻空子,在一个活动重复盖章从而更加轻松地集齐了六个章	1. 使用六个不同的章以免重复盖章 2. 负责盖章的同学也需严格检查是否有重复章
6	银行存款处太乱太拥挤。存款的同学过多,凭证很乱甚至出现了纸不够写的情况,同时姓名、时间、存款时长以及存款金额也没有标注清晰	1. 可以使用表格记录存款者姓名、时间、存款时长以及存款金额 2. 凭证纸的尺寸缩小从而防止浪费 3. 队伍增加为两列以免秩序混乱 4. 建议给取钱处安排计算机以及草稿纸增加取澧溪币的速度,防止人员拥挤
7	银行和人才市场工作人员不够用	合理减少公司的工作人员,添置更多人员至银行及人才市场
8	记者站拥堵	可以多增添笔和纸,书写次数从一次增加到多次
9	各部门资金流通不足,在本次活动中出现了记者站澧溪币用不完、银行两次经济危机的情况	再出现类似情况可以让各部门资金流通,比如记者站的澧溪币流通至银行,让银行重新恢复正常运转
10	工作人员没有发挥出作用	在活动前让工作人员提前熟悉场地,熟读活动规则及方案,不再出现一问三不知等状况,充分发挥出作用,减少同学云里雾里摸不清活动规则的情况

五、课程评价

　　该课程评价是评价者与被评价者、教师与学生共同建构意义的过程。所以,采用了由教师填写的“一日金融人”活动评价表(见表 6 - 11)以及由学生自己完成的财经素养嘉年华组内自评评价表(见表 6 - 12),旨在确保评价的科学性和客观性,重视学生在评价中的个性化表现,也提倡让学生在评价中学习合作,取长补短。

表 6‑11 澧溪中学"一日金融人"课程评价表

评价项目	A	B	C	D	学生等第
实践操作	能够根据要求准确实施操作步骤,进行数据资料的分析十分准确	能够根据要求实施操作步骤,数据收集准确	能基本上根据要求进行实践操作	能根据要求实施操作,但是需要教师指导	
自主学习	能够积极有效地自主学习金融知识,学习态度积极,主动思考问题	能够积极自主学习,学习态度较为积极,思考问题较为主动	自主学习上表现一般,在教师的引导下可以主动学习,思考问题一般	自主学习上表现有待加强,思考问题较为被动	

表 6‑12 澧溪中学"一日金融人"课程财经素养嘉年华组内自评评价表

组内自评评价表			
评价内容	评 价 指 标		评 分
	A. 非常出色	B. 比较好	C. 一般	
个人贡献	总是积极参与讨论,为小组作贡献。接受并完成了组内个人任务的同时还能帮助组员	能参与小组讨论,并按时完成了分配的任务,但还不具备帮助组员的能力	需要鼓励才能参与讨论,在组员的帮助下完成组内个人任务	
讨论聆听	能根据主题提出有新意想法,能鼓励组员共享观点的同时还能聆听他人意见	能分享个人想法,愿意所有组员都共享观点,但不会引导组员进行分享	不太主动提出个人看法,收到鼓励后愿意分享,但不太能接受他人建议	
协作沟通	能和整个组的成员一起积极解决问题,帮助小组一起分工合作	能和组员进行有效沟通,但还不能组织成员沟通	词不达意,需要教师或者同学的帮助和组员沟通	
判断决策	能领导组员做出最优的决定和判断,能果断选取组员提出的可行建议	有时会帮助小组做出决定,但是有时会在组员提出的建议中摇摆不定	在组员提出的建议中摇摆不定,无法判断	
在小组合作中,自身的优缺点有哪些? 准备如何改进?			

六、课程成效

"一日金融人"课程开展至今深受澧溪学生的喜爱,有近五百多名孩子参与过此课程。每当有体验参访的机会时,学生都会用踊跃报名、积极参与。该课程基于前期开展的"采访金融人士""身边的财富管理""身边的货币"等课程的内容,是以真实情境为背景开发的、能够激发学生好奇心、使命感和创造性的体验式课程。

虽然受新冠疫情影响,一些实地参观活动搁浅,但是阻挡不了学生对金融知识的向往。该课程以人才培养为核心要素,以具体化、可操作化来落实立德树人的根本任务。接下来,将更好地、创造性地用好现有课程建设成果,稳步推进课程建设。

七、课程思考

(一)深入探索钻研,点燃思维火花

该课程实施过程中,尽力给学生打造真实的情境,希望他们能在真实情境中提出疑问,探索并形成有价值的问题。以目前收到的成果来看,学生对于体验实践活动都有很好的开放心态来尝试各种可能性,也很乐于提出疑问,但是在尝试解决问题时,缺少个人想法,暂时还不能独立探索新的可能性。在后续的课程设计中,需要思考如何培养这方面的能力。

(二)打破思维定式,培养创新能力

受疫情影响,该课程原定于每年"六一"儿童节开展的财经素养嘉年华活动,今年搁浅了。如何将线下开展的体验式课程转变为线上也能顺利开展的模式是今年面临的一大挑战。该课程的教师作为学生创造力培养发展的促进者、组织者和指导者,首先也要具备一定的创新创造能力,积极设计线上"一日金融人"的课程,以备不时之需。

(三)团队合作共赢,打造文化土壤

该课程一直以尊重学生,构建人人平等、互相尊重的新型伙伴关系作为创新与创造的文化土壤。学生和授课教师之间不存在对错关系、上下级关系,鼓励学生以多种形式来展现其金融素养。同时,挖掘社会资源,利用周边社区、银行、家长等资源,多方协同为学生体验"一日金融人"课程提供真实场景和可用资源。

第五节　小　学　篇

一、课程背景

"一日金融人"课程是《基于区域特色的学校综合课程创造力研究与实践》项目中"融创"联盟全学段课程中的一门,高桥镇小学围绕小学阶段的金融素养培育理念,针对该门课程进行研发与实施。

作为共建课程,高桥镇小学根据小学生的身心发展特点,结合学生在综合课程"我学金融"中对金融已经产生一定基本认知的学情,依托高桥镇小学阿福童社区和金融创客实验室,着手设计与实施以基础金融知识与金融素养为主要内容的实践活动课程,为后续课程的进一步实施打下坚实基础。

二、课程目标

目标一:在回顾高桥镇小学"我学金融"课程内容的基础上,通过"金融知识竞赛""我眼中的金融"等活动,进一步学习和巩固相关金融知识,提高对金融的兴趣,提升将所学知识运用到实际的能力。

目标二:通过参与金融创客实验室中阿福童社区各个部门的实践体验,感受生活中的市场交易和经济活动,认知其中的金融思维。通过体验阿福童银行和参观身边的银行并体验业务,了解银行各部门的运转模式,最终实现积累实践经验、提升金融素养的效果。

目标三:在多样化的课程内容和有挑战性的实践体验活动过程中,积极合作、大胆探究、敢于尝试,逐步培养创造力。

三、课程内容

高桥镇小学"一日金融人"课程分为两个学期开展,根据"一日金融人"全学段课程方案,结合"我学金融"综合课程内容,进行课程设计。

第一学期,"一日金融人"课程以"身边的货币""银行实务""身边的财富管理"为内容引导与设计背景,通过各类活动、团队游戏等多样化形式开展课程。课程中,通过画海报、搭书塔、制作幸福盒子、开展主题辩论赛等活动,逐步培养学生的自我认同感和团队意识,鼓励发挥创意、不断尝试,培养创新素养。在参观阿福童社区、体验阿福童超市等实践活动中,引导学生初步了解阿福童社区的各项业务和经济活动,建立基本的金融意识。具体课程内容如表6-13所示。

表6-13 高桥镇小学"一日金融人"课程内容(第一学期)

模　　块	模 块 主 题	课　程　内　容
初识金融(一)	什么是金融?	金融知识大讲堂
初识金融(一)	什么是金融?	绘制"我眼中的金融"思维导图 金融知识竞赛
初识金融(二)	金融与生活	制作幸福盒子 金融故事分享会
初识金融(二)	金融与生活	辩论赛:钱=幸福吗?

续　表

模　　块	模　块　主　题	课　程　内　容
权利和责任(一)	团队的权利和责任	团队规则讨论 画团队海报
权利和责任(二)	团队的权利和责任	建塔游戏
身边的金融(一)	校园里的金融	参观阿福童社区
身边的金融(二)	校园里的金融	体验阿福童超市交易活动、商品促销活动 心得分享
金融成长园	学期成果	回顾本学期课程所学 展示学习成果

　　第二学期,"一日金融人"课程通过各类活动、团队游戏等多样化形式开展课程。课程中,通过"阿福童银行活动""走进身边的银行实践活动",校内外结合,使学生对银行的认知更立体、更丰富。通过参加"融创"联盟盟主学校东昌中学组织的"一日金融人"实践活动、高桥镇小学"融创"嘉年华集市等实践活动,鼓励学生做金融学习的主人,自主策划、参与活动,丰富金融实践体验,初步具备创业意识与创新意识,培养金融素养。具体课程内容如表6-14所示。

表6-14　高桥镇小学第二学期"一日金融人"课程内容(第二学期)

模　　块	模　块　主　题	课　程　内　容
计划与预算(一)	确定自己的目标	我的学习、生活计划
计划与预算(二)	能制定实现目标的计划及预算	"我的一天"vlog 大富翁游戏
走进银行	银行大揭秘	小组介绍活动 浏览感兴趣的银行主页
我与银行(一)	我的银行初体验	体验阿福童银行活动 心得分享会
我与银行(二)	我的银行再认识	走进身边的银行实践活动 成果展示会
"融创"体验活动(一)	活动准备	高桥镇小学"融创"嘉年华活动招募
"融创"体验活动(二)	实践与挑战	开展高桥镇小学"融创"嘉年华活动
一日金融人	实践与挑战	"融创"联盟"一日金融人"实践体验活动

四、课程实施

高桥镇小学"一日金融人"课程严格按照课程计划进行,以学生为主体,从四年级学段学生身心发展的特点出发,采用主题游戏、团队合作、实践活动为主要开展形式,在各类金融实践活动的过程中充分挖掘综合课程的潜力与主导性,把课程的体验活动与社会实践活动的作用转化为学生在金融方面成长的经验,逐步培养学生的金融素养和创造力。

(一) 课程实施原则

在课程实施过程中,始终遵从以下原则:

一是趣味性原则。通过多样化的主题游戏、职业体验、故事演绎等活动形式,根据四年级学生的年龄特点进行活动设计与安排,挖掘资源,提高学生对金融的兴趣。

二是创造力原则。高桥镇小学"一日金融人"课程是以学生为主体的,教师在其中起到穿针引线的作用,在游戏的探索与组织、活动成果的呈现等具体活动过程中,都鼓励学生自主探索出适合自己以及小组的方法与形式,鼓励多样化的表达与发散性思维,全方位激发学生的创造力。

三是实践性原则。在课程实施过程中,始终以高桥镇小学综合课程"我学金融"为学习基础,把阿福童社区作为课堂实践活动落脚点,并鼓励学生将所学迁移、运用于校外各类金融机构,重在把课程中学到的金融知识通过校内外相结合的实践形式进行运用和内化。校内的阿福童社区提供学生职业体验与情境模拟的平台,比如学生不出校园就能多次参加银行体验活动,初步知晓银行的业务内容与办理流程,然后带着学生走出校园,对银行等金融机构进行走访与体验,做到真正在生活中运用所学。

(二) 课程实施案例

"高桥镇小学'一日金融人'课程实践活动——走进银行"是高桥镇小学"一日金融人"的课程内容,按照"认识—实践—再认识(交流感受与评价)"的步骤开展,旨在回顾已学的银行基本知识的基础上,借助信息技术,进一步了解银行业务,培养学生自主探究能力;通过各种方式了解学校金融创客实验室中的阿福童银行,激发学生探寻金融知识的兴趣,培养学生的金融意识,提升金融素养;体验阿福童银行的各项业务,运用已学知识进行实践,积累经验、提高技能,展现自主、诚信的文明素养。

【教学片段一:温故知新,准备实践】

活动目标:复习、巩固有关银行的基础知识,为自主学习银行基本业务打下基础。

核心活动:(1) 观看银行介绍。

(2) 回顾与交流之前所学知识。

1. 师:刚才老师发现有一组同学采访了银行的客户经理,按照我们的课程计划(出示),今天我们也要一起走进银行。

2.(1) 师:同学们,你们去过银行吗? 今天,老师请来了一位在银行工作的阿姨

为大家作介绍。(播放行长介绍视频)

银行行长:同学们好,我是中国农业银行网点的行长,今天很高兴来为大家做介绍。走进银行,首先映入大家眼帘的是——(生对答:大堂),我们办理业务时需要先在大堂取号等待。这里是——(生对答:柜台),客户可以在听到叫号后前往柜台办理业务。随着科技的发展,现在很多基础业务也可以在工作人员的指导下来到超级柜台办理,非常便捷。从这里往里走就是银行工作人员办公的区域了,主要用来接待重要客户、处理业务等。

(2)师:同学们,今天我们来到了学校的金融创客实验室,这里也有我们的阿福童银行,它可是参考真实的银行建立的呢!你们发现了哪些相似之处?

学生1:这里有银行柜台。

学生2:这里还有保险柜和办理业务要用的电脑和打印机。

3.师:请阿福童银行客户经理(学生3)上台为大家作介绍。

学生3:同学们好,我是阿福童银行客户经理,今天由我为大家作介绍。高桥镇小学阿福童银行主要为同学们提供银行存取款、购买理财产品等业务,同学们可以来银行申请存折、开设账户,存折一定要妥善保管哦!本学期,我行还发行了阿福童纪念币,分为金币和银币两种款式,欢迎大家前往理财经理处咨询、购买!

【教学分析】

在课堂中,学生已初步了解了关于银行的部分基础知识,本次活动在此基础上进行,旨在引导学生运用已学知识,在体验过程中进一步了解银行业务,提升金融素养。在实践活动中,教师设计了"银行行长视频介绍与互动""交流你知道的银行业务"等环节,引导学生通过多样化的形式认识身边的银行网点,并通过视频互动、对比相似之处等方式进一步了解网点的各个区域与功能。同时,该活动以学生为主体,通过阿福童银行客户经理"现身说法",帮助其他同学进一步了解阿福童银行,介绍内容由学生决定、准备,充分体现学生的自主性与能动性,为活动的顺利开展及课后的实践活动打下基础。

【教学片段二:自主探究,激发创造力】

活动目标:在已掌握的有关银行的相关知识的基础上,通过信息技术手段,自主学习、了解银行的基本业务,如存取款、理财产品、纪念币等;进一步了解阿福童银行,为实践体验作准备。

核心活动:自主学习、了解银行基础业务。

1.(1)师:同学们,如何在银行进行存取款?个人存款产品有哪些?银行有哪些理财产品?大致可以分为哪几类?购买理财产品时需要注意什么?银行发售过哪些纪念币?它们是什么样子?如何预约购买呢?

(2)师:下面就请同学们从中选择一个最感兴趣的内容,通过看慕课、查资料、阅读电子书本等方式,以小组为单位进行自主学习并完成任务单(见图6-1),之后进行交流。

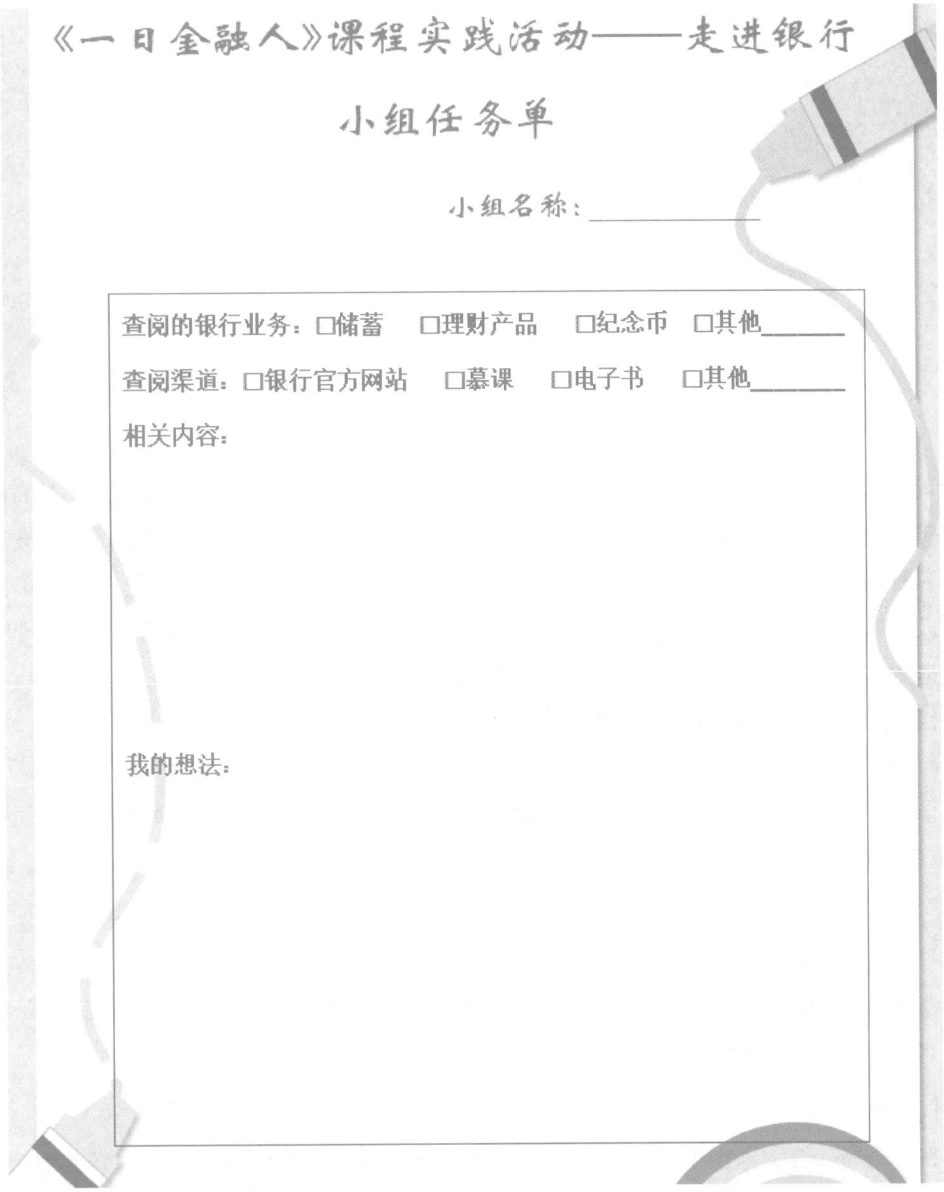

《一日金融人》课程实践活动——走进银行

小组任务单

小组名称：_____

查阅的银行业务：□储蓄　　□理财产品　　□纪念币　□其他_____

查阅渠道：□银行官方网站　　□慕课　　□电子书　　□其他_____

相关内容：

我的想法：

图6-1　高桥镇小学"一日金融人"课程实践活动——走进银行小组任务单

【小组任务单设计意图】

通过任务单，为学生之后的自主探究活动搭建支架，提供探究的角度和渠道上的建议，同时，用留白的设计给予学生自由发挥的空间，鼓励学生积极发挥创造力，用不同的形式展现自己的探究成果（见图6-2）。

【教学分析】

学生通过看慕课、查资料、阅读电子书等方式自主学习银行的基本业务，如存取款、理财产品、纪念币等，并以小组为单位填写任务单。在该活动环节中，教师为学生提出了自

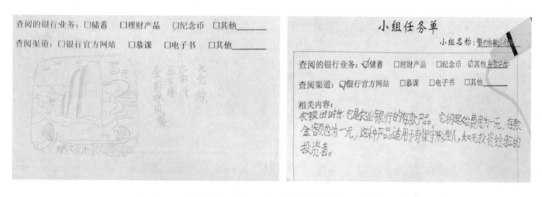

图6-2　高桥镇小学"一日金融人"课程小组探究成果

主学习内容的建议,而学习的渠道和展现学习成果的方式都交由学生自主发挥,有的放矢地鼓励发散性思维。同时,这一环节的设计紧密适应了信息技术快速发展的趋势,鼓励学生以各种方式多渠道地获得知识,以提高学生的自主学习、探索能力,在完成任务单的过程中鼓励学生通过文字、绘画等方式把自己的所学、所想自由地展现出来,充分展现学生的创造力,也为之后的实践活动作有针对性的准备。

【教学片段三：实践体验,寓教于乐】

核心活动:体验阿福童银行业务。

活动目标:通过体验阿福童银行的各项业务,运用已学知识进行实践,积累金融经验,逐步养成自主、诚信的金融素养。

　　体验活动中,阿福童银行开设存取款业务、理财产品推介业务、阿福童纪念章发行业务,共计三个柜台。学生在阿福童员工的组织和引导下有序体验自己感兴趣的业务。等待期间,学生还可自主参观阿福童银行大堂,如查阅电子屏幕上的金融知识、观看金融微课视频、欣赏阿福童银行活动展示墙等。

【教学分析】

在实践环节中,学生可以在银行柜台办理存取款,购买理财产品、纪念币,对之前活动中所学习的内容进行实践,客户、工作人员都由学生扮演,旨在让他们有机会多角度地体验银行的各项业务,把活动主权真正交还给学生。除此之外,学校还真实模拟了现实银行网点的大堂环境,学生可以利用排队等候的时间通过门口的电子屏、活动区的金融书籍、教室外墙的活动展板,进一步了解有关金融的知识。学生通过体验活动初步了解了办理银行业务的基本流程,在进一步提升自己的金融素养的同时,也展现了自主、诚信的文明素养。

在该课程活动中,教师利用评价单把课内的活动辐射到课外,鼓励学生走出课堂前往社会银行开展实践,努力丰富自己的金融理财体验,并且通过"晓黑板"APP进行记录与交流,激发学生兴趣,也展示了该课程实践活动的成果,效果甚佳(见图6-3)。

图 6-3 高桥镇小学"一日金融人"课程学生实践成果

五、课程评价

课程评价作为教学五环节中的关键一环,它既是对已经实施的课程效果的全面评价,也为课程的逐步完善和下一步有效运行提供反馈意见。它的指导意义不仅在于学生的发展与成长,更在于整个教师团队以及课程的完善与实施。

(一)评价实施形式

课程效果的评价是与课程的实施过程紧密相连的。高桥镇小学"一日金融人"课程的评价是由过程性评价和成果性评价形成的"双轨"评价体系。首先,这两种评价方式贯穿于每一节活动课程中,以学生为主体,采用自评、互评等形式,通过贴大拇指、点亮星星等多种有趣、直观的形式呈现,便于学生自我评价,及时获得自我肯定与认知,及时反思,改进不足。其次,每一节活动课的成果性评价不是过程性评价的简单叠加,而是以此为参考的金融素养与创造力的综合能力的考量,旨在呈现学生在课堂中的活动与成长情况。

(二)评价实施案例

以"高桥镇小学'一日金融人'课程实践活动——走进银行"为例,该活动课的评价亮点是:

(1)过程性评价:根据教师提供的评价标准,在评价表上对课程活动中的表现进行自评、互评,选出阿福童社区活动的服务之星。

(2)成果性评价:学生完成去身边的银行办理一次业务的实践体验活动后填写评价单,可以自评、家长评,也可以对为学生办理业务的银行工作人员进行访谈,让他们从专业的角度评价学生的表现,呈现多维度的课程评价体系(见图 6-4)。

《一日金融人》课程实践活动评价单

班级：_____姓名：_____

体验项目：□存取款　□其他业务　☆

评价标准	自评	同学评
自觉遵守阿福童银行规章制度，举止文明，不插队、不大声喧哗。	☺ ☺ ☺	☺ ☺ ☺
参与阿福童银行的一项及以上业务的办理，办理过程中态度认真，有所收获。	☺ ☺ ☺	☺ ☺ ☺
在活动中尝试运用已学的银行相关知识，能针对不理解的地方发问，并能及时提出自己的建议和想法，具有创新意识。	☺ ☺ ☺	☺ ☺ ☺
能用个性化的方式展示活动成果，积极表达活动感受、总结收获，并适时反思自己的表现。	☺ ☺ ☺	☺ ☺ ☺

银行名称：_____　☆　☆

办理业务类型：_____

评价标准	自评	银行工作人员评
自觉遵守银行规章制度，举止文明，不插队、不大声喧哗。	☺ ☺ ☺	☺ ☺ ☺
在家长的陪同下，参与了一项银行业务的办理，办理过程中态度认真，有所收获。	☺ ☺ ☺	☺ ☺ ☺
在活动中尝试运用已学的银行相关知识，能针对不理解的地方发问，并能及时提出自己的建议和想法，具有创新意识。	☺ ☺ ☺	☺ ☺ ☺
能用个性化的方式展示活动成果，积极表达活动感受、总结收获，并适时反思自己的表现。	☺ ☺ ☺	☺ ☺ ☺

图6-4　高桥镇小学"一日金融人"课程学生成果性评价表

(三)课程评价标准

高桥镇小学"一日金融人"课程的"双轨"评价体系运用于整门课程的实施过程中。在课程的过程性评价方面，学校根据该课程的每一个模块制定了相应的学生评价标准，从认知、能力、行为三个方向对学生形成阶段性的评价。成果性评价作为学生一学年活动的总结与成果展现，将学生、教师、家长、参与实践的单位等作为多样化的评价主体，变单一轨道为多渠道评价向学生聚焦，按照相应活动模块的评价量规，从多个角度、不同维度对学生的金融素养与综合能力进行评价，记录学生在活动过程中的表现与个人成长(见表6-15、表6-16)。

表 6-15 高桥镇小学"一日金融人"课程学生评价标准(第一学期)

模 块	模块主题	学 生 评 价 标 准
初识金融(一)	什么是金融?	我能围绕一个自己感兴趣的金融关键词查找资料,交流所得,倾听同学的知识分享,在这个过程中建立对金融的初步了解
初识金融(一)	什么是金融?	我能结合对金融的认知,有创意地绘制出自己眼中的金融思维导图并向同学介绍,想法合理、有逻辑,绘制美观、清晰 我积极参加金融知识竞赛,与同学相互合作,在竞赛中主动表达观点,收获了名次(或收获了许多金融有关的知识)
初识金融(二)	金融与生活	我能结合自己的生活体验,发挥创意,制作一个独一无二的幸福盒子并向同学展示,知道幸福的重要性 我能用自己的方式讲述一则金融故事,结合倾听同学分享的故事,知道背后的金融现象和道理
初识金融(二)	金融与生活	我能在辩论赛中和队友互相合作,主动表达观点,适时提出想法,针对对手的发言漏洞进行追问,知道金钱与幸福的辩证关系
权利和责任	团队的权利和责任	我能和队友一起制定团队规则,并提出想法和建议,帮助完善 我能和队友一起绘制团队海报,并参与构思海报内容,尊重他人的想法,完成自己在绘制海报时的具体任务,形成团队意识
权利和责任	团队的权利和责任	我积极参与团队活动,履行自己的职责,在游戏中不断大胆地进行尝试,并结合队友的建议进行修改、调整,具备很强的团队凝聚力
身边的金融	校园里的金融	我认真参观学校的阿福童社区,遵守社区各项秩序,知道其包含的部门与工作内容
身边的金融	校园里的金融	我积极体验阿福童超市业务,知道阿福童超市的参与流程,对超市促销活动提出建议,对身边的市场经济行为产生了解与探究的兴趣
金融成长园	学期成果	我能发挥创意,用多样化的形式记录、展示自己一学期的学习成果 我能根据目前的学习状况,进行自我反思,知道下学期探究的方向以及需要改进的内容

表 6-16 高桥镇小学"一日金融人"课程学生评价标准(第二学期)

模 块	模块主题	模块目标(学生评价标准)
计划与预算	确定自己的目标	我能为自己的学习和生活制定学习和财务上的目标,并能结合他人建议、实践反馈不断修改、完善自己的目标。了解计划的重要性,区别涉及的不同因素
计划与预算	能制定实现目标的计划及预算	我能在"我的一天"vlog活动中合理计划,并进行有个性的展示,初步具备在各种行为开始前进行预算的意识

续　表

模　块	模块主题	模块目标(学生评价标准)
走进银行	银行大揭秘	我能和队友一起针对感兴趣的一家银行展开探索,通过浏览银行主页,自主查阅各模块内容,用自己喜欢的方式记录,初步了解银行
我与金融	我的金融初体验	我积极参与阿福童银行体验活动,并在其中担任角色,在活动中主动观察、记录,形成自己的经验与体会,知道阿福童银行的工作内容和业务流程
我与金融	我的金融初体验	我选择一家身边的银行进行参观、采访,体验感兴趣的业务,针对自己想要知道的内容进行提问并有所收获,知道银行的业务类型、工作种类与具体内容
"融创"体验活动	活动准备	我知道阿福童实践活动的内容以及适合的岗位与责任分工,在活动招募中积极参与,勇于展现自我
"融创"体验活动	实践与挑战	我在培训中了解并学习自己所在的小组承担的工作内容与所需要的技能,在活动中履行职责并发挥作用,有创业精神和金融意识
一日金融人	实践与挑战	我在"融创"联盟"一日金融人"活动体验中积极体验虚拟投资,参与知识竞赛活动,能主动表达想法,提出疑问,在实践与探究中树立了规则意识和风险意识

六、课程成效

高桥镇小学"一日金融人"课程的实施是"融创"联盟课程体系中小学部分的落实与实践,对学生创造力的培养、未来成长方向的规划与思考都有重要意义。

在"一日金融人"课程实施后教师会对学生进行问卷调查,分析学生对课程内容的认知程度、价值观及行为方式的改变、能力转变等。将学生与课程相关的作品如照片、视频资料等收集起来,通过合理的对比与分析,反映学生在学习与发展过程中的优势与不足,呈现学生在课程实施中的活动、成长情况。

高桥镇小学"一日金融人"课程把参与课程学生数、阿福童社区活动参与度、开设银行储蓄账户数量、高桥镇小学"融创"嘉年华活动、"融创"联盟实践体验活动参与度纳入量化指标(见图 6-5),关注学生在课程中的收获与成长,也根据学生的兴趣对课程内容进行积极调整与更新。

学生通过该课程,学习到了有关金融的基本知识,对金融形成了自己的认识,在实践体验中了解了身边的金融机构与市场经济行为,同时也感受到了金融的魅力,逐步建立对金融探究的兴趣,对金融行业也有了更多的向往。参与课程的学生在阿福童社区、各类"融创"活动中都能运用自己在课程中所学,发挥自己所长,用行动影响身边的同学,引起他们对银行、对金融的探究兴趣,并以此为动力提高自己的金融素养,其成果惠及的是全校所有学生。

教师利用评价、统计手段,通过分析、比对学生在课程实施过程中的成长与发展,及时

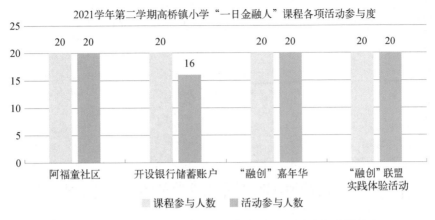

图 6‑5 高桥镇小学"一日金融人"课程各项活动参与度统计表

发现课程中需要改进的地方,有助于优化课程设计,改变教学策略,提高教师的课程开发能力,使课程真正服务于学生的金融成长与创造力培养。

七、课程思考

(一) 开拓知识边界,丰富校内外资源

从该课程的实施过程与形成的成果中发现,要想真正培养学生的金融素养,作为教师首先不能只做闭门造车的井底之蛙,应该多学习、多思考,紧跟金融热点。学生对于货币和银行的了解是有限的,但是他们的好奇心与探究兴趣是无限的,教师应该不断拓展自己的认知领域,打破学科之间的壁垒,为更好地提供学生兼具专业性与实践性的金融课堂、金融活动做知识与能力上的储备。

同时,教师应尽可能地挖掘更丰富的校内外资源,提供学生更多实践的机会与平台。该课程的实施场所相对来说比较局限,教师可以积极开发和利用资源,让学生去更多不同种类的银行进行探访与实践,增加对银行的了解。

(二) 把课堂的主导权还给学生,深入创造力培养

在课程实施过程中,学生由于年龄、思维的限制,在很多环节上是比较依赖教师的,比如对银行的了解主要以教师的引导展开,在阿福童银行体验过程中有问题也会直接求助教师等。现在反思起来,其实这些地方恰恰是可以鼓励学生发挥创造力、易产生思维闪光点的。课程中,可以先让学生尝试着独立完成,在一次次试错中形成自己的经验与思考,闪现思维碰撞的火花。同时,应鼓励学生不要因为害怕、失败而止步于模仿、墨守成规,很多时候有效失败比无效成功更为可贵。课堂中,让学生成为课堂的主人,也让他们可以感受到自我成就的快乐,培养主动发挥创造力的思维习惯。

对学生创造力的培养不是一朝一夕的,这样的意识需要贯穿教学全过程。这也要求教师不断启发自己的教育智慧,激发在教育教学上的创造力,用丰富多彩的教学方式与活动提供孩子更广阔的学习平台。对该课程的研究与实践将继续进行,也希望更多孩子从中收获快乐与成长。

第一节 东昌中学品牌课程"学生公司"创课程

一、课程背景

"学生公司"课程是东昌中学金融素养培育特色课程群中的一门核心圈课程。该课程自 2010 年开发并实施，至今已延续、发展 13 年之久。培养学生创造力是新时代赋予学校教育的重要使命，是基础教育课程的内在要求，该课程是东昌中学与青年成就中国公益教育组织（简称 JA 中国）合作开设的课程，课程旨在为 15—18 岁的学生设计创业实践教育，让学生在项目化学习课堂中了解并实践如何将商业理念从概念转变为现实。经过十多年的实施与不断的完善，"学生公司"已经成为东昌中学的品牌课程之一。

该课程基于真实情境（市场经济环境）开发一系列能够激发学生好奇心、使命感和创造性的驱动性任务，并通过提供多种指向学生创造力培养的学习设计、教学策略、评价量规等教学活动，通过学、教、评的一体化实施，从而在综合课程基础上实现学生创新能力、教师创造力培养能力、学校创新文化建设三方面协调发展。

二、课程定位

东昌中学"学生公司"秉承以学生为中心的设计理念，强调对学生创新能力的激发，为学生设计创业实践教育，让学生在项目化学习课堂中了解并实践如何将商业理念从概念转变为现实。"学生公司"旨在探索培养和发展学生创造力的基本模式、主要策略和具体路径；以创造力为导向的发展目标与学习和教学策略相互匹配，推动创造力培养的学、教、评一体化实施；开展真实情境下的教学创新实践，激发学生创意，引导学生学会创造，提升创新能力。

东昌中学"学生公司"是专为高中一、二年级学生设计的课程。高中是金融素养培育和职业生涯教育中很重要的一环，同时更是贯彻落实高中阶段学生"丰富职业体验、从事服务性劳动，理解劳动创造价值，具有劳动自立意识和主动服务他人、服务社会的情怀"，实现服务型劳动价值、劳动教育的具体举措。

三、课程目标

"学生公司"在为期一学年的项目化学习课堂教学实践中，学生通过商业知识学习、市场经济理论学习,通过学生互评、教师有效教学评价,激发学生自我效能,持续推动学生创造力发展,并将创新理念通过实践转变为现实。

目标一:学生组建公司,实践运营,亲身体验企业成功运作的要素,了解现实中市场经济的运行机制。掌握创业中的基本概念,如有限责任公司、市场调研、筹款、商业计划书、财务报表、企业管理、市场营销、股份制、生产率、市场竞争、企业家精神等,构建创新意识、分析思辨能力、制定决策能力、团队协作力、公开演讲力等;挑战并验证可能存在的各种既有认知与假设。

目标二:学生通过项目化学习课堂教学结合课后的社会实践,体验组建、运营和清算公司的全过程,帮助学生了解企业职能部门的分工,培养职业技能和人际交往技能;在探究方面,善于在真实情境中提出疑问,探索并形成有价值的问题;对形成的问题展开探索和调查;善于在严密的逻辑推理之外,运用直觉探索新的可能性。

目标三:通过课程体验,培育学生的认知能力、合作能力、创新能力、职业能力这四大关键能力,形成积极参与并尝试通过创新改变自身、学校、家庭、社区和自然生活的意愿和使命。通过具体的商业实践,树立全球化时代企业家的格局和视野,了解个人与企业对社会的责任,增强公平贸易、正当竞争、诚信经营等商业道德价值观和企业家精神。

四、课程内容

"学生公司"课程共分组建学生公司、制订商业计划、管理学生公司、清算学生公司等四大部分。本课程具有实践创新性特征:在内容上,强调学习市场经济理论、学生公司的管理和清算的知识;在创新上,强调接受学习与发现学习、实践性学习与体验性学习的相互综合,强调产品的研发;在实践上,强调利用学校这个市场环境,研发符合市场需求的产品,并通过产品的不断迭代,开发其更大的市场价值。"学生公司"课程内容如表7-1所示。

表7-1 东昌中学"学生公司"课程内容

课 程 目 标	课程模块及内容
1. 帮助学生组建学生公司:学习成立和运作公司的商业知识,确定公司的主要业务	1. 走进责任创业,走近企业家 2. 创业中的创新
2. 帮助学生学习制订商业计划:学习公司立项与启动,制订商业计划,进行商业计划展示	3. 创业中的风险投资:产品研究与设计 4. 创业中的风险投资:产品开发与生产 5. 创业中的商业立项
3. 管理学生公司:人员重组,运营调整,登记人事及财务,公司运作	6. 创业产品设计与投产 7. 产品上市:产品原型路演(比赛) 8. 公司的商业运营
4. 清算学生公司:对公司进行清算,准备公司年报,参加地区及全国学生公司比赛	9. 公司的商业成果(财务报表) 10. 创业的积极影响/创建个人成长计划 11. 成果展销会(比赛)

五、课程实施

"学生公司"课程的实施具有青年成就(Junior Achievement,JA)教育的鲜明特色,它采用项目化的学习方式,引导和鼓励学生在课程中多元体验、探索实践。课程一般采用设计思维来发现和解决真实情景下的市场需求。

课程的实施充分调动学校、学生和社会资源,学校教学处、德育处、学生社团和 JA 企业志愿者教师均有大量投入,该项目式课堂教学还会结合课后的社会实践,同时,企业志愿者作为授课者或创业教练全程陪伴式参与。

课程实施的四个阶段如表 7-2 所示。

表 7-2 东昌中学"学生公司"课程实施

实施阶段	阶段目标	实施内容
第一阶段	学生社团+教学处校本课程宣传	由上一届学生公司优秀成员对学生进行宣传讲解,帮助学生了解学校多姿多彩的学生社团和校本课程,学生根据自己的兴趣自主报名社团和校本课程
第二阶段	招募优秀的创业导师和企业志愿者	由 JA 中国项目发展中心招募和培训优秀企业员工、管理者和创业者,作为课程的授课志愿者
第三阶段	学生在教师或志愿者的指导下成立创业团队,形成初步的商业计划	在企业志愿者或学校老师的指导下,学生学习基础的经济商业知识,成立团队,对团队创业意向进行多轮市场调研,确定创业项目,形成商业计划书并参加地区路演
第四阶段	学生进行公司运营,准备参加比赛	在参加地区商业路演与比赛的基础上,在企业志愿者或学校老师的指导下,学生对自己的商业计划进行修正,并联系供应商进行商品生产,在各个渠道开展营销和推广,进行实际的商业运营。同时,准备和参加学期末的地区或比赛

培养学生的创新意识是"学生公司"的教学重点,贯穿于本课程的始终。"学生公司"将创新思维运用于课程的一般路径是:需求调研,体察与调研用户真实需求;在体察与调研的基础上形成清晰的需求描述;形成产品方案,围绕真实需求创造多样化解决方案;原型设计,根据方案设计原型;产品迭代,对原型设计进行调研与迭代。

下面通过"创意(甜点)"课时设计来说明"学生公司"一节课的教学过程(见表 7-3)。

表 7-3 东昌中学"学生公司"课程中"创意(甜点)"课教学过程

环 节	学与教过程设计与主要教学内容	教法说明
环节 1:导入新课	观看上海电视台《少年爱迪生》节目视频录像	通过视频中的发明创造案例观看,引起同学对于发明创造是如何来自生活的思考

续　表

环　节	学与教过程设计与主要教学内容	教 法 说 明
环节 2： 头脑风暴	各小组上台交流公司名称、logo、理念、公司产品的创意，了解和满足顾客的需求	小组合作学习，思考和回答客户需求
环节 3： 教师和学生互评	师生根据学生的展示提出问题，展示的学生回答教师和学生的提问 明确评价标准是人的渴望、技术可行和具备商业价值（客户支付得起）	通过小组合作展示，了解各小组的头脑风暴的结果，评析小组活动的实际效果
环节 4： 市场调研知识点讲解	市场调研知识点讲解	重点讲解定性与定量分析的方法，以及它们之间的先后顺序
环节 5： 作业布置	根据市场调研的方法，调研创意甜点三要素，继续思考课程讨论出来的潜在客户需求是否可以找到技术可行又具备商业价值的创意甜点	通过市场调研了解创意甜点的可行性，决策是否继续推进目前的创意

"创意（甜点）"一课的教学目标是：通过各小组上台交流公司名称、logo、理念、公司产品的创意，了解和满足顾客的需求，分析创新方向，同时也锻炼学生的演讲能力。通过经验分享、交流讨论，培养金融素养的创新意识。积极思考、合作设计产品开发意向。通过教师的讲解，学生了解市场调研的必要性和意义，掌握市场调研的基本方法（定性和定量）。这节课的重点在于引导学生学习金融发展的基础在于创新，创新来源于创意（甜点），教学难点在于引导学生找到生活中未被满足的需求，并且构思解决方案。

在"学生公司"课程的课堂上，学生在企业志愿者和学校教师的指导下，创办一家学生公司并进行公司的实际运营。学习如何发售股票、召开股东会、竞选管理人、设计开发、组织生产和销售产品、财务管理、开展评估、清算公司等基本流程。通过学习和实践，学生不仅将学到公司的商业运营方式，还将了解市场经济的体系结构和它所带来的作用，同时学会如何承担责任、把握机会和团队合作，用项目化学习培养学生发现问题解决问题的能力、创业创新的能力，激发学生自我效能，引导他们践行企业家精神，在市场经济的发展中迎接挑战，获得成功。

该课程实施的最大优势来自一线的企业志愿者教师，他们将自己最真实的创业、公司经营管理、产品研发的经验和案例带进课堂，指导学生更好地体验创业和产品研发的艰辛，体验学生公司和个人的成长。无论学生在未来是否会真正经营自己的商业项目，在这样的实践历程中，每位学生都将获得最实用技能和知识，例如，如何解决问题、如何公关沟通、如何培育创新思维、如何树立企业家思维和个人责任感，这些收获将会助力于学生的个人职业规划与发展。

六、课程评价

在"学生公司"课程的具体实施中，根据各学生公司的发展进度，又分为若干模块及目标任务,课程的评价贯穿于教学活动的始终。

"学生公司"课程评价遵循发展性原则、自主评价原则、多元评价原则和注重过程原则,采用"学生团队分模块任务考核＋团队自我评价"的方法。

表 7 - 4　2019 JA 中国学生公司评分表

评分标准	描　　　述	分　数	得分
维度 1 商业运营 30%	□ 公司运营时间充分,生产、营销各环节时间分配合理 □ 公司在运营各阶段的财务规划合理,成本控制得当,收益使用合理 □ 已实现正向盈利,具备在校内甚至校外市场形成可持续的、规模化收益的能力 □ 商业模式具有可扩展性和可持续性,能够平衡多方利益,共同创造价值	1—10 分	
维度 2 产品状况 30%	□ 进行了充足的市场调研,有准确的市场分析,产品/服务有清晰的市场定位 □ 产品/服务针对目标客户群体的需求进行研发,并经过反复迭代,能为目标客户群体带来价值	1—10 分	
维度 3 营销表现 30%	□ 有明确的营销策略/销售目标,并有与之配套的营销形式/活动 □ 采用了多元化的销售渠道,有效利用不同渠道的优势,形成良好的销售渠道组合 □ 建立了良好的品牌形象,并采用了有效的推广方式,营销效果显著,在校园甚至校外社区有一定的知名度/美誉度	1—10 分	
维度 4 团队合作 10%	□ 公司组织架构合理,分工清晰 □ 团队有着明确的创业目标、充足强烈的创业热情和克服困难的决心和魄力,团队创业激情饱满 □ 产品生产/服务实施难度大,但团队能克服困难,并找到行之有效的/创新的解决办法,以降低成本或提高效率	1—10 分	
加分项 1 创新性	□ 产品/服务、商业模式、营销渠道/方式等任一领域具有突出的创新表现,具有未来持续运营发展的潜力	0—5 分	
加分项 2 责任创业	包括但不限于: □ 不抄袭创意,不侵犯他人知识产权;对公司自主设计有知识产权的保护意识 □ 产品/服务具有环保理念,能够达到节能、减少废弃物产生或资源回收利用的效果 □ 关怀员工,与供应商友好平等合作,以客户为中心 □ 有回馈社会的意识,体现出公司的社会责任感 □ 关注特定人群,改善或解决某一社会问题	0—5 分	

　　评分准则:请从以下四个维度为每个参赛公司打分,分值范围 1—10 分,1 为最低,10 为最高,请在对应表格中打整数分,加权总分为 100 分(不包括加分项)。

　　加分项如有体现,酌情给分;若没有,不给分。

课程强调"团队协作、班级分享"的课堂讨论评价机制,评价方法采用小组自评、同伴互评、志愿者教师和学校教师评价等多元评价,鼓励学生之间、学生和授课教师之间积极反馈、互动,做到教学相长。

七、课程成效

"学生公司"作为以学生实践为主体、产品作为学生创造力培养证据的主要形式的课程,课程评价主要反映学生在解决问题、达成目标的过程中,需要充分发挥自主性,在探究和推演中寻求合理的解决方案。例如,DC 学生公司在生物课的研究性学习中获得灵感,通过把树叶化学物品的溶解获取叶脉的实验结果,开发了叶脉书签,2010 年,DC 学生公司被 JA 中国评为"最有创意学生公司"称号。

为了给大家提供一个展现学习成果的展示平台,学校学生公司与其他公司跨校交流,互相激发学习,并获得专家顾问的指导,JA 中国在每年 12 月都会举行学生公司中期发布会。例如,UE 学生公司开发的具有纪念意义的"校服熊"产品,大受同学们的欢迎,产品供不应求。该公司参加 JA 中国的地区路演活动,被评为上海地区的优秀学生公司。同时,该公司参加 JA 中国组织的全国大赛,获全国 20 强"优秀学生公司"称号。

该课程的一项重要指导原则是基于学生创造力发展的基本规律对发展路径、方式进行有效指导,教师鼓励学生在市场经济的真实环境中,在如何开发符合市场需求的产品等一连串挑战性问题的驱动下,发现自己感兴趣的项目、设定适合自己的目标,为学生创造力培养与发展提供理论与方法指导。课程重视产品展示、体验、反思、迭代等环节,以学生作品反映学生阶段性能力的发展进阶,不断形成激励每一个小组、每一名成员创造力成长的路标和里程碑。例如,2019 年 7 月,JA 中国在成都举行了"学生公司"教育项目的全国大赛。学校 UE 学生公司作为上海地区优秀学生公司参加了这次比赛。学生在学生公司的经营实践中,体验了创业团队组建、市场调研、生产、销售等多个真实公司运营环节,在舞台上展示他们的公司、产品和运营成果。UE 学生公司设计的 JA 100 纪念熊猫,契合比赛主题,产品很快就销售一空。学生在参与这样的全国性大赛中,演讲、交流、营销、创新等综合能力得到大幅提升。

在课程学习过程中,学生在审辨能力、坚毅品格、团队合作等方面都有较好表现。

在审辨能力方面,学生能够通过质疑批判、分析论证、综合生成和反思评估,不断精进自己的创新想法,并吸收他人的创意,形成一套分析、发现、创造的技术,反复加工、凝练,提升创意在实施层面的可行性。例如,李同学是当时"学生公司"副社长、设计总监,他设计了第二代制服纪念熊产品。JA100 纪念熊猫为 JA 中国学生公司大赛而设计。在团队里,他担任了设计总监,从产品雏形到联系厂家,再到设计传单都是由他完成。他通过校服熊带来的启发和思考,决定将校服小熊转变为成都大熊猫,以此纪念在成都举办的学生公司大赛。策划的重难点在于如何突出"这是成都的熊猫"。为此,经过了上网调查和共同商讨的环节后,他选出了 339 电视台、环球中心、廊桥和天府广场这四个他们认为能够代表成都的特色景点和建筑。设计的同学利用了手机绘图软件画出了这四处建筑剪影,并将"JA 100"的主题字样融入进去。财务总监CFO、销售代表钟同学说:"通过这次比赛,我意识到原来世界上真的有和我一样充满着'奇思妙想'的人。JA为我们提供的平台,就好比今日构思者之摇篮、明日创业家之温床。在这里,你能遇到一群与你一样拥有想他人之不敢想、做他人之不敢做的本领的人。"

在坚毅品格方面,学生学会容忍解决问题过程中出现的各种不确定性,敢于直面困难,不轻言放弃,接受并敢于做出与众不同的尝试。UE学生公司社长、CEO施同学说:"本次2019 JA中国学生公司大赛让我有了切深的领悟和认识。经过不懈的努力,我们的校服熊、纪念熊猫的产品终于经过了层层比赛和选拔,最终有幸参加了为期一周的成都全国赛,我们在活动中摸索学习,接受着前所未有的全新挑战。完成短时间内的参赛任务是一个艰巨的挑战,我们在仅有三周不到的时间准备了一切。无论是创意还是产品设计都离不开队友和老师共同的努力,作为一个团队,我们携手共进,尽自己所能做好自己的事,不断心系集体,相互协助,增进了团队意识。"李同学说:"通过这次磨炼,也使我相信自己能够在高二这一年中作为学生公司社团的副社长之一好好领导我们的团队。相信我们能够继续在前进的道路上不断发现问题,解决问题,以团队为单位走向更加灿烂的明天。"

在团队合作方面,学生积极参与团队建设,形成共同的愿景目标,促进平等参与或平等对话,实现合作共赢。UE学生公司COO陶同学说:"JA学生公司这一课程教会了我很多,从'甜点'的需求讨论到设计到制作再到最后的发售,以及在其他方面都教会了我许许多多,例如,如何做领导者、如何上台演讲等。我在这里感谢JA学生公司课程,让我能在高一就接触到公司的生活,让我能在高一就可以和很多大型企业的杰出人员、商业巨头们接触,让我能体验到产品初成一线的生活,让我能在现实中完成推广售卖,得到反馈,不仅仅停留在校内,更不仅仅停留在形式上。让我能在这懵懵懂懂的年纪却开始想做乔布斯等人做的事,虽不及他们的成熟,但却是最宝贵的经验。"

八、课程思考

中国学生的核心素养是适应学生终身发展和社会发展的必备品格和关键能力。"学生公司"课程突出了核心素养的三大模块:文化基础、自主发展、社会参与,是认知水平要求高、实践操作性很强、社会参与性很高的课程。在实际进行的"学生公司"课程体验中,有效地提高着学生的认知能力、合作能力、创新能力、职业能力这四大关键能力。在价值观方面,通过具体的商业实践,树立全球化时代企业家的格局和视野,了解个人与企业对社会的责任,增强公平贸易、正当竞争、诚信经营等商业道德价值观和企业家精神。

"学生公司"课程开设的终极目标不是产品,不是公司,而是人;是培养更多有品德、有激情、有能力的年轻人,他们的未来将由他们来创造。

第二节　澧溪中学品牌课程"澧溪企业家"创课程

一、课程背景

"澧溪企业家"是由澧溪中学开发的一门学生创业体验课程。该课程秉承以学生为主体的设计理念,结合初中阶段学生学情分析,通过运用体验式教学、跨学科、项目式的学习方法,引导学生将理论知识付诸实践运用,将抽象的概念认知在实际的操作体验中得到融会贯通。着重培养学生的金融素养、创新思维,帮助学生理解企业运行的基本原理,懂得自我管理和规划,全面提升解决问题的能力。

在理论学习方面,引导学生组建学生公司,学习成立和运作展馆的商业知识,确定各部门的主要业务,学习制订商业计划;在实践体验方面,引导学生确立项目、制订并启动商业计划,自主运营金融展馆,在运营过程中不断调整,最终清算、总结展馆运营情况。

课程着重体验式教学,强调将知识理论在实践中得到真正的体会运用,通过课堂教学、实践操作、校园文化活动三者结合的方式,形成三位一体的课程模式,帮助学校在特色课程的基础上实现充分挖掘学生智慧潜能,充分尊重学生个性特长的目的。

二、课程目标

目标一:知识与能力目标。

学生学习商业和企业的基本知识,学习成立和运作展馆的商业知识,掌握创新创业的基本知识和方法。学生自主运营金融展馆,亲身体验企业经营的基本过程,在运营过程中了解市场经济环境。

目标二:过程与方法目标。

学生通过跨学科、项目化的学习方法,深入体验企业经营的基本流程,组织参与创业实践活动,从而树立科学的创新创业观念,培养相关职业技能和提升人际交往能力,激发对当下问题产生思考的主动性,能够对问题产生的原因、后果、解决方案等进行探讨,提高问题解决的能力,提高对规划周密、思虑周全必要性的认知。学生把所学的知识和技能用可视化的方式展现出来,培养创新创造、知识转化的能力;学生更深入地理解财经知识,对项目内容提供建议和个人评价,培养思考问题及创新创造的能力。

目标三:核心素养与价值观目标。

学生核心素养的发展是落实立德树人根本任务的重要举措。"澧溪企业家"中金融相关基本知识学习、展馆运营的实践体验,都从文化基础、自主发展、社会参与三方面综合促进了学生核心素养的培养与发展。学生通过体验式的商业实践活动,树立文明经商、遵纪守法、诚信经营等商业道德观;学生自主运营展馆,培养独立性,有效管理自己的学习和生活,认识和发现自我价值,发掘自身潜力;学生以小组为单位进行实践活动,在交流中体会团队协作、众志成城的合作精神;学生在运营过程中不断调整,及时应对复杂多变的环境,激发学生在困境中坚持不懈、勇于挑战的精神。学生从真实体验入手,形成基础的金融素养,引出创业精神和创业意识,提升创新自信力、领导力和团队协作能力,树立科学的创新创业观念,认识到思维是从社会需求出发,企业社会责任对于企业经营的意义,对创新创业与个人学习以及职业生涯发展之间的关系形成正确深刻的理解认知。

三、课程内容

该课程分为两个学期完成。第一学期主要教学内容为金融创业的相关理论知识,学生将由浅入深逐步学习商业知识,并确立项目内容,制订商业计划。第二学期主要教学内容为实践活动,是强化学生理论知识运用的训练,学生将自主运营金融展馆,并进行运营成果汇报。课程内容如表7-5所示。

表7-5　澧溪中学"澧溪企业家"课程内容

学期	课 程 目 标	课程模块及内容
第一学期	1. 帮助学生组建学生公司:学习成立和运作展馆的商业知识,确定各部门的主要业务 2. 帮助学生项目内容的确立,完善项目整体构思和个人出彩点 3. 帮助学生学习制订商业计划:进行选项与启动,制订商业计划,进行商业计划展示	1. 企业家之路 2. 绘制学校地图 3. 金融展厅成本分类 4. 金融展厅成本计划 5. 金融展厅的供应商 6. 金融展厅的市场营销 7. 企业的社会责任感 8. 完成商业计划书 9. 商业计划展示比赛
第二学期	1. 学生自主运营金融展馆,在运营过程中进行调整 2. 闭展,对展馆进行清算,准备年报,总结、汇报展馆运营情况	10. 金融展厅的运营 11. 金融展厅运营成果汇报

四、课程实施

"澧溪企业家"将体验式教学与跨学科、项目化等多种学习方法相结合,课程充分重视学生作为学习主体的参与性,强调在探究体验中培养学生的金融素养,提高学生创新创造能力。

在课程的具体展开中,学生学习基本金融知识、制订项目计划并实施,在过程中根据展馆的实际运营过程再不断调节。学生的展馆运营方向由教师设立总目标,其下又细分为学生自主设计的匹配不同发展阶段、不同时间点的小目标。学生在驱动性任务的激励下将计划付诸实践,教师给予学生充分展现自我、表达自我的机会,鼓励学生自主探究,从而不断提升深度学习的意义。课程实施的四个阶段如表7-6所示。

表7-6 澧溪中学"澧溪企业家"课程实施阶段

实施阶段	阶段目标	实施内容
第一阶段	学生招募+企业家项目大会宣讲	通过课程宣讲吸引学生加入、参与,让学生理解企业、产品和服务,理解企业家和创业的含义,了解社会企业家的定义,并与实际生活进行联系
第二阶段	学生在教师指导下成立创业团队,为金融大厅展馆制订资金计划	在教师的指导下,学生在活动中明白各类成本的分别,以及如何准确进行成本计算,制订成本计划,并与实际生活进行联系
第三阶段	学生开设展馆前进行各类调研、设计市场营销策略	通过教师指导,了解市场营销及其作用;讨论在制订市场营销中的定价策略;了解广告中的主要元素,并实际应用在店铺的标语或标志中;讨论、制订市场营销计划。在初步计划书的基础上,在教师的指导下,学生对自己的商业计划进行修正,并联系供应商进行作品的创作与收集
第四阶段	学生完成商业计划书,并实施展馆运营	通过各个渠道开展营销和推广,进行实际的商业运营。通过真实案例感受真实的商界氛围,并与实际生活进行联系

五、课程评价

"澧溪企业家"的课程评价遵循促进性、发展性、客观性、主体性等原则,内容综合化,不仅注重知识掌握,更重视创新、探究、合作与实践等能力的发展。课程评价关注发展过程,将形成性评价与终结性评价有机结合,在学生的运营过程中不断进行对比评价。课程评价可视性的指标赋分制,使评价具体有效,为学生的反思进步提供基础。此外,该课程评价主体多元,分为学生自评、小组自评、同学互评、教师评价等,多方位、全过程记录、评价学生学习。过程评价根据活动单完成情况,确定有没有养成相关的学习习惯以及学习过程是否扎实。结果评价根据团队展示(见表7-7)、模拟答辩、比赛参与(见表7-8)等方面进行分模块细致评价。

表7-7 澧溪中学"澧溪企业家"课程团队展示评价表

		非常好 (9—10分)	比较好 (6—8分)	一般 (0—5分)	自我评价	同学评价	教师评价
团队展示	个人演讲内容	角色职责清晰,内容明确具体,深入实践	角色职责较为清晰,内容不太明确具体,实践较浅	不了解角色职责,内容模糊,浅层实践			

续　表

		非常好 （9—10分）	比较好 （6—8分）	一般 （0—5分）	自我 评价	同学 评价	教师 评价
团队展示	个人演讲表现	语言流畅，神情自信，举止礼貌大方	语言较流畅，神情自信，举止较为大方	语言磕绊，神情不自信			
	项目	项目可行性强，有创新，研究有一定成果，分工清晰，团队协助各有所长	项目可行性有待提高，创新性较强，研究未完全完成成果，分工清晰，团队协助较好	项目可行较弱，缺少新颖性，研究无成果，分工模糊，团队协助较差			

表 7-8　澧溪中学“澧溪企业家”课程比赛参与分值表

	自 我 评 价	同 学 评 价	教 师 评 价
作品创意 评分（0—10分）			
设计理念 评分（0—10分）			
作品价值 评分（0—10分）			
三展板制作呈现 评分（0—15分）			
创新日志 评分（0—15分）			
现场问答 评分（0—20分）			
语言表达能力 评分（0—20分）			
总　　计			

六、课程成效

澧溪中学“澧溪企业家”课程的开展得到了诸多积极的评价，成果在学生身上得到了极大的体现。

通过不同模块中的不同课程，激发了学生对商业学习的兴趣，培养了探索发现的精神。学生能够简单理解企业家和创业的含义，了解社会企业家的定义去理解企业、产品和服务，从需求出发建立商业构思，能归纳企业家的核心特质。学生能在课程结束后拥有一定的商业素养,能够独立完成一些"融创"任务。学生自主运营金融展馆,亲身体验企业经营,激发社会责任感,明白企业家的企业社会责任和创业家决策,了解社会责任和商业道德的重要性。一系列实操性的课程,学生通过真实案例感受真实的商界氛围,寓教于乐,可以在游戏中获得知识,在学习时获得快乐。

七、课程思考

请学生分享零花钱的使用时注意措辞,要进行合理引导,宣扬正确的价值观。零花钱的使用场景还可以更贴近生活,比如春游。

讲解成本的分类,内容比较难,学生接受程度较低。可以让学生先列出各种成本后让学生自行分类,培养学生总结归纳的能力,弱化成本分类的概念;"一带一路"相关知识太多太深,与学生的认识水平不符;讲授成本的内容时要强调在实际生活中应当把成本降得越低越好,而不是把想到的一股脑全放进去,要多培养学生对实际生活中事物价值的感受能力。

上课前应当通过调查问卷了解学生的疑惑与需求,提出驱动性问题。多将问题抛出给学生,让学生回答,学生在探究与讨论中逐渐找到教师想要引出的答案。多准备几个学生熟悉的案例,多用故事的方式讲解知识点,以引起学生的兴趣。

第三节 立信附校品牌课程"给青少年的 财商教育"创课程

一、课程简介

国民金融素养对国民经济的发展至关重要,青少年财商教育纳入国民教育体系需要顺应时代要求开展。"给青少年的财商教育"课程(以下简称"财商课程")是立信附校与上海立信会计金融学院共同开发的一门基于学校金融特色的综合课程。"财商课程"的核心是建立学生对资源稀缺性的认识,"财商课程"需要解决的问题是帮助学生在有限的资源中如何进行最优化配置,从而使个人、家庭、企业的生存状态更好。

为了提高青少年的财商素养,在中小学阶段种下金融的种子,培养青少年认识、创造和管理财富的能力,"财商课程"的教学设计根据校本读本力求从知识、技能、情感态度与价值观三个层面系统地培养学生的财商核心能力;知识层面,介绍货币、金融市场等理论知识,使学生了解基本的金融知识;技能层面,培养如何储蓄、记账等技能;情感态度层面,传达诚信、节制、乐于分享的金钱观、财富观。所以"财商课程"的学习目标均是围绕此点为中心。"财商课程"的另外一个主要特点,就是在教学过程中以课程读本为基础,课程实施通过各种项目和活动使学生在学习的过程中思考各种经济学原理的运用,从而自己发现一些规律,这一过程可以使学生的创新能力得到锻炼。

二、课程定位

"财商课程"以提升学生金融素养、提升学生的创新能力为目标,充分利用立信金融学院的优势,整合校内外资源,为学生提供观察真实世界的窗口,不仅让学生在真实世界中体悟金融知识、提升金融素养和创造力,也助力推动金融文化在学校之中的传承与创新。

三、课程目标

(一)"财商课程"(四年级)课程目标

目标一:了解货币的演变过程,能够理解货币演变背后的原因,并能指出一点或者几点。能够根据货币的演变和自己的理解,对未来货币形式做些畅想并用自己的方式进行表达。积极思考、乐于合作,强化信息搜集、综合分析的能力,感知货币发展与经济社会发展之间的联系,培养创新精神。

目标二:认识几种银行理财的工具,学会记账,学会根据自己的资金制订自己的花钱计划。讨论并思考什么样的花钱计划是合理的,如何定义一个好的花钱计划。树立规划意识,培养记账的好习惯,提升交流分享、取长补短的能力。

目标三:能够思考自己在整个上学期间的花费,了解计划外支出的可能,以及可能遭受的损失。理解今天的花费和未来的花费的不同。学会比较自己的花费和家庭收入之间的关系,对于如何花好这笔钱可以提出几点看法。培养正确的消费意识,养成勤俭节约、开源节流的好习惯。

(二)"财商课程"(五年级)课程目标

目标一:了解人的生命周期,以及在少年、青年、中年、老年各个时期的责任义务和面临的主要风险。了解股票、债券、保险等简单的金融产品的定义和性质及这些工具的作用,并学会用来解决生命周期中的部分问题,通过收集分析家庭的基本财务信息,设定合理的家庭理财方案。培养风险意识,增强理财技能,感受亲身参与、亲手解决问题的魅力,逐步形成创新实践精神。

目标二:了解企业产品为何需要创新,可以举例说明人们的不同需要如何得到满足。从企业生产运作角度,探寻企业的主要资金来源,了解企业为商品定价的依据。理解企业的微观活动可以构成一个国家的宏观经济,并且能够通过活动体验企业的生产如何影响一个国家的国内生产总值(GDP)。提高对企业生产经营活动的敏感度和洞察力,培养合作探究能力,提高理性思维,形成发现问题、提出问题、解决问题的能力。

目标三:通过对通货膨胀现象的解读以及对中央银行职能的了解,懂得国家是如何规划好经济建设,管理好经济问题,从而实现富强富裕的。提高收集、甄别、整理归纳信息的能力,具备宏观视野,关注国家社会,感受金融对国家经济发展的重要作用。

(三)"财商课程"(七年级)课程目标

目标一:懂得资源是稀缺的,金钱不是人生的目标,因为金钱只是一种工具。能够通过活动理解机会成本、时间价值的含义。学会衡量在整个人的生命周期中金融工具可以发挥哪些作用,从而可以制订出好的理财规划方案,树立科学的金钱观、财富观。

目标二:通过对创业企业的学习,观察资本市场股票、债券的表现,理解价格变化与企业发展之间的关系。理解价格波动与金融风险,可以说出几种风险来源。能够从案例中找出企业创新如何解决人们需要的痛点,并且尝试模仿找到周围人的痛点,同时提出产品创意。树立科学创业观,培养敢于创业、善于创业的企业家精神。

目标三:能够对自己的创意实施提供可行性分析,并进行相对合理的成本测算。可以对自己的创意产品进行替代产品和互补产品的分析,并提出合理的定价策略。在做出产量决策的时候,可以根据现金流的方法调整企业的生产策略。能够自己搜索相关案例资料,分析现金流方法的效果意义,并提炼出帮助企业决策的建议。着眼实际,克服消极被动思想,以积极健康心态努力解决问题,培养责任意识。在具体实践中树立正确的价值观,培养顽强的创业精神。

四、课程内容

"财商课程"的开设对象为四、五、七年级的学生,该课程根据年级的不同,基于校本读本,以单元的形式,围绕特定的金融主题,组织学生开展一系列丰富多彩的探究活动,从活动实践和学习探索中,均可以很好地培养学生的金融素养和创新能力,具体内容如表 7-9 所示。

表 7-9 立信附校"财商课程"内容安排

年 级	单 元 主 题	学习内容或活动
四年级	单元一:走进金融人物	1. 立信的金融名家:潘序伦和顾准 2. 立信好朋友 & 我感兴趣的金融名家
	单元二:探索"钱"的奥秘	1. 畅游货币王国 2. 世界货币博览会 3. 钱有什么用 4. 双十一的秘密 5. 学做预算小能手
	单元三:个人理财	1. 我的零花钱 2. 学会记账
	单元四:常见的金融机构	1. 走进商业银行 2. 货币兑换的秘密 3. 信用卡与贷款 4. 不要忘记风险 5. 小小"保险公司" 6. 证券交易所

续　表

年　级	单元主题	学习内容或活动
五年级	单元一:企业的钱	1. 小小创业与公司 2. 商品定价 3. 企业的资金与资本
	单元二:国家的收入	1. 国内生产总值 2. 货币贬值 3. 货币的管理银行:中央银行 4. 国家经济实力
	单元三:个人理财(管理)	1. 管理自己的零花钱 2. 制作现金流量表 3. 我的规划与执行 4. 生活中如何理财
	单元四:正确的财富观	1. 借钱的学问 2. 钱越多越幸福吗? 3. 怎样才能挣到钱 4. 学做慈善小使者
七年级	预备知识	1. 货币演变历程与货币的功能 2. 个人、企业和金融机构之间的关系,资金如何在三者之间流动 3. 个人理财的基本原理
	单元一:充满商机的时代	1. 什么是商机? 2. 我们为什么需要商机? 3. 成功把握商机 4. 你发现商机了吗?
	单元二:需求分析——寻找可能的商机	1. 别人需要你付出努力吗? 2. 需要就是需求吗? 3. 需要距离需求只差一步之遥
	单元三:供给分析——你的商机是真实的还是虚幻的	1. 满足需求你可能颗粒无收 2. 抓住你的商机需要控制成本 3. 失败是成本也可能是进步 4. 一种神秘的成本:机会成本
	单元四:相对价格分析——让你的商机无可匹敌	1. 你考虑自己的竞争对手了吗? 2. 你能从价格上改善他们的生活吗? 3. 谁会投资吗?——为你的商机融资
	单元五:边际决策——让你的商机蓄势待发	1. 最后那一个就是边际 2. 最后的收益:边际收益 3. 最后的成本:边际成本 4. 边际收益>边际成本:干吧!

续 表

年 级	单元主题	学习内容或活动
七年级	单元六：收付实现——保卫你的商业成果	1. 你能确定收入属于自己吗？ 2. 关键是现金流 3. 用收付实现制定原则 4. 收付实现向你揭示风险 5. 最后给你把握商机的完整目录

五、课程实施

四、五、七年级的学生在金融方面处于认知懵懂阶段，他们希望能够走进金融世界，但由于自身条件因素缺乏一定的金融观。课程实施融入项目化学习的思想，调动和利用学生已有的经验，结合学生现实生活中实际存在的问题，让学生通过搜集资料、调查访问等方式，在合作学习交流、实践、操作中开展研究，并指导学生进行项目成果的展示汇报，在评价总结中提升自我。具体实施过程如图7-1所示。

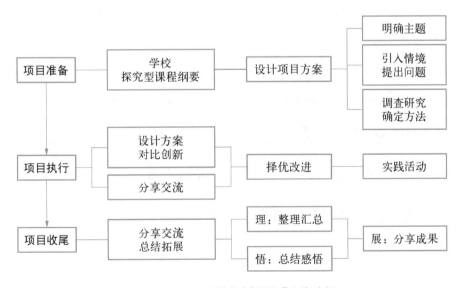

图7-1 立信附校"财商课程"实施过程

在项目准备阶段，依据大主题引申出各小主题，在教师的引导下，学生选择确定项目主题。在项目执行阶段，教师激发学生兴趣，详细解析探究流程；根据特点确定分工，制作项目实施计划。在执行过程中，引导学生分享交流项目过程，对比创新，改进方案，后进行实践体验活动。在项目收尾阶段，引导学生整理资料准备汇报，评价总结积累经验。

下面以四年级财商课程中"世界货币博览会"一课为例介绍实施过程。

该课旨在帮助学生从设计意图的角度重新审视和认识货币,重在挖掘货币上图案背后的意义,引导学生发现透过货币也能看世界,激发学生的探究意识,让学生在观察世界各国货币的过程中领略异国风采,体验探究的乐趣,进而拓宽学生的知识储备,帮助他们打开国际视野。

(一)项目准备阶段——联系生活实际,孕育学习兴趣

从学生生活中最为熟悉的人民币入手,教师发布课前小任务"谁是小小收藏家",引导学生紧跟时代发展的步伐,积极收集家中新版第五套人民币的纸币,并拍照分享,提高学生的参与度,为课堂学习做好准备。

通过展出学生的收集成果,引导学生观察并交流"你认识人民币纸币正面和背面的图案吗?",结合学生原有的经验和视频资料,让学生了解人民币纸币所表现出的中国悠久的历史和壮丽的山河,调动学生的情感体验,增强学生的民族自豪感。在此基础上,提出本质问题"其他国家的货币图案又有什么奥秘呢?",进一步将学生观察的视角从国内转向国际,激发学生的探究欲,奠定本课"立足货币,放眼世界"的主基调。

(二)项目执行阶段——设计"四线式"教学支架,丰富探究内容

教师采用"活动线+问题线+资源线+小结线"的教学支架结构(见图7-2),带领学生畅游世界各国的货币,并发现货币与国家经济、文化、历史等之间的密切联系,开阔学生的国际视野。

活动线	问题线	资源线	小结线
1.货币大集结	1.你知道哪些国家的货币名称?	表格:世界货币名称一览	
2.我来连连看	2.你认识这些纸币上的人物吗?分别属于哪一个国家?	图片:各国纸币样式,国旗 视频:圣雄甘地人物简介 音乐:肖邦的《英雄波兰舞曲》	世界各国发行的货币,能反映一个国家的国情、人文历史、自然风光等其中最有特色的一部分,寓意深厚。
3.小小阅读角	3.各国的硬币又能向我们传递出哪些信息呢?	资料卡:硬币册 图片:各国地理风貌和人文风景	
4.七嘴八舌话货币	4.货币背后的意义是什么?	图片:货币版的世界地图	

图7-2 立信附校"财商课程""四线式"教学支架结构

首先,引导学生分别从纸币和硬币两大货币类型对不同国家的货币展开探究,并设计了四条活动线:一是"货币大集结",鼓励学生举一举自己知道的其他国家的货币名称,促进师生互动,活跃课堂气氛,起到引入的作用;二是"我来连连看",聚焦纸币,引导学生认一认各国纸币中的领袖和名人肖像,并尝试连一连它们各自的发行国,激活学生思维,让学生初步感受货币展现出的国际文化色彩;三是"小小阅读角",进一步推而广之,强化认识,引导学生自主阅读硬币资料卡,找出关键信息,完成知识大闯关;四是"七嘴八舌话货币",归纳总结,深化理解,启发学生充分讨论货币的意义。

整体上看,四条活动线将教学内容与师生互动有机结合,厘清教学脉络,循序渐进,帮

助学生有梯度地进行学习。同时,遵循对货币"名称—图案—意义"的认知规律,通过设计一系列富有层次的驱动性问题,连成问题线,以问题线作为主心骨,驱动活动线有逻辑地层层深入,帮助学生搭建思维的阶梯,并匹配相应的资源线作为补充,丰富学生的感性材料,助力学生破疑明理,依据小结线归纳,将感性认识上升为理性认识,促进学生学会从经济、文化、历史等不同角度以货币观世界。

(三) 项目收尾阶段——小组合作探究,增强实践体验

为了充分发挥学生的主观能动性,教师开展小组探究活动。首先,引导学生根据发布的探究单(见图7-3)展开交流讨论,学生可以选择感兴趣的一个国家的货币,利用网络的方式查找、收集、整合相关资料,为本组的探究任务建言献策,合作找出货币上的图案与该国的经济、文化、历史等背景之间的联系,培养学生主动运用国际化的眼光看待事物的能力。然后,通过逐一加入每个讨论小组,时刻关注学生的探究进度,并适当加以指导。最后,学生探究结束后,再次集合所有学生,邀请各组代表有序发言,分享探究成果,让学生再次感受国际视野下货币的深厚内涵,为学生提供了解各国民族特色的平台。具体探究流程如图7-4所示。

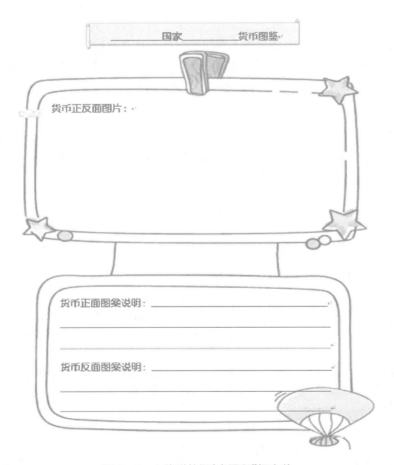

图 7-3 立信附校"财商课程"探究单

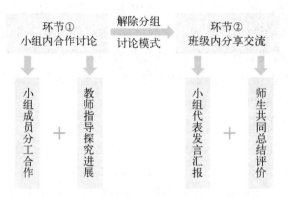

图 7-4 立信附校"财商课程"学生合作探究流程

总的来说,该课程通过创设贴近学生生活的教学情境、应用系统科学的"四线式"教学模式、依托小组合作探究的学习方式,帮助学生从经验中获得启发,从探究中收获新知,从实践中提升能力。

六、课程评价

在"财商课程"中,为了综合考评学生的学习状态及发展趋势,全面调动学生的学习热情和积极性,对四、五年级的学生采用积分奖励的评价方式,鞭策学生的不断进取之心,帮助学生建立良好的学习习惯和学习氛围。学生积分在学生自评、互评与师评的基础上整合得出,围绕课堂行为、探究活动、小组成果、反馈能力四个板块展开,师生遵循公平、公正、鼓励的原则给予评价,按统一的标准(见表 7-10)执行。任课教师在每次评价积分活动结束前给学生计分,学期结束后,学生可使用积分兑换立信积分卡,参与学校园游会活动,也可用于后续金融比赛等活动。

表 7-10 立信附校"财商课程"(四、五年级)积分评价量规

评价内容	评价标准	优秀 (15 分)	良好 (10 分)	加油 (5 分)
课堂行为	指标 1: 课前准备	能够在课前准备好课本,按时以小组的形式就座	在教师的督促下,准备好课本,找到自己的财商课座位	在课前没有准备好课本,不知道自己的财商课座位
	指标 2: 学习专注与积极性	上课专心致志,善于多角度思考问题,学习情绪良好	上课有时会分神,基本能独立思考问题,学习情绪较好	上课注意力不集中,不能够独立思考问题,学习情绪低落
	指标 3: 课堂参与度	积极举手回答问题,课堂参与度高	能举手回答问题,课堂参与度一般	从不举手回答问题,课堂参与度低

评价内容	评价标准	优秀（15分）	良好（10分）	加油（5分）
探究活动	指标1：小组合作参与度	在小组探究活动中，积极参与	在教师或同学的帮助下，能够参与小组探究活动	在教师或同学的帮助下，没有很好地参与小组探究活动
	指标2：小组合作积极性	主动参与小组合作，并为小组任务提供建设性想法和意见	能够参与小组合作，有时能为小组任务献计献策	较少融入小组合作，很少向小组成员陈述自己的意见和想法
	指标3：小组合作、分工工作完成度	根据自身的特点主动担任适合的角色和职责，友好分工，出色完成自己的分工任务	在教师或同学的帮助下，基本能够完成自己的分工任务	不清楚自己的分工任务，在教师或同学的帮助下，无法完成自己的分工任务
	指标4：小组合作，有效沟通	能和小组成员进行有效沟通，有余力帮助小组内其他成员	能接纳小组成员提出的不同想法和意见，主动配合并尊重小组的最终决定	沟通合作中，总是提出与他人不同的想法和意见，时常与小组成员发生分歧
小组成果	指标1：小组成果完成度	在规定的时间内，出色完成目标任务	在教师或其他小组的帮助下，按时完成目标任务	在教师或其他小组的帮助下，不能按时完成目标任务
	指标2：小组成果完成质量	能出色地展示和汇报小组成果，满足任务的所有要求	能较好地展示和汇报小组成果，满足任务的基本要求	能展示和汇报小组成果，但只满足任务的部分要求
反馈能力	指标1：客观进行自我评价	能正确地认识自己，客观地评价自己，实事求是	基本可以认识自己，较客观地进行自我评价	不能正确地认识自己，不能客观地进行自我评价
	指标2：客观对他人进行评价	能客观、公正地评价他人的优缺点，有理有据	基本可以客观、公正地评价他人的优缺点	无法客观、公正地评价他人的优缺点
	指标3：评价接受度	虚心接受他人的表扬与批评，并能正视自己的不足，积极改进	能倾听、接纳他人的表扬与批评，但不主动改正	对于他人的表扬与批评，置之不理

对七年级学生，一是注重过程性评价，不仅关注对结果的评价，更重视对过程的评价，真实全面地记录和反映学生在学习过程中的情况，在评价中反映出学生在态度、价值观、方法、能力等方面的变化和进步；二是注重评价内容的全面性，设计评价量规，既评价学习

任务的完成情况,又评价能力的提高和情感、态度价值观的表现情况,能对学生进行全面的评价;三是注重评价的改进和激励功能,评价应贯彻在学习的全过程中,提倡评价的形成性功能,通过评价促进学生的提高和进步,使评价的过程成为促进学生发展的过程。具体的评价标准如表 7-11 所示。

表 7-11　立信附校"财商课程"(七年级)评价量规

时间:　　班级:　　组名:	组员一	组员二	组员三	组员四	组员五
合格:分辨和理解小组中角色的职责和责任。完成分配给自己的任务					
良好:一起参与确定小组成员的角色和职责。能清晰知道自己下一步的任务					
优秀:可以带领大家分工并督促共同完成任务					
合格:遵循传统的课堂规范(如等讲话者讲完再开始讲话、举手、帮助维持秩序)					
良好:提议并制定合作规范(如"我将等到发言者发言结束后才开始发言")					
优秀:制定并遵守规范,维持秩序确保合作和分享顺利(如带着理解的意图去倾听、确保等待时间、不带评判去倾听)					
合格:向小组成员陈述自己的意见和想法					
良好:提出想法和意见,且对小组任务完成有帮助					
优秀:与小组分享疑惑、发现并共享资源					
合格:把他人的想法和自己的想法做比较					
良好:把自己的想法和他人的想法结合起来					
优秀:整合大家的想法并产生新的独特的见解					
合格:回应他人					
良好:给他人提出反馈(如"这看起来不错"或者"我认为你需要对第一部分进行修改")					
优秀:以尊重的方式提出反馈(如批评工作而不是个人,避免使用负面语言,"我认为你可以通过……的做法让这个变得更好""等下次你可以用……的做法"等)					

时间：　　班级：　　组名：	组员一	组员二	组员三	组员四	组员五
合格：把想法表示出来(如草图、计划、图表、流程图、蓝图)以指导实际产出过程					
良好：根据直接反馈，修改草图，整合别人的意见(如在接到指示后更改流程中的顺序)					
优秀：能够在项目进行的不同阶段综合经验与反馈，对原有设计进行优化					
合格：提出与任务、过程或想法有关的问题					
良好：寻求通过提问、尝试新的方法来完成任务和/或考虑新的想法来扩展理解					
优秀：以开放的心态寻找和考虑不熟悉的想法。在对想法进行彻底探讨之前，暂时放下对想法的评价					

七、课程成效

该课程自开设以来一直坚持以读本为引领，以探究为主线，培育学生的金融素养，更是以真实变化的经济世界为温床滋养学生创造力的种子。在创造力培养方面，课程重视学生自身经验对课程设计与实施的重要价值，致力于把"学"的权利还给学生，把"想"的时间交给学生，把"做"的过程留给学生，把"说"的机会放给学生，学生作为学习主体的角色在课程中得到充分体现。通过该课程，学生在亲身体验资料搜集、调查采访、制作设计、汇报交流等过程中，不断产生多样化想法、创新想法，评价与改进想法，从而逐步形成对个人理财、企业经营、国家发展与金融之间关系的系统认识与理解，锻炼创造性解决真实性、趣味性、挑战性、开放性问题的能力，同时也在交流和碰撞中，一次又一次地学会借鉴共享彼此的思维方法和思维成果，提升审辨力与协作力，让学习真正发生，为将来能够很好地适应社会、服务社会奠定基础。

八、课程思考

(一) 促进学生合作探究

该课程在开展时，教师不仅要转变教学观念，注重利用小组合作探究的形式进行教学，更要让小组合作真正有效起来，而非流于形式。教师作为引导者，需要主动参与其中，创造机会让每个学生当上"主角"，敢于发表自己的意见，也要设定规则让每个学生做好"配角"，学会倾听他人的意见。只有在这样角色分工扮演与轮换的合作探究中，学生才可以不断地进行思维的比较、反思和改进,相互支持、相互启发、相互补充,实现自律力、审辨力、协作力、创新力等多维综合能力的共同提高。

(二)整合学生资源

学生在该课程中设计的探究单、金融小报、投资小视频等作品可以收集起来,整合成库,达到资源共享。教师可以通过比较和分析学生的学习成果,发现学生思维中的闪光点和不足点,并加以利用,丰富和改善之后的课程教学。同时,对于各班的优秀作品,教师可以在年级中搭建展示的平台,开展进一步的评选,并可请专家指导评价,加强评价的多元化。

第四节　高桥镇小学品牌课程"小小创业家"嘉年华创课程

一、课程简介

"小小创业家"嘉年华课程是基于高桥镇小学金融·创客阿福童社区和"我学金融"课程开发的综合活动类实践课程。该课程是学生在学校综合课程的学习中对金融已经产生一定基本认知的学情基础上,进一步展开的综合性拓展活动课程,也是学生的金融知识和创新能力的运用与实践平台。"小小创业家"嘉年华活动以学生工作者为主体进行策划、组织、开展。

"小小创业家"嘉年华课程,由学校金融·创客阿福童社区搭线,学校"融创"课程开发部的教师牵头、指导,邀请各班部分家长参与,发动全校师生力量,各尽其能,各展芳华,大手牵小手,尽责尽力地办好每一届。从制订计划伊始,到现场布置,活动的每个环节设计,最终顺利开展,都显示了师生的创意潜能在不断地被开发。特别是学生,由先前教师扶着走,家长陪着做,随着年龄的增长,发展到自己会找商机,自己设计摊位,自己到阿福童银行贷款,自己设摊创业,等等。几届活动办下来,学生们由懵懵懂懂到对金融知识的逐渐增长,由开始的为难畏惧到自主创业,嘉年华活动让学生打开了脑洞,一个个创意如火花一般不断蔓延,提升了小学生的金融素养和创新意识。

"小小创业家"嘉年华课程通过类似"跳蚤市场"的创业集市大型模拟体验,让小学生从发现问题、寻找商机开始,尝试制订自己的创业计划,盘点资金预算,最后到商品与服务的销售买卖,在职业体验的实践中打通创业者从发现问题到解决问题的综合能力,为提高小学生创造力提供了有效的促进平台。

二、课程目标

目标一:能够运用高桥镇小学综合课程"我学金融"中的基础金融知识及金融·创客阿福童社区的体验,提升实践活动过程中产生的解决问题的能力。

目标二：能够初步运用金融创新能力，在嘉年华活动的职业体验中感受到创业给自己带来的不一样的感受。

目标三：能够主动尝试发现身边的商机，提高发现问题并创造性解决问题的能力，从而养成从问题中寻找机会的思维习惯。

三、课程内容

（一）“小小创业家”嘉年华活动前期准备流程

（1）发现商机、组建团队并分工，讨论并制订创业计划，初步预算所需资金。

（2）筹备并制作商品，不仅可以在现场向“融创”社区采购物资，同时也可以带来学生自己寻找的素材、商品或服务。

（3）团队需要提前设计制作宣传海报，并给每一件商品标定价格以及销售方式。

（4）嘉年华活动日当天每个团队在自己的摊位开门营业，每个摊位值守 2 人进行售卖，其他人员可随意流动购买商品或参观学习其他摊位。

（二）设置活动方案

以高桥镇小学 2020 年“科学伴我成长，创新点亮人生——阿福童科创未来”庆元旦金融·创客游艺集市活动方案为例（见图 7－5、图 7－6）。

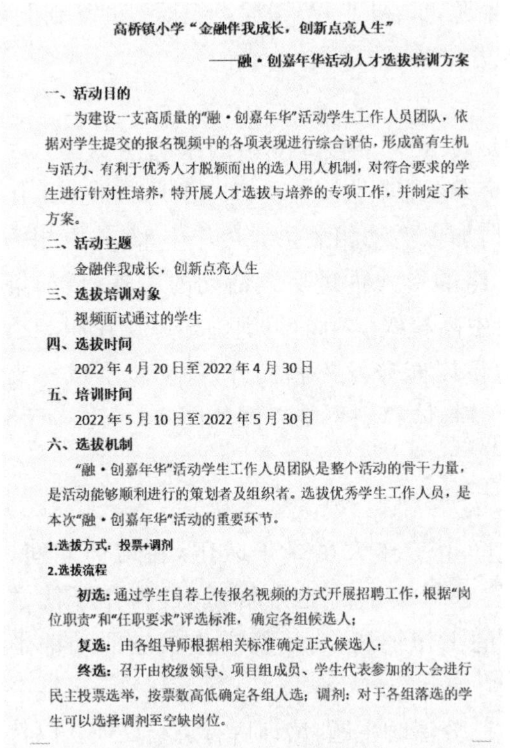

高桥镇小学“金融伴我成长，创新点亮人生”

——融·创嘉年华活动人才选拔培训方案

一、活动目的

为建设一支高质量的"融·创嘉年华"活动学生工作人员团队，依据对学生提交的报名视频中的各项表现进行综合评估，形成富有生机与活力、有利于优秀人才脱颖而出的选人用人机制，对符合要求的学生进行针对性培养，特开展人才选拔与培养的专项工作，并制定了本方案。

二、活动主题

金融伴我成长，创新点亮人生

三、选拔培训对象

视频面试通过的学生

四、选拔时间

2022 年 4 月 20 日至 2022 年 4 月 30 日

五、培训时间

2022 年 5 月 10 日至 2022 年 5 月 30 日

六、选拔机制

"融·创嘉年华"活动学生工作人员团队是整个活动的骨干力量，是活动能够顺利进行的策划者及组织者。选拔优秀学生工作人员，是本次"融·创嘉年华"活动的重要环节。

1.选拔方式：投票+调剂

2.选拔流程

初选：通过学生自荐上传报名视频的方式开展招聘工作，根据"岗位职责"和"任职要求"评选标准，确定各组候选人；

复选：由各组导师根据相关标准确定正式候选人；

终选：召开由校级领导、项目组成员、学生代表参加的大会进行民主投票选举，按票数高低确定各组人选；调剂：对于各组落选的学生可以选择调剂至空缺岗位。

图 7－5 高桥镇小学庆元旦“融创”游艺集市活动方案（一）

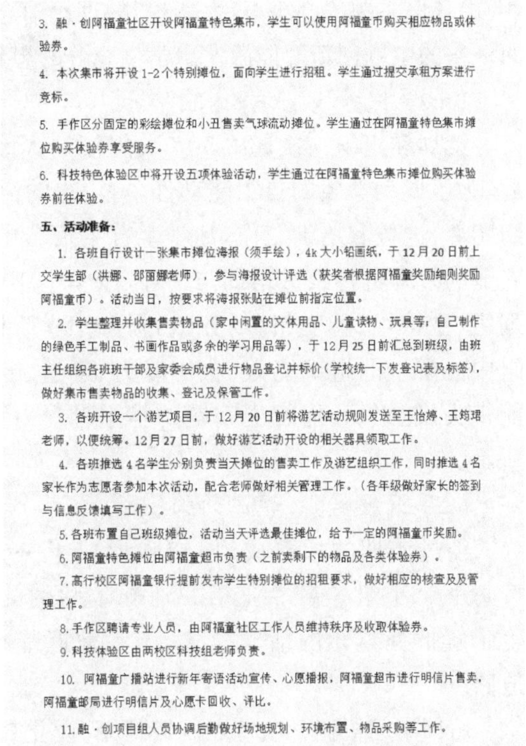

3. 融·创阿福童社区开设阿福童特色集市，学生可以使用阿福童币购买相应物品或体验券。

4. 本次集市将开设 1-2 个特别摊位，面向学生进行招租。学生通过提交承租方案进行竞标。

5. 手作区分固定的彩绘摊位和小丑售卖气球流动摊位。学生通过在阿福童特色集市摊位购买体验券享受服务。

6. 科技特色体验区中将开设五项体验活动，学生通过在阿福童特色集市摊位购买体验券前往体验。

五、活动准备：

1. 各班自行设计一张集市摊位海报（须手绘），4k 大小铅画纸，于 12 月 20 日前上交学生部（洪娜、邵丽娜老师），参与海报设计评选（获奖者根据阿福童奖励细则奖励阿福童币）。活动当日，按要求将海报张贴在摊位前指定位置。

2. 学生整理并收集售卖物品（家中闲置的文体用品、儿童读物、玩具等；自己制作的绿色手工制品、书画作品或多余的学习用品等），于 12 月 25 日前汇总到班级，由班主任组织各班班干部及家委会成员进行物品登记并标价（学校统一下发登记表及标签），做好集市售卖物品的收集、登记及保管工作。

3. 各班开设一个游艺项目，于 12 月 20 日前将游艺活动规则发送至王怡婷、王筠珺老师，以便统筹。12 月 27 日前，做好游艺活动开设的相关器具领取工作。

4. 各班推选 4 名学生分别负责当天摊位的售卖工作及游艺组织工作，同时推选 4 名家长作为志愿者参加本次活动，配合老师做好相关管理工作。（各年级做好家长的签到与信息反馈填写工作）。

5.各班布置自己班级摊位，活动当天评选最佳摊位，给予一定的阿福童币奖励。

6.阿福童特色摊位由阿福童超市负责（之前卖剩下的物品及各类体验券）。

7.高行校区阿福童银行提前发布学生特别摊位的招租要求，做好相应的核查及及管理工作。

8.手作区聘请专业人员，由阿福童社区工作人员维持秩序及收取体验券。

9.科技体验区由两校区科技组老师负责。

10. 阿福童广播站进行新年寄语活动宣传、心愿播报，阿福童超市进行明信片售卖，阿福童邮局进行明信片及心愿卡回收、评比。

11.融·创项目组人员协调后勤做好场地规划、环境布置、物品采购等工作。

图 7－6 高桥镇小学庆元旦“融创”游艺集市活动方案（二）

四、课程实施

自 2017 年 12 月至今,高桥镇小学共组织开展了五次"小小创业家"嘉年华集市活动(见表 7 - 12)。

表 7 - 12　高桥镇小学近五年"融创"课程主题及形式、规模

课 程 内 容	形　式	参 与 规 模
物尽其用,快乐圣诞	线下嘉年华	全校参与
小集市,大梦想	线下嘉年华	全校参与
智美少年迎新岁,童心筑梦向未来	线下嘉年华	全校参与
动物总动员	线下嘉年华	全校参与
科学伴我成长,创新点亮人生	线下嘉年华	全校参与

每一次的"小小创业家"融创主题活动都会围绕着同一个中心主题开展,例如"物尽其用"的环保主题、"小集市,大梦想"的理想信念主题等,在同一个课程组织框架的基础上,每一次的主题创新都能激发出学生充分的想象力和兴趣。

(一)组织策划:活动前第 4 周

策划和组织一次超 2 500 人规模的大型活动是一个较为复杂的系统性工程。因此,为了调动学生的自主能动性,每一次的活动课程前都会安排为期一个月的学生工作组招募、选拔和培训工作,让学生自主报名申请加入活动相关条线工作中来,并由相关专业的教师进行跟进培训与辅导,以学生工作组的形式推进后续活动的布置,例如策划组、主持组、特刊组、场务组,提升小学阶段中高年级学生的组织领导力。在职能小组中让学生的组织能力、合作能力、创造能力得以充分发挥和提升,并初步形成一支能带头、能组织、能解决问题的学生骨干力量。具体筹划思维导图如图 7 - 7、图 7 - 8 所示。

(二)开展培训:活动前第 3 周

经过前期的招募成组,初步形成了一支学生工作人员骨干队伍,在培训期间,按每一个小组 3 名专业相关辅导教师的配置进行集中的能力培训,目的在于使学生了解把握整体的活动模式,熟悉掌握基本的工作技能,为后续学生推进活动铺平道路。

培训期间根据学生特点制订计划、设立目标、分课时主题,培训后有总结反馈。以特刊组为例,嘉年华活动全程的图文工作部分如推广词、销售语、活动报道、销售数据广播等都有专项主题的培训(见表 7 - 13、表 7 - 14)。

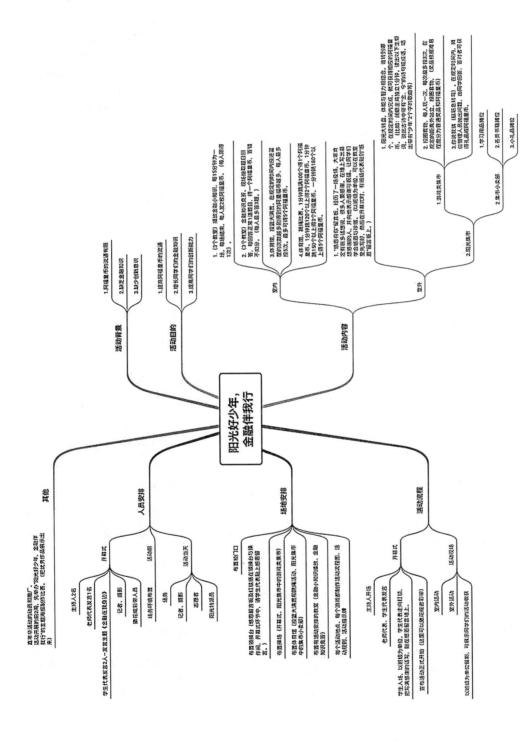

图7-7 高桥镇小学活动组织策划框架思维导图

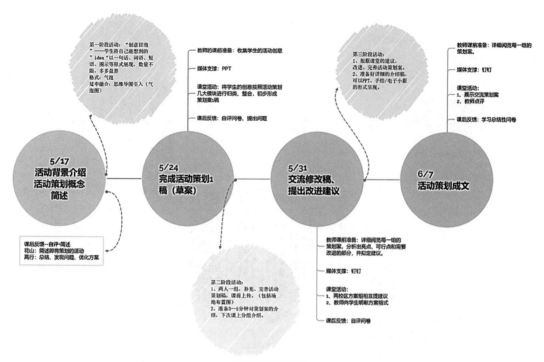

图 7–8　高桥镇小学活动组织策划时间表思维导图

表 7–13　高桥镇小学嘉年华活动人才培训主题与内容

培训主题	培训内容
A. 了解活动，清楚职责	通过教师介绍活动内容以及部分细节，理解特刊组的工作职责，了解特刊组成员需要具备的基本素养和能力
B. 新闻稿撰写	在教师的指导下，通过往届活动案例及学习新闻稿模板，理解、学习并尝试新闻稿的基本写作
C. 创编广告语	在教师的引导下，展开创意写作，尝试对活动内容、环节、产品等做推广、宣传等发散性工作

表 7–14　高桥镇小学嘉年华活动人才培训纪要

培训时间	2022.5.23	培训主题及次数	活动介绍、基础讲解
培训导师	顾依仁	培训学员	陈同学、方同学、葛同学、蒋同学、盛同学、王同学、郁同学等
培训前：培训内容设计			
一、什么是高桥镇小学"融创"嘉年华？ 　　利用图片资料进行活动的介绍和回顾，了解"融创"活动的目的和意义			

二、简要介绍及本次活动学生工作人员的工作小组分组架构

三、初步讲解特刊组的学生工作人员需要负责的具体事项

四、初步了解什么是新闻报道以及报道的目的

利用图文比较,讲解组成新闻的基本六要素,并且让学生比一比、选一选、说一说怎样的新闻图片是适合撰写报道的,并尝试说出不同照片背后的有用信息。

五、学生自由提问,教师答疑

六、布置培训作业

七、后期活动内容规划,后续培训内容简介

培训后:培训小结

通过第一期的介绍、讲解和答疑,学生对于"融创"嘉年华系列活动有了一个深入的了解,清楚了我们特刊组所肩负的具体工作内容。

通过新闻报道撰写以及新闻图片的选用教学,学生对于什么是"新闻报道"、怎样来撰写新闻报道有了比较清晰的认识。

同时也存在一些不足之处,由于该组的学生年级分段差距较大,四、五年级的学生理解能力较强,培训效果较好,但少部分低年级特别是二、三年级的学生由于基本的表达和理解能力尚弱,所以部分内容对于他们来说难度较大,还需要后期的进一步调整和设计。

(三) 活动推进:活动前第2—3周

进入推进期,指导教师根据制订的整体活动方案对各个学生工作组所负责的内容派发任务,多条线同时推进。例如,主持组的学生进行活动主持串词的排练走台、活动多环节的串联工作;场务组的学生根据策划组的布置安排进行校园活动的氛围场景布置;特刊组跟进各个班级摊位海报制作的审核、活动报道;等等。与此同时,在实际操作过程中,基于是全校性活动,各工作组普遍会出现人手不足、进度延后等情况,策划组也会负责根据推进期间产生的上述实际问题进行方案调整、人员协调、进度跟进等工作。

推进期是有别于成果展示期的实战检验学生组织能力、统筹问题和解决问题能力的一个很好的操练舞台,至此环节,指导教师将会渐渐地由扶到放,交由学生骨干力量主导,将学生工作组的骨干力量和阿福童社区人员的力量相结合,充分发挥学生的主观能动性,尽可能给每个孩子"踮一踮脚尖"的机会,提升其综合能力。

五、课程评价

该课程注重全过程评价。在评价表的设计中,纵向以课程开展的时间轴为顺序,划分为策划准备期、组织推进期和成果展示期三人环节;横向设置自我评价、小组成员评价和教师综合评价三个评价维度(见表7-15)。

表 7 - 15 高桥镇小学"小小创业家"嘉年华活动评价设计表

学生姓名/班级: 摊组成员:		总得分:		
活动环节	评 价 内 容	自评 30%	小组评 30%	师评 40%
策划准备期	我通过课堂的学习基本了解了什么是创业,我也能同小组成员积极交流观点	☆☆☆	☆☆☆	☆☆☆☆
	我能勇敢地给出自己的想法和意见,积极参与了摊组的人员分工和公司的创业计划	☆☆☆	☆☆☆	☆☆☆☆
	我提出了创业计划中的一些关键问题,并和成员们讨论出了解决办法	☆☆☆	☆☆☆	☆☆☆☆
组织推进期	面对接二连三的困难,我能够协同队员积极面对解决,比如询问教师、家长或者参考评估其他摊组做法等	☆☆☆	☆☆☆	☆☆☆☆
	我能够尽己所能为摊组商品的制作筹备和摊组推广海报的设计提供帮助	☆☆☆	☆☆☆	☆☆☆☆
	我设想到了其他组员都没想到的问题,我解决了其他组员都没解决的问题	☆☆☆	☆☆☆	☆☆☆☆
成果展示期	面对活动日当天交易时产生的问题和困难,我能够迅速有效地提出建议或作出调整	☆☆☆	☆☆☆	☆☆☆☆
	我们摊组的海报个性十足,非常能吸引顾客,我们提供的产品与其他摊组有较大差异,客人购买积极性强	☆☆☆	☆☆☆	☆☆☆☆
	对于活动过程中存在的不足之处我能够有所反思	☆☆☆	☆☆☆	☆☆☆☆
附加分评价	我们摊组的营业额(阿福童币)			☆☆☆☆☆
	我们摊组的摊位组织有序、干净整洁			☆☆☆☆☆

活动课程作为以学生实践为主体的课程,课程的评价设计应贯穿于活动全流程。"小小创业家"嘉年华活动遵循多元评价原则,注重学生的过程性成果,采用"学生团队工作组任务考核+团队自我评价"的方法。同时,通过活动日当天摊位营业额、宣传海报、销售综合表现来呈现学习效果。成果评价侧重从学生主观认知、客观行为成效和教师流程跟踪的三个角度出发设计评价。

六、课程案例

案例(一)

创业的计划(上):发现商机

教学目标：围绕着认知、意识、行为和习惯四个维度,分别要求学生做到四个能够:能够认识阿福童儿童创业的内涵以及商机的来源,能够知道困难和问题背后都是机会,能够主动尝试发现身边的商机,能够养成从问题中寻找机会的思维习惯。

教学难点：在教学的过程中,如何让学生能够认识到创业的内涵以及商机的来源。

教学过程："创业的计划(上)发现商机"教学环节设计如表7-16所示。

表7-16 高桥镇小学"创业的计划(上)发现商机"教学环节设计

环 节	时 间	内 容	方 法	教 具
探 索	10分钟	认识阿福童儿童创业的内涵	辩 论	无
思 考	10分钟	理解商机是从问题中来的	讨 论	PPT
调 查	10分钟	练习寻找商机	活 动	学生活动单
行 动	5分钟	拓展到日常生活中的商机	讨论分享	PPT
反 思	5分钟	回顾反思并总结收获	讨 论	无

【教学片段】

1. 师:今天,老师要和大家聊一个全新的词语——创业。同学们,你们之前有没有听说过这个词语?(切入主题)你觉得什么是创业?(初步把握学生的认知水平)你身边有人在创业吗?

学生回答,如创业就是开公司、开店赚钱。

2. 师:创业有很多种解释,简而言之就是创办一个新的事业。那什么样的人能被称为创业者呢?把你脑海中的形象描绘出来吧。

组织形式:前后桌就近4人为一个小组。

道具准备:每组一张A3白纸、一盒水彩笔。

其他要求:5分钟小组辩论并画出创业者的形象。

3. 学生上台分享展示小组绘画成果。

教师随机追问:

(1) 为什么你们小组觉得创业者是这样的?

学生回答:(绘画形象为人物和金钱)我们小组讨论交流,觉得创业的目标就是一个人用少量的钱赚取更多的钱。

教师随机追问：

（2）只要有人有钱就足够了吗？你觉得创业者还会有什么其他的特征？

学生回答：（绘画形象为太阳和火箭）我们小组觉得只有人和钱肯定不够，没有太阳一样的激情和火箭一样的勇气和力量，就算再有钱也会（创业）失败的。

4. 师：正如大家所说，创业者有很多特点，比如要充满热情和毅力、要敢于面对风险和困难。除此之外，创业者还需要一个非常重要的能力，就是发现问题和解决问题的能力，正因如此，创业者才能发现商机，创造机会。

【教学分析】

该节课充分利用了小学阶段儿童的形象思维特征和认知特点。教师从问题导入"你们之前有没有听说过'创业'这个词语？"迅速切入主题，再用第二个问题"你觉得什么是创业？"立刻让学生对创业的认知产生广阔的联想，学生的回答也是教师初步把握学生认知水平的过程。其次，将创业者这个对于小学生而言陌生且模糊的概念利用绘画涂鸦的形式具象化。小组绘画是开放性环节，创业者形象可以描绘成人的样子，也可以是其他形象，比如，有的学生画出了太阳并表示创业应该富有激情；有的学生画出了钱，认为创业者需要许多资金，也能赚到许多钱。

四人一组的分组形式则是充分考虑到学生个体之间存在认知差异和生活经验差异，在小组交流辩论与交换信息的过程中尽可能地缩减了学生间的认知差异和信息不对称，提升对于"创业者"的认知。再通过学生上台交流和教师追问的设计环节中，进一步完善需要学生达到的目标。

案例（二）

创业的计划（下）：人员分工

教学目标：围绕着认知、意识、行为和习惯四个维度，分别要求学生做到以下四个能够：通过学习能够制订创业计划，能够合理规划并使用创业的启动资金，能够主动尝试制订创业计划，能够养成系统思考的思维习惯。

教学难点：在教学的过程中，如何让学生能够制订创业计划并且合理使用创业启动资金。

教学过程：教学设计环节如表 7-17 所示。

表 7-17　高桥镇小学"创业的计划（下）：人员分工"教学环节设计

环　节	时　间	内　　容	方　法	教　具
探　索	10分钟	介绍"小小创业家"嘉年华活动日并分工	介　绍	PPT
思　考	10分钟	制订创业计划	讨　论	学生活动单、A3白纸、笔

续　表

环　节	时　间	内　　容	方　法	教　具
调　查	10 分钟	介绍创业启动资金及物资	活　动	PPT、阿福童币
行　动	5 分钟	进行创业计划的预算	讨　论	A3 白纸、笔
反　思	5 分钟	回顾反思并总结收获	讨　论	无

【教学片段】

1. 师：上节课我们了解了创业的内涵及商机的来源，知道了问题背后都是机会，尝试发现身边的商机。从现在开始我们真正走上"小小创业家"之路，尝试创业。这个学期末，我们会组织一次超级盛大的活动——"小小创业家"嘉年华活动，每个人都要在公司（班级）中扮演一个角色，并尝试设计、筹备、制作、销售公司的商品。

2. 师：（活动介绍）介绍完活动，我们首先要进行的是公司的组建和分工安排。

3. 师：请每位同学拿出活动单，以小组（摊位）为单位进行讨论，以活动单的思路，按照顺序逐一进行讨论和确定（注意所有与预算相关的内容暂不作讨论）。

学生提问：售卖的商品是否有限制？商品的宣传推广除了公司海报，是否能利用其他的途径比如广播、宣传单页、上门推销等。

师：目前关于计划书各个环节，同学们可以把自己觉得可行的方式不设限制地罗列出来。

讨论时间 8 分钟，4 分钟提醒一次。

这堂课，课堂活动单如表 7-18 所示：

表 7-18　高桥镇小学"创业的计划（下）：人员分工"课堂活动单

步　骤	思考的问题	思　考　结　论	负责人	金　额
第 1 步	卖什么商品			
第 2 步	需要什么原材料			
第 3 步	有何作用			
第 4 步	准备卖多少钱			
第 5 步	如何宣传推广			

【教学分析】

该节课主要任务是完成公司计划书，为鼓励激发学生创新性的设想，因此在小组头脑风暴式的讨论过程中，教师尽可能不给学生设置过多限制，不做消极评价。同时，教师需观察不同组的进展,及时辅导答疑。讨论结束后,由每个组的总经理(组长)代表小组进行计划书展示。该节课注重整体的系统规划和重点问题的思考,比如,决定好卖什么商品,自制绘画、书签、手工艺品或是闲置物品书籍文具等。

各小组的分享过程,也是其他学生打开思维、取长补短、激发创造力的过程。自此,学生以公司或摊位为单位成功分组并基本清晰地了解了活动内容以及步骤,后期即可按照表 7 - 18 的计划进行细化分工和实施推进。

七、课程思考

在活动课程的实施过程中,我们认为以下两点对于小学阶段儿童创新能力的培养具有很大的决定性影响:一是完全尊重孩子"不成熟"的想法,耐心地鼓励他们将我们成年人认为的"不成熟""注定要失败"的念头培植成为现实;二是不带有"结果论"的眼光看待孩子的实践成果,对于小学阶段的孩子,在活动实践课程中有效的失败体验的价值远大于成功的低效的重复模仿。

我们不得不承认,经验主义和过早下判断的习惯对于孩子创造力和行动力的伤害是不可估量的,因而教师在前期指导学生分组创立摊组、写创业计划书时务必最大限度地尊重学生的创意。与其在前期教师用一句评价打消了学生的某个主意,不如让实践过程的困难来阻挠他。失败而有所得,好过成功地机械模仿。对于儿童创造力的培养,教师需要做的仅仅是把他们脑袋里蹦出来的某个看似不成熟的想法"推一下",并充分认可"失败"的长远价值而已。

仅目前而言,高桥镇小学"小小创业家"嘉年华活动还存在两个问题:① 以学生为主导对活动进行全流程的组织和推进的制度仍不成熟、不完善,多数情况下仍需指导教师的过多参与;高年级的学生一毕业,新手又得从头来过。针对上述问题,应当加强制度流程的建立与完善,以及建立常态化的、持续更新的学生工作组团队,以充分发挥学生的主观能动性以及学生工作组的职能作用。② 阿福童币作为嘉年华活动的流通货币,其使用场景较少、流动性欠畅、流动范围较小。如果能够结合社会资源,如与街镇、社区的志愿者服务相结合,学生积极参与社区服务在时间银行存储积分,可兑换阿福童币,或是利用阿福童币可以在社区或街道为家里的老人购买医疗等服务,将阿福童币与之打通,拓宽使用场景,拓展该课程的广阔平台,学生才能走出学校班级这个"小圈子",在社会这个"大圈子"里充分展现自己的创造力和执行力,达到全员育人、全社会育人的目的。

参 考 文 献

［1］冯晓明.采访技巧在实际人物采访中的应用［J］.西部广播电视,2014(13)：129＋143.

［2］郭静.综合课程两种不同命运的理性审视［J］.天津师范大学学报(基础教育版),
2009,10(3)：34－37.

［3］洪海平.高中综合实践课程实施策略探讨［J］.新课程研究,2019(29)：47－48.

［4］胡卫平,韩琴.国外青少年创造力培养的理论与实践［J］.外国中小学教育,2006(3)：
40－43.

［5］华雪.人物采访技巧谈［J］.中国广播,2009(7)：56－57.

［6］李臣之,纪海吉.新中国综合课程改革的回顾与展望［J］.中国教育科学(中英文),
2020,3(3)：35－47.

［7］李慧方,罗生全.教师专业素养养成：学习共同体视点［J］.教育理论与实践,2015,
35(14)：26－28.

［8］刘志军,张红霞.普通高中学生综合素质评价：现状、问题与展望［J］.课程·教材·
教法,2013,33(1)：18－23.

［9］卫裕峰.决定孩子一生幸福的财商教育［M］.中华工商联合出版社,2014.

［10］魏戈.教师教育一体化的芬兰经验［J］.外国中小学教育,2019(1)：44－51.

［11］肖磊,李本友.综合素质评价的制度化：历程回眸与系统谋划［J］.教育研究,2018,
39(4)：68－74.

［12］辛自强,等.财经素养的内涵与三元结构［J］.心理技术与应用,2018,6(8)：450－458.

［13］熊梅.综合课程的内涵特点及其生成模式［J］.首都师范大学学报(社会科学版),2000(6)：
116－121.

［14］俞国良,侯瑞鹤.问题意识、人格特征与教育创新中的创造力培养［J］.复旦教育论坛,
2003(4)：11－15.

［15］张华.关于综合课程的若干理论问题［J］.教育理论与实践,2001,21(6)：35－40.